机电电气专业系列

U0659786

高等职业教育新工科系列教材

PLC编程及应用（S7-200Smart）

主　编　朱志伟

副主编　彭　亮　宋　甜　周秀珍　李　莎

参　编　章剑云　雷锐光

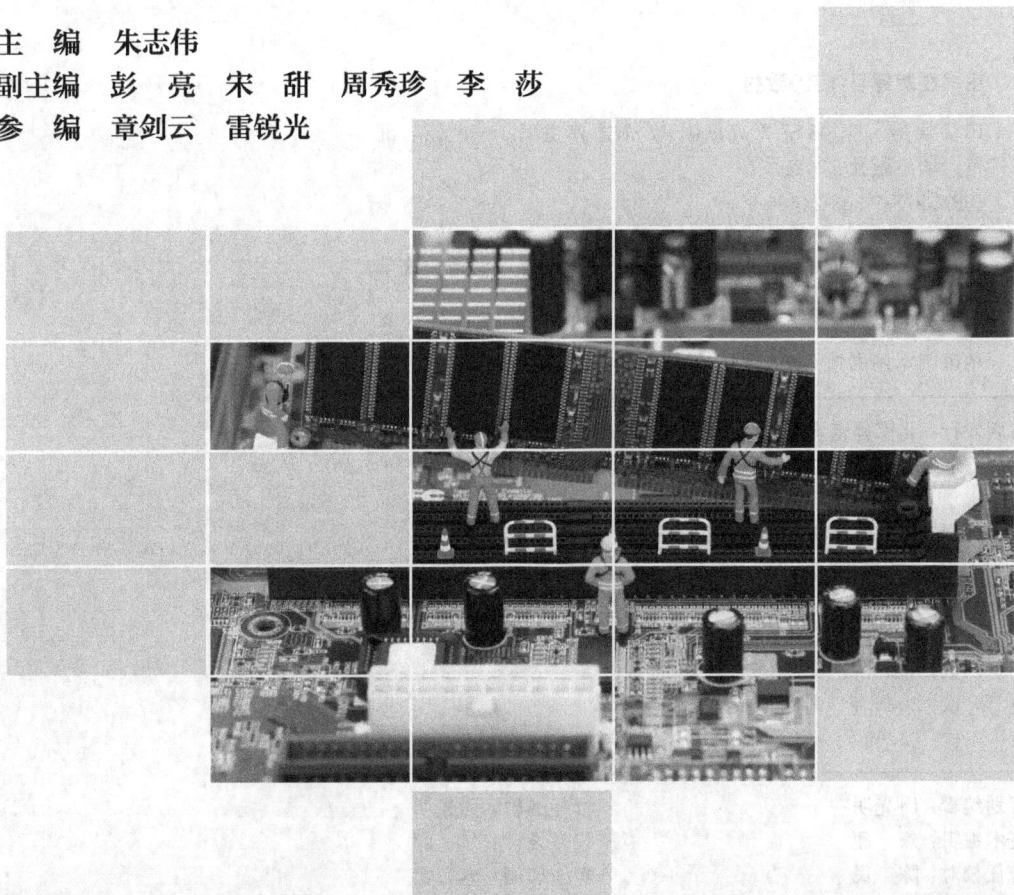

北京师范大学出版集团
BEIJING NORMAL UNIVERSITY PUBLISHING GROUP
北京师范大学出版社

图书在版编目（CIP）数据

PLC 编程及应用（S7-200Smart）/ 朱志伟主编. —北京：北
京师范大学出版社，2025.7
ISBN 978-7-303-24680-9

Ⅰ．①P… Ⅱ．①朱… Ⅲ．①PLC 技术－程序设计－高等
职业教育－教材 Ⅳ．①TM571.61

中国版本图书馆 CIP 数据核字（2019）第 075209 号

出版发行：北京师范大学出版社 https://www.bnupg.com
　　　　　北京市西城区新街口外大街 12-3 号
　　　　　邮政编码：100088
印　　刷：北京虎彩文化传播有限公司
经　　销：全国新华书店
开　　本：787 mm×1092 mm　1/16
印　　张：14.5
字　　数：300 千字
版 印 次：2025 年 7 月第 1 版第 4 次印刷
定　　价：35.50 元

策划编辑：周光明　　　　　　　责任编辑：周光明
美术编辑：焦　丽　　　　　　　装帧设计：焦　丽
责任校对：陈　民　　　　　　　责任印制：赵　龙

内容简介

本书是 S7-200 Smart 系列 PLC 编程及应用的实践教程，全书共有 10 单元，内容包括 PLC 的认知、PLC 的输入输出电路、PLC 的编程指令、PLC 控制系统程序设计方法、PLC 高级编程功能的使用等，按照教知识、学技能、做实训的教学活动过程设计编写教材的具体内容，注重基本知识、基本技能的掌握和应用能力的培养，尽可能降低理论学习的枯燥性，使 PLC 的学习更加容易。通过本教程的学习，读者能够熟练掌握 PLC 编程及应用的知识和技能，初步具备工程实践的能力。

本书部分程序代码和 PPT 课件可以扫描下面二维码下载。

前　言

　　2014 年西门子正式推出了全新的针对经济型自动化市场的自动化控制产品 S7-200 Smart 系列 PLC，当前 S7-200 Smart 系列 PLC 正在成为小型 PLC 应用的主流，S7-200 Smart 系列 PLC 的功能较以前的 PLC 有较大的提升，且 PLC 的编程方式也有明显变化。为了适应职业教育发展需要，本教材编写团队，以习近平新时代中国特色社会主义思想为指导，教育教学一体化开发"岗课赛证"融通教材，内容设计符合学生认知规律和技能人才培养规律，融入弘扬劳模精神、劳动精神、工匠精神的课程思政目标。

　　教材开发理念与内容设计。教材结构模块化，全书分为 10 个独立的学习模块，每一个模块为一单元，第 1—5 单元为 5 个基础模块，第 6—10 单元为 5 个高级模块，基础模块是必学内容，高级模块是不同的专业或不同层次（等级考证、技能竞赛）学生的选学内容，教材内容比较灵活。教材内容规律化，符合学生由表及里、由易到难的认知规律，也符合技能人才从模仿到创新的成长规律，按照这一理念把每一个模块都设计成"知识引导—技能引导—技能训练"三个学习阶段。首先，"知识引导"是基本知识学习阶段，需要老师引导学生认知，教会学生相关知识；然后，"技能引导"是基本技能学习阶段，需要在老师的指导下模仿学习典型工程案例，让学生领悟并掌握基本技能；最后，"技能训练"是工程能力培养阶段，需要学生自主完成一个工程实践任务，培养学生工程实践能力和爱岗敬业、吃苦耐劳、团结协作、开拓创新的职业素质。教材内容实用化，紧跟 PLC 新技术、新设备、新工艺的发展，选取典型的工程案例，注重基本知识、基本技能的学习和工程实践能力的培养，满足 PLC 课程"教学做"一体化教学需要。实训条件友好化，简化复杂且特殊的工程案例，降低教材对实践教学平台的要求，让一般 PLC 实训平台也能够满足教学要求，以方便更多的师生能够使用本教材。教材资源立体化，整合各种教学资源，构建多层次、立体化的教学资源体系，充分满足学生学习需求，为学生自主学习创造良好学习环境。

　　教材特色与创新。本教材的编写，以习近平新时代中国特色社会主义思想为指导，教育教学一体化开发，教材每一个学习单元都设计有课程思政目标，形成弘扬劳模精神、劳动精神、工匠精神的课程思政特色；教材内容，主要来源典型工程案例，且融

1

合了全国职业技能大赛的要求和 PLC 系统应用编程职业技能"1＋X"考证标准，是"岗课赛证"融通的成果；本教材内容围绕任务设计，各单元节都按"知识引导—技能引导—技能训练(任务)"三部分编写，知识引导为完成任务的认知准备，技能引导是完成任务的方法准备，技能训练是通过任务培养职业能力和素质，符合学生认知规律和职业能力培养规律；该教材体现了近年来 PLC 技术的发展方向和最新成果，教材内容较现有 PLC 教材增加了高速计数的应用编程、运动控制的应用编程、以太网通信编程、PID 控制应用编程等，能更好适应新业态新职业和新岗位要求。

本教材由武汉铁路职业技术学院、长江工程职业技术学院、长江职业学院这 3 所高职院校的教师共同编写完成，编写成员都具有丰富的企业实践经验和 PLC 课程教学经验。武汉铁路职业技术学院朱志伟老师担任主编，负责全书的规划，承担第 5 单元、第 7 单元、第 9 单元及第 3 单元部分内容的编写任务及全书的统稿等工作；武汉铁路职业技术学院彭亮老师，承担第 2 单元、第 6 单元及第 3 单元部分内容的编写任务和全书的程序编写及调试等工作；武汉铁路职业技术学院宋甜老师，主要承担第 1 单元、第 8 单元的编写任务和全书视频资源的拍摄等工作；长江工程职业技术学院周秀珍老师，主要承担第 10 单元和第 3 单元的部分内容的编写等任务；长江职业学院李莎老师，主要承担第 4 单元和第 3 单元的部分内容的编写等任务。彭亮、宋甜、周秀珍、李莎担任副主编。亚龙智能装备集团股份有限公司章剑云主要参与了该教材涉及的技术部分在企业领域中的应用案例收集以及本教材技能实训内容的设计。另外，感谢宝信软件武汉自动化事业部雷锐光高级工程师等企业技术人员，对教材编写提出宝贵意见和支持！

由于编者水平有限，书中难免存在错误和疏漏，恳请读者指正。

编　者

目　录

第 1 单元　PLC 控制器识别

自 1969 年第一台可编程控制器(PLC)诞生几十年以来，PLC 在世界各地得到了广泛应用。随着计算机技术、信号处理技术、控制技术和网络技术的不断发展以及用户需求的不断提高，PLC 的软硬件水平也发生了巨大的变化。

本单元包括内容有：PLC 的发展历程、PLC 的结构与工作原理、PLC 的特点与分类及 PLC 的编程语言。通过对本单元内容的学习，了解 PLC 的基础知识，理解 PLC 的结构，掌握 PLC 几种常用的编程语言的编写，为进一步学习 PLC 的应用打下基础。

学习导航

学习目标	知识目标	了解 PLC 的组成部分及其作用； 了解 PLC 的特点和分类； 掌握 PLC 的工作原理及使用注意事项； 掌握 PLC 的编程语言
	技能目标	培养认识 PLC 型号、类型和结构的基本能力
	素养目标	培养团结协作和创新思维能力，及求真务实的工作态度。
	思政目标	弘扬劳模精神、劳动精神、工匠精神。
教学引导	知识引导	PLC 的发展历程认知； PLC 的结构和工作原理认知； PLC 的特点和分类认知； PLC 的编程语言认知
	技能训练	PLC 控制器识别
	建议学时	4 学时

知识引导

▶ 1.1　PLC 的发展历程

可编程控制器(Programmable Controller)是计算机家族中的一员，是专门为工业控制目的而设计制造的。早期的可编程控制器称作可编程逻辑控制器(Programmable Logic Controller)，简称 PLC，它主要用来代替继电器控制电路实现逻辑控制。

PLC 最早出现在美国，1968 年，美国通用汽车公司提出取代继电器控制装置的要求。1969 年，美国数字设备公司研制出第一台可编程控制器 PDP-14，并在美国通用汽车公司的生产线上试用成功，首次采用程序化的手段应用于电气控制，是世界上公认的第一台 PLC。

20 世纪 70 年代初，人们不断为 PLC 增加新的功能，此时的 PLC 不仅能够实现逻辑控制，还具备了运算、数据传送及信息处理等功能，真正成为了具有计算机特征的可编程控制器(Programmable Controller)，简称 PC。但为了与个人计算机(Personal Computer)系统相区分，习惯上人们还是把可编程序控制器称为 PLC。

20 世纪 70 年代中后期，PLC 进入实用化发展阶段，计算机技术的全面引入使其功能发生了飞跃，更高的运算速度、超小型体积、更可靠的工业抗干扰设计、模拟量运算、PID 功能及极高的性价比奠定了 PLC 在现代工业中的地位。

20 世纪 80 年代初，PLC 在先进工业国家中已获得广泛应用。世界上生产 PLC 的国家日益增多，产量日益上升。这标志着 PLC 已步入成熟阶段。

20 世纪 80 年代至 90 年代中期，是 PLC 发展最快的时期，年增长率一直保持为 30%～40%。在这时期，PLC 在处理模拟量能力、数字运算能力、人机接口能力和网络能力得到大幅度提高，PLC 逐渐进入过程控制领域，在某些应用上取代了在过程控制领域处于统治地位的 dcs 系统。

20 世纪末期，PLC 的发展趋势是更加适应于现代工业生产的需求。这一时期出现了大型机和超小型机，诞生了各种各样的特殊功能单元、人机界面单元和通信单元，使得应用 PLC 的工业控制设备搭配更加容易。

目前，随着大规模和超大规模集成电路等微电子技术的发展，PLC 已由最初一位机发展到现在的以 16 位和 32 位微处理器构成的微机化 PC，而且实现了多处理器的多通道处理。如今，PLC 技术已非常成熟，不仅控制功能增强，功耗和体积减小，成本下降，可靠性提高，编程和故障检测更为灵活方便，而且随着远程 I/O 和通信网络、数据处理以及图像显示的发展，使 PLC 向用于连续生产过程控制的方向发展，成为实现工业生产自动化的一大支柱。

现在，世界上有 200 多家 PLC 生产厂家，400 多品种的 PLC 产品，按地域可分成美国、欧洲和日本三个流派产品，各流派 PLC 产品都各具特色。其中，美国是 PLC 生产大国，有 100 多家 PLC 厂商，著名的有 A-B 公司、通用电气(GE)公司。欧洲 PLC 主要制造商有德国的西门子(Siemens)公司、法国的施耐德(Schneider)公司。日本也有许多 PLC 制造商，如三菱(Mitsubishi)、欧姆龙(Omron)、松下(Panasonic)等。这些生产厂家的产品占有国内 PLC 市场 80% 以上的份额。国内 PLC 生产厂家约有三十家，尽管目前国内 PLC 应用市场仍然以国外产品为主，但经过多年的发展国产 PLC 也有自身的优势，如个性需求、产品定制、成本和服务优势等。

知识引导

1.2 PLC 的结构与工作原理

PLC 的类型多种多样，但其结构和原理基本相同，都是以微处理器为核心的控制装置，其功能的实现不仅基于硬件的作用，更要靠软件的支持，实际上 PLC 就是一种新型的工业控制计算机。

1. PLC 的结构

PLC 主要由中央处理器单元(CPU)、存储器、输入模块、输出模块、I/O 扩展口、电源等部分构成(图 1-1)。

PLC 的外围设备有用户输入/输出设备、编程器等。

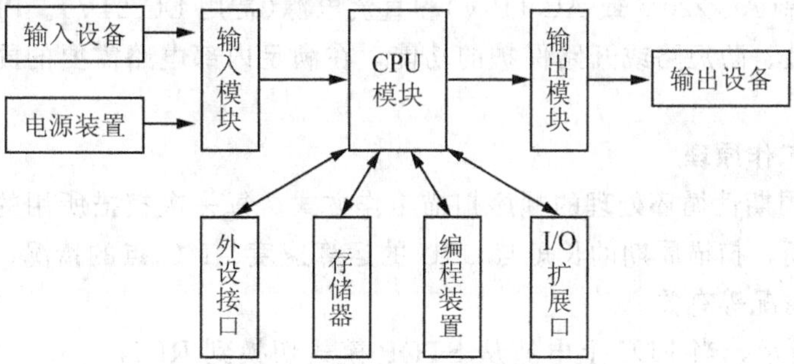

图 1-1　PLC 硬件结构图

(1)中央处理器单元(CPU)

CPU 是 PLC 的控制中枢，CPU 的性能关系到 PLC 处理控制信号的能力与速度。其功能为：在系统程序支撑下对整个 PLC 系统进行监控，如进行系统自检和其他初始化处理；接收并存储从编程设备输入的用户程序和数据；对电源和 PLC 内部各电路的状态以及用户编程中的语法错误进行诊断，以便用户进行处理；进入运行状态后，用扫描方式通过输入模块将现场的输入信号和数据读入用户存储器，然后从用户存储器逐条读取用户程序，经过命令解释后，运行用户程序，最后根据运行的结果刷新有关的寄存器，并将内容送给输出模块，去控制有关执行机构，同时实现与外部设备或计算机的数据通信。

(2)存储器

PLC 中存储器分为系统存储器和用户存储器。

系统存储器存放系统管理程序、用户指令解释程序、系统诊断程序和通信管理程序等。这些程序用户不能更改，一般用 RAM 实现或固化到只读存储器中。

用户存储器存放用户编制的控制程序，可以使用 RAM 或 EPROM 存储器，其内容可由用户根据生产过程和工艺的要求进行修改或增减。

(3)输入/输出模块

输入/输出模块是 PLC 与现场设备连接的接口。

输入模块用来接收和采集现场设备的输入信号，包括由按钮、选择开关、行程开关、继电器触点、接近开关、光电开关、数字拨码开关等的开关量输入信号和由电位器、测速发电机和各种变送器等送来的变化的模拟量输入信号。模拟量输入信号被预先限定在某个电压或电流范围内，由模拟量输入模块将这个信号转换成 CPU 能够处理的数字信号。

输出模块则用来向各执行机构输出控制信号,包括向接触器、电磁阀、指示灯等输出的数字信号和向调节阀等模拟执行器输出的模拟信号。

(4)电源

电源提供 PLC 的 CPU、存储器、输入输出接口等内部电路工作需要的直流电。PLC 的电源多采用直流开关稳压电源,稳定性好、抗干扰能力强。电源按其输入类型分为:交流电源(AC 220V 或 AC 110V)和直流电源(常用 DC 24V)。PLC 的电源具有可靠的隔离特性、防短路或开路保护的功能,在满足内部电路需要的同时还可用作负载电源。

2. PLC 的工作原理

PLC 采用周期性循环处理的顺序扫描工作方式。每一次扫描所用的时间称为扫描周期或工作周期,扫描周期的长短与 CPU 的运算速度、I/O 点的情况、用户应用程序的长短及编程情况等有关。

如图 1-2 所示,当 PLC 上电或从 STOP 模式切换到 RUN 模式时,CPU 执行启动操作,对 PLC 系统进行初始化操作,清除没有断电保持功能的存储器、定时器、计数器、中断堆栈和块堆栈,复位所有硬件中断和诊断中断以及完成用户指定的初始化操作等。初始化完毕后,PLC 开始周期性循环操作。

PLC 在启动完成后,不断以循环扫描方式执行用户程序,循环工作过程可以被某些事件中断。如果中断事件出现,当前程序暂停执行,并自动调用分配给该事件的程序。该程序执行完成后,被暂停执行的程序块将从被中断的地方开始继续执行。

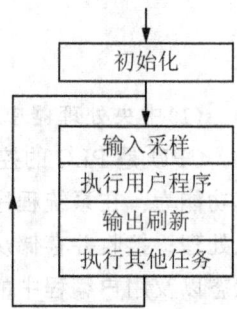

图 1-2 PLC 工作流程

如图 1-3 所示,PLC 的循环扫描工作过程包括三个主要阶段,即输入采样阶段、程序执行阶段和输出刷新阶段。

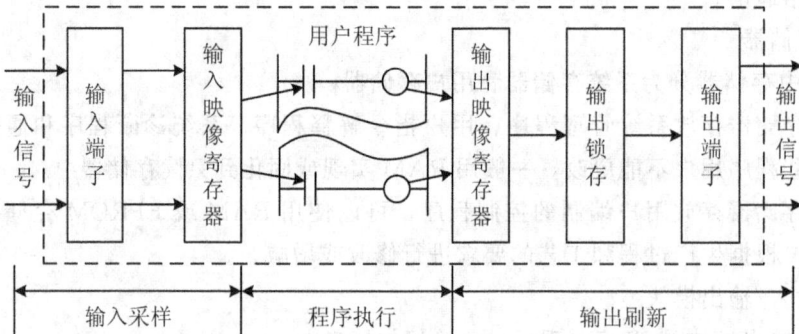

图 1-3 循环扫描过程

(1)输入采样阶段

在输入采样阶段,PLC 以扫描方式读取所有输入状态数据,并将它们存入输入映像寄存器中的对应单元内。输入映像寄存器的状态和数据在用户程序执行和输出刷新阶段不会改变，它会保持到下一次的输入采样。因此，如果输入是脉冲信号，该脉冲信号的宽度必须大于一个扫描周期，才能保证在任何情况下该输入均能被读入。

(2)程序执行阶段

PLC 按先左后右，先上后下的顺序对每条指令进行扫描。当所扫描指令涉及输入或输出状态时，PLC 从输入映像寄存器中读入其对应的当前状态，然后执行相应的运算，并将结果再保存到输出映像寄存器的对应单元中。

(3)输出刷新阶段

当所有指令执行完毕后，PLC 就进入输出刷新阶段。CPU 按时输出映像寄存器中的状态和数据刷新所有的输出锁存电路，再通过输出电路驱动相应的外部负载。

根据工作过程可知，PLC 采用集中采样、集中输出的工作方式。在执行用户程序时，通过映像寄存器来处理输入和输出，不受外部干扰信号影响，使 PLC 工作的可靠性和灵活性得到了提高。

知识引导

▶ 1.3　PLC 的特点与分类

1. PLC 的特点

现代工业生产工艺过程是复杂多样的，对控制的要求也各不相同。PLC 由于具有以下特点而深受工程技术人员的欢迎。

(1)可靠性高，抗干扰能力强

PLC 由于采用现代大规模集成电路技术，采用严格的生产工艺制造，内部电路采取了先进的抗干扰技术，具有很高的可靠性。使用 PLC 构成的控制系统，和同等规模的继电接触器系统相比，电气接线及开关接点已减少到数百甚至数千分之一，故障也就大大降低。此外，PLC 带有硬件故障自我检测功能，出现故障时可及时发出警报信息。在应用软件中，应用者还可以编入外围器件的故障自诊断程序，使系统中除 PLC 以外的电路及设备也获得故障自诊断保护。这样，整个系统将具有极高的可靠性。

(2)模块化结构，适应性强，应用灵活

由于 PLC 产品均成系列化生产，品种齐全，除了单元式的小型 PLC 以外，绝大多数 PLC 均采用模块化结构，组合和扩展方便，用户可根据自己的需要灵活选用，以满足系统大小不同及功能繁简各异的控制系统要求。PLC 的各个部件，包括 CPU、电源、I/O 等均采用模块化设计，由机架及电缆将各模块连接起来，系统的规模和功能可根据用户的需要自行组合。

(3)丰富的 I/O 接口模块

PLC 针对不同的工业现场信号，如交流或直流、开关量或模拟量、电压或电流、脉冲或电位、强电或弱电等，有相应的 I/O 模块与工业现场的器件或设备(如按钮、行程开关、接近开关、传感器及变送器、电磁线圈、控制阀)等直接连接。

另外，为了提高操作性能，它还有多种人机对话的接口模块；为了组成工业局部网络，它还有多种通信联网的接口模块，等等。

（4）编程方便，易于使用

PLC 的编程大多采用类似于继电器控制线路的梯形图语言，直观易懂，深受现场电气技术人员的欢迎，对使用者来说，不需要具备计算机的专门知识，因此很容易被一般工程技术人员所理解和掌握。近年来又发展了面向对象的顺控流程图语言（Sequential Function Chart，SFC），也称功能图，使编程更简单方便。

（5）安装简单，维修方便

PLC 不需要专门的机房，可以在各种工业环境下直接运行。使用时只需将现场的各种设备与 PLC 相应的 I/O 端相连接，即可投入运行。PLC 中含有大量的相当于中间继电器、时间继电器、计数器等的"软元件"，又用程序（软接线）代替硬接线，安装接线工作量少。设计人员只要有 PLC 就可以进行控制系统设计，并可在实验室进行模拟调试。

PLC 有完善的自诊断、履历情报存储及监视功能。PLC 对于其内部工作状态、通信状态、异常状态和 I/O 点的状态均有显示，便于用户了解运行情况和查找故障。

由于采用模块化结构，因此一旦某模块发生故障，用户可以通过更换模块的方法，使系统迅速恢复运行。

（6）功能完善，适用面广

PLC 除基本的逻辑控制、定时、计数、算术运算等功能外，配合特殊功能模块还可以实现点位控制、PID 运算、过程控制、数字控制等功能，为方便工厂管理又可与上位机通信，通过远程模块还可以控制远方设备。

2. PLC 的分类

PLC 通常根据其控制规模大小、结构形式和生产厂家的不同进行分类。

（1）按控制规模大小分类

控制规模主要指控制数字量的输入/输出点数及控制模拟量的输入/输出点数。依这个点数可将 PLC 分为小型、中型和大型三类。

小型 PLC：I/O 点数 256 点以下；单 CPU，8 位或 16 位处理器；用户存储器容量 4K 字以下。

中型 PLC：I/O 点数 256～2048 点；双 CPU，16 位或 32 位处理器；用户存储器容量 2K～8K 字。

大型 PLC：I/O 点数 2048 点以上；多 CPU，16 位或 32 位处理器；用户存储器容量 8K～16K 字。

以上这种划分只是大致的，目的是便于系统的配置及使用。一般来说，根据实际的 I/O 点数，如果选用相应的机型，性能价格比会比较高，反之性能价格比就会要差些。但是也有特殊情况，如控制点数不是太多，但因大型机的特殊控制单元多，还可进行热备配置，因而采用了大型机。

（2）按结构分类

根据 PLC 的结构形式分类，可将 PLC 分为整体式和模块式。

整体式 PLC 是将电源、CPU、I/O 接口等部件都集中装在一个机箱内，具有结构紧凑、体积小、价格低的特点。小型 PLC 一般采用这种整体式结构。整体式 PLC 由不同 I/O 点数的基本单元（又称主机）和扩展单元组成。基本单元内有 CPU、I/O 接口、与 I/O 扩展单元相连的扩展口，以及与编程器或 EPROM 写入器相连的接口等。扩展单元内只有 I/O 和电源等，没有 CPU。基本单元和扩展单元之间一般用扁平电缆连接。整体式 PLC 一般还可配备特殊功能单元，如模拟量单元、位置控制单元等，使其功能得以扩展。

模块式 PLC 是将 PLC 各组成部分，分别做成若干个单独的模块，如 CPU 模块、I/O 模块、电源模块（有的含在 CPU 模块中）以及各种功能模块。模块式 PLC 由框架或基板和各种模块组成，模块装在框架或基板的插座上。模块式 PLC 的特点是配置灵活，可根据需要选配不同规模的系统，而且装配方便，便于扩展和维修。大、中型 PLC 一般采用模块式结构。

还有一些 PLC 将整体式和模块式的特点结合起来，构成所谓的叠装式 PLC。叠装式 PLC 其 CPU、电源、I/O 接口等也是各自独立的模块，模块之间通过扁平电缆进行连接，紧密拼装后组成一个整齐的体积小巧的长方体。这样，不但系统可以灵活配置，还可做得体积小巧。

（3）按功能分类

根据 PLC 所具有的功能不同，可将 PLC 分为低档、中档、高档三类。

低档 PLC 具有逻辑运算、定时、计数、移位以及自诊断、监控等基本功能，还可有少量模拟量输入/输出、算术运算、数据传送和比较、通信等功能，主要用于逻辑控制、顺序控制或少量模拟量控制的单机控制系统。

中档 PLC 除具有低档 PLC 的功能外，还具有较强的模拟量输入/输出、算术运算、数据传送和比较、数制转换、远程 I/O、子程序、通信联网等功能，有些还可增设中断控制、PID 控制等功能，适用于复杂控制系统。

高档 PLC 除具有中档机的功能外，还增加了带符号算术运算、矩阵运算、位逻辑运算、平方根运算及其他特殊功能函数的运算、制表及表格传送功能等。高档 PLC 机具有更强的通信联网功能，可用于大规模过程控制或构成分布式网络控制系统，实现工厂自动化。

知识引导

▶ 1.4　PLC 的编程语言

PLC 的用户程序是设计人员根据控制系统的工艺控制要求，采用一定的编程语言编制设计的。根据国际电工委员会制定的工业控制编程语言标准（IEC1131-3）。PLC 的编程语言包括以下五种：梯形图语言、指令表语言、功能模块图语言、顺序功能流程图语言及结构化文本语言。以下通过实现电动机起、保、停控制来介绍不同 PLC 的编程语言的特点。

1. 梯形图语言(LAD)

梯形图是使用最多的 PLC 编程语言。因与继电器电路很相似，具有直观易懂的特点，很容易被熟悉继电器控制的电气人员所掌握，特别适合于数字量逻辑控制。梯形图由触点、线圈和用方框表示的指令构成。触点代表逻辑输入条件；线圈代表逻辑运算结果，常用来控制指示灯、开关和内部的标志位等；指令框用来表示定时器、计数器或数学运算等附加指令。学习梯形图语言要先理解以下几个概念。

(1)能流：在梯形图中，为了分析各个元器件输入输出关系，而引入的一种假象的电流，我们称之为能流。通常认为能流是按从左到右的方向流动，能流不能倒流，这一流向与执行用户程序的逻辑运算关系一致。在图 1-4 中，流经线圈 Q0.0 的能流有两条路径：一条由触点 I0.0、I0.1 和线圈 Q0.0 构成，另一条由触点 Q0.0、I0.1 和线圈 Q0.0 构成。

(2)母线：梯形图中两垂直的公共线，称之为母线。通常左母线不可省，右母线可省，能流可以看成由左母线流向右母线。

(3)触点：触点表示逻辑输入条件。触点闭合表示有"能流"流过，触点断开表示无"能流"流过。常用的有常开触点和常闭触点两种。

(4)线圈：线圈表示逻辑输出结果。若有"能流"流过线圈，线圈吸合，否则断开。

(5)功能框：代表某种特定的指令。"能流"通过功能框时，则执行功能框的功能，功能框代表的功能有多种，如定时、计数、数据运算等。

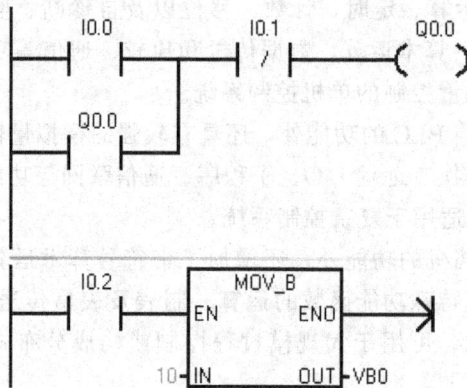

图 1-4 梯形图语言

梯形图在编写的过程中，要注意以下几点：

(1)梯形图的触点应画在水平线上，不能画在垂直分支上。

(2)在有几个串联回路相并联时，应将触点最多的那个串联回路放在梯形图最上面。在有几个并联回路相串联时，应将触点最多的并联回路放在梯形图的最左面。

(3)不能将触点画在线圈右边，只能在触点的右边接线圈。

(4)如果在程序中同一元件的线圈使用两次或多次，则称为双线圈输出。这时前面的输出无效，只有最后一次才有效，所以程序中应该避免双线圈输出。

(5)如果电路结构比较复杂，可重复使用一些触点画出它的等效电路，然后再进行编程就比较容易。

(6)对复杂的程序可先将程序分成几个简单的程序段，每一段从最左边触点开始，由上至下向右进行编程，再把程序逐段连接起来。

2. 指令表语言(STL)

指令表(编程)语言类似于计算机中的助记符汇编语言，它是 PLC 最基本的编程语言。指令表语言采用一个或几个容易记忆的字符来代表 PLC 的某种操作功能。

如图 1-5 所示，指令表程序的语句由助记符和操作数构成。其中助词符表示操作功能，操作数表示指定的存储器的地址，语句表的操作数通常按位存取。

助记符	操作数
LD	I0.0
O	Q0.0
AN	I0.1
=	Q0.0

图 1-5　指令表语言

指令表程序设计语言有如下特点：

(1)采用助记符来表示操作功能，具有容易记忆，便于掌握的特点。

(2)在编程器的键盘上采用助记符表示，具有便于操作的特点，可在无计算机的场合进行编程设计。

(3)与梯形图有一一对应关系，可以和梯形图程序相互转化。

3. 功能模块图语言(FBD)

功能模块图语言是与数字逻辑电路类似的一种 PLC 编程语言。采用功能模块图的形式来表示模块所具有的功能，不同的功能模块有不同的功能。图 1-6 是电动机起、保、停控制的功能模块图表达方式，功能模块图程序设计语言的特点包括：

(1)以功能模块为单位，分析理解控制方案简单容易。

(2)功能模块是用图形的形式表达功能，直观性强，对于具有数字逻辑电路基础的设计人员很容易掌握的编程。

(3)对规模大、控制逻辑关系复杂的控制系统，由于功能模块图能够清楚表达功能关系，使编程调试时间大大减少。

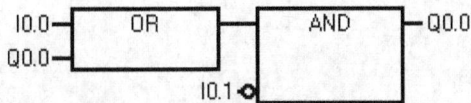

图 1-6　功能模块图编程语言

技能训练

▶ 1.5　PLC 控制器识别

1. 实训目的

(1)掌握 PLC 硬件结构与工作原理。

(2)掌握常见 PLC 的型号和结构组成。

2. 任务要求

识别图 1-7 中 PLC 的型号和结构。

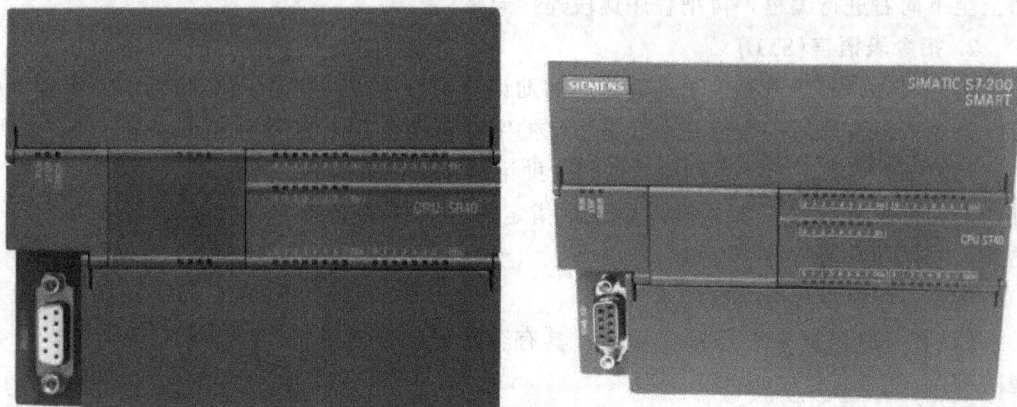

图 1-7　PLC 控制器

3. 项目实施根据识别结果，完成表 1-1 填写。

表 1-1　PLC 控制器类型

CPU	型号	电源 电压	输入 电压	输出 电压	输出 电源	输出 类型	输入 点数	输出 点数

第 2 单元　S7-200 Smart 系列 PLC 及其编程软件

　　S7-200 Smart 系列 PLC 是西门子针对中国的 OEM 市场研发的新一代 PLC。作为 S7-200 CN 的升级产品，一方面继承了 S7-200 CN 丰富的功能，另一方面融入了新的亮点，将全面覆盖并超越 S7-200CN。从产品上市至今，S7-200 Smart 在包装、纺织、机床、食品、橡塑等众多行业得到广泛应用，在提升设备性能和降低设备成本上发挥着重要作用。

　　本单元包括内容有：S7-200 Smart PLC 的基础知识、数据访问方法、输入输出电路及 STEP 7-MicroWIN SMART 编程软件的使用。通过对本单元内容的学习，牢固掌握 S7-200 Smart PLC 的基础知识、外部设备的电路连接方法和编程软件的使用方法，为进一步学习 PLC 应用打下坚实的基础。

学习导航

学习目标	知识目标	掌握 S7-200SmartPLC 的基础知识； 掌握 S7-200SmartPLC 的数据访问； 掌握 S7-200SmartPLC 的输入输出电路结构； 掌握 STEP 7-MicroW1N Smart 编程软件
	技能目标	培养 PLC 控制系统程序调试和程序设计的基本能力
	素养目标	培养团结协作和创新思维能力，及求真务实的工作态度。
	思政目标	弘扬劳模精神、劳动精神、工匠精神。
学习引导	知识准备	S7-200smartPLC 的基础知识； S7-200smart 的数据访问； S7-200smart 的输入输出端子； STEP7-MicroWINsmart 编程软件
	技能准备	输入电路举例； 输出电路举例； S7-200SmartPLC 输入输出电路安装与调试实训
	技能训练	S7-200SmartPLC 输入输出电路安装与调试实训
	建议学时	6 学时

知识引导

▶ 2.1 S7-200 Smart PLC 的基础知识

在学习如何应用 S7-200 Smart PLC 之前，我们首先需要了解一些基本知识，包括 S7-200 Smart 系列 PLC 机型、功能与特点以及面板结构。

1. S7-200 Smart 系列 PLC 机型

S7-200 Smart 系列 PLC 包含有多种不同的型号。除了 I/O 触点数量以及输出端子类型的区别，按照可扩展性，S7-200 Smart PLC 分为两大类：标准型和经济型。

标准型 PLC 可以连接扩展模块，以满足对 I/O 规模有较大需求，逻辑控制较为复杂的应用。

经济型 PLC 不能够连接扩展模块，只能使用 PLC 本体的 I/O 触点实现控制功能，同时经济型在存储器容量、高速脉冲计数频率、模拟量输入输出等方面的性能也比标准型差。

S7-200 Smart PLC 型号的具体含义如下：

S/C	T/R	n	n

第一位的字母 S 表示标准型，C 表示经济型。

第二位的字母 T 表示输出端子为晶体管类型(仅限标准型)，R 表示继电器类型。

最后两位数字表示 PLC 的 I/O 触点总数。

例如，ST30 表示标准型 PLC，输出端子为晶体管类型，I/O 触点总数为 30 点。CR60 则表示经济型 PLC，输出端子为继电器类型，I/O 触点总数为 60 点。

2. 功能与特点

S7-200 Smart 系列 PLC 提供不同类型、I/O 点数丰富的本体模块，本体模块 I/O 点数最高达 60 点，可满足大部分小型自动化设备的控制需求，S7-200 Smart 系列 PLC 具有如下特点。

(1)具有选件扩展功能

PLC 本体通过连接扩展模块，可以扩展 I/O 点数、通信端口、模拟量输入输出等功能，能够提升产品的利用率，降低扩展成本。

(2)采用高速芯片

通过采用西门子专用高速处理器芯片，基本指令的执行时间达到 $0.15\mu s$，针对复杂的工艺要求同样能够做到及时响应和实时控制。

(3)支持最多四个高速计数输入

能够输入脉冲、脉冲＋方向或 A/B 相正交信号，对增量编码器、频率或过程事件进行高速计数。

(4)具备三轴脉冲运动控制功能

PLC 本体模块最多集成 3 路高速脉冲输出，频率高达 100kHz，支持脉宽调制

(PWM)/脉冲串(PTO)输出方式以及多种运动模式，可以自由设置运动包络。同时搭载向导功能，极大地简化了程序编制，能够轻松实现设备调速、定位等功能。

(5)以太网通信

S7-200 Smart 全系列 PLC 标配以太网接口，支持西门子 S7 协议、TCP/IP 协议等，可以方便地实现 PLC 与 PLC、PLC 与上位计算机以及 PLC 与 HMI 设备之间的互联。

(6)串口通信

S7-200 Smart 全系列 PLC 都集成有 1 个 RS485 串行通信接口，可以与变频器、触摸屏等设备通信，其支持的通信协议有：Modbus-RTU、PPI、USS 和自定义通信协议。

3. 面板结构

下面以 ST30 标准型 PLC 为例，介绍 S7-200 Smart PLC 的面板结构(图 2-1)。

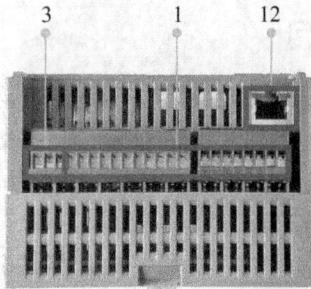

(a) 面板正面

（b）面板上部　　　　　　　（c）面板侧面

图 2-1　S7-200 Smart PLC 的面板结构

对应图 2-1 中的序号，逐一讲解如下。

(1)输入端子：连接按钮、开关和传感器等外部输入器件。

(2)输出端子：连接指示灯、继电器、接触器和电磁阀等外部输出器件。

(3)电源输入：输入 220V 交流(继电器输出类型 PLC)或者 24V 直流(晶体管输出类型 PLC)电源，供 PLC 本体使用。

(4)24V 直流输出：输出 24V 直流电供外部传感器使用。

(5)输入状态指示灯：指示输入端子的输入状态。

(6)输出状态指示灯：指示输出端子的输出状态。

(7)信号板接口：连接可选信号板，可以扩展 I/O 口、模拟量输入输出口、RS232 或 RS482 通信口和电池功能。由于信号板直接安装在 PLC 本体上，不需要占用额外的空间。

(8)SD 卡插槽：通过插入一张 MircoSD 卡，可以实现程序传输、固件升级和恢复出厂设置，极大地方便了系统维护。

(9)以太网状态指示灯：指示以太网接口状态，包括通信状态(LINK)和接收/发送状态(Rx/Tx)。

(10)PLC 状态指示灯：指示 PLC 状态，包括运行状态(RUN)、停止状态(STOP)和出错状态(ERROR)，其中运行状态和停止状态指示灯指示 PLC 当前的工作模式，出错状态指示灯为红色表示 PLC 运行出错。

(11)RS-485 串行端口：支持 Modbus-RTU、PPI、USS 和自定义通信协议。

(12)以太网接口：用于实现以太网通信，支持西门子 S7 协议和 TCP/IP 协议。通过以太网接口，使用一根网线就能方便地把程序下载到 PLC 中，以太网接口能让 PLC 与其他 PLC、触摸屏或上位计算机通信，实现分布式控制。

(13)扩展模块接口：连接扩展单元，用于扩展 I/O、模拟量输入输出口等。标准型 PLC 最多可以连接六个扩展模块。

(14)导轨卡槽：用于将 PLC 安装在 DIN 标准导轨上。

知识引导

▶ 2.2　S7-200 Smart 的数据访问

PLC 将数据信息按照用途，以二进制形式存储在存储器的不同存储单元里。在程序里访问数据信息时，需要通过地址来指定存储单元的位置。根据数据访问格式的不同，用于指定存储单元位置的地址格式也是不一样。

1. 地址格式

S7-200 Smart 对存储单元的数据进行访问时，采用的地址格式分为：位寻址、字节寻址、字寻址和双字寻址。

(1)位寻址

开关、按钮等输入器件的状态以二进制位数据的形式存储在 PLC 的存储器里，一个二进制位数据的内容只能是 1 或者 0，在访问二进制位数据时，地址格式为：存储器标识符、字节地址和位地址。

如图 2-2 所示，灰色小方块表示位单元 I1.2 在存储器中的位置，I1.2 的第一个字母 I 表示存储位置为过程映像输入区(I)，紧跟的数字 1 表示数据所在存储单元的字节地址，接下来的点号起分隔作用，最后的数字 2 表示数据在字节里的位地址。当前 I1.2 的数据内容为 1，表示其对应输入端子所连接的外部开关或者按钮处于接通状态。

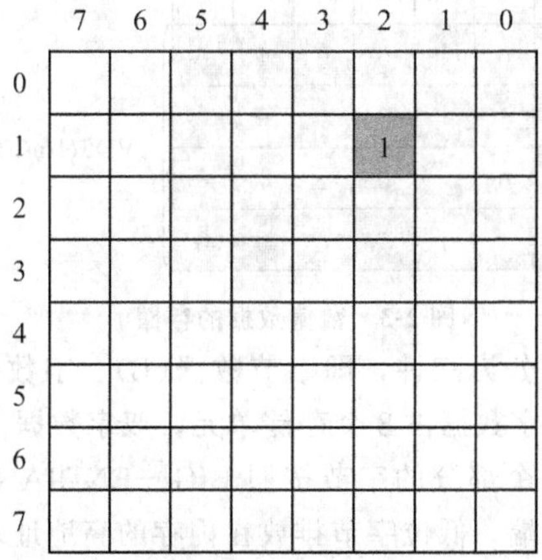

图 2-2　位数据的存储

注：S7-200 的存储单元以字节为基本单位，1 个字节由 8 个二进制组成。

(2)字节寻址、字寻址和双字寻址

模拟输入输出器件的值、各种不同类型的数字等数值数据，同样是以二进制形式存储在存储器中，要访问这些数据，也必须通过地址来指定存储位置，地址格式为：存储器标识符、数据大小标志和起始字节地址。

如图 2-3 所示，三块灰色区域分别代表 VB0、VW2 和 VD5 在存储器中的位置。其中 VW2 的第一个字母 V 表示存储位置为变量存储区(V)，接下来的字母 W 表示数据存储类型为字数据，最后的数字 2 表示存储单元的起始地址。

2. 存储区结构

S7-200 Smart PLC 的存储器按照用途被分多个区：I、Q、V、M、T、C、HC、AC、SM、L、AI、AQ、S。

(1)I(过程映像输入区)

PLC 在每次扫描周期开始时对物理输入点采样，然后将采样值写入过程映像输入寄存器。

(2)Q(过程映像输出区)

扫描周期结束时，PLC 将存储在过程映像输出寄存器的值复制到物理输出点。

(3)V(变量存储区)

可以使用 V 存储器存储程序执行程序中控制逻辑操作的中间结果。也可以使用 V 存储器存储与过程或任务相关的其他数据。

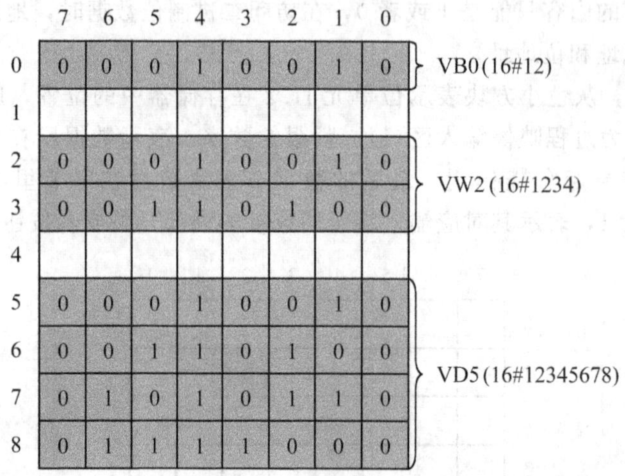

图 2-3　数值数据的存储

注：数值数据存储类型分为三种，即字节数据（B）、字数据（W）和双字数据（D）。字节数据占 1 个存储单元，字数据占 2 个存储单元，双字数据占 4 个存储单元。多字节数据在存储器中存储时，各个部分的字节按照 BIG－ENDIAN（高字节序）存储，即高位字节排放在内存的低地址端，低位字节排放在内存的高地址端。

（4）M（标志存储区）

可以将标志存储区的位用作内部控制继电器来存储操作的中间状态或其他控制信息。

（5）T（定时器）

CPU 提供的定时器能够以 1ms、10ms 或 100ms 的精度（时基增量）累计时间。定时器有两个相关变量：当前值和定时器位。当前值为 16 位有符号整数，用来存储定时器当前计数值；定时器位表示定时器的定时状态。可以使用定时器地址（T＋定时器编号）访问这两个变量，采用位操作指令访问的是定时器位，而采用字操作指令访问的则是当前值。

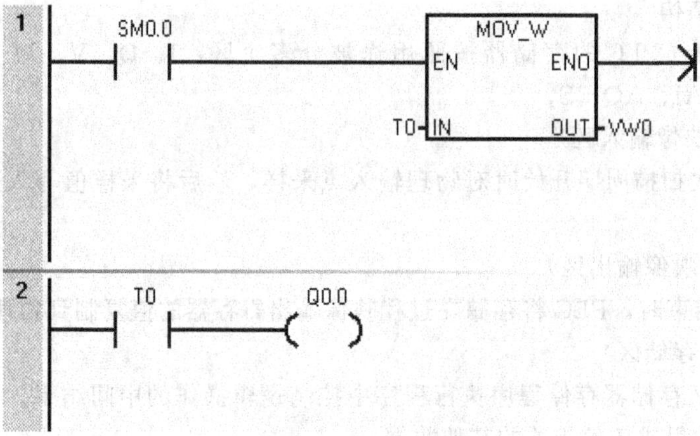

图 2-4　定时器的当前值和定时器位

图 2-4 中，程序段 1 中的 T0 表示定时器的当前值，程序段 2 中的 T0 表示定时器的定时器位。

（6）C（计数器）

S7-200 Smart PLC 提供三种类型的计数器，对计数器输入的上升沿计数：一为增计数，二为减计数，三为可以进行增减计数。

与定时器类似，计数器也有两个相关的变量：当前值和计数器位，这两个变量的含义和访问方法与定时器的相关变量相同。

（7）HC（高速计数器）

高速计数器独立于 CPU 的扫描周期对高速事件进行计数。高速计数器有一个有符号 32 位整数计数值（或当前值）。要访问高速计数器的计数值，需要利用 HC＋高速计数器编号的格式指定高速计数器的地址。

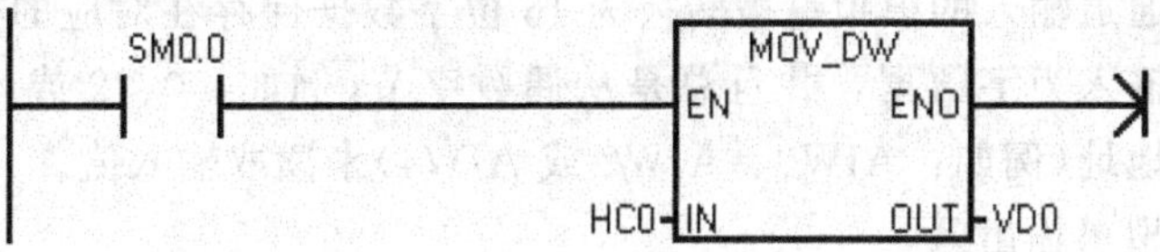

图 2-5　高速计数器的当前值

（8）AC（累加器）

S7-200 Smart PLC 中有四个 32 位累加器 AC0～AC3，可以用来向子程序传递参数或从子程序返回参数。

访问累加器数据时，根据所使用的指令，可以访问累加器的不同部分。

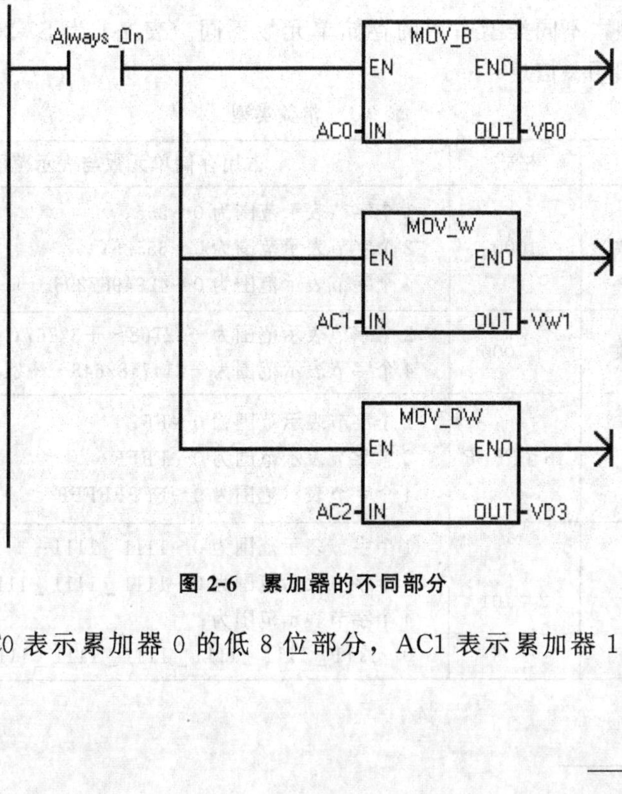

图 2-6　累加器的不同部分

图 2-6 中 AC0 表示累加器 0 的低 8 位部分，AC1 表示累加器 1 的低 16 位部分，

AC2 表示累加器 2 的全部 32 位。

注：MOV _ B 为字节数据传送指令，MOV _ W 为字数据传送指令，MOV _ DW 为双字数据传送指令。

（9）SM（特殊存储区）

SM 的不同部分代表了 PLC 的不同特殊功能，常用的 PLC 特殊功能有：

SM0.0：该位始终为接通状态，可以作为在每个扫描周期都需要指令的执行条件。

SM0.1：该位在 PLC 运行的第一个扫描周期接通，然后断开。一般用来调用只需要执行一次的初始化子程序。

SM0.4：该位提供时钟脉冲，该脉冲的周期为 1min，断开 30s，接通 30s。

SM0.5：该位提供时钟脉冲，该脉冲的周期为 1s，断开 0.5s，接通 0.5s。

（10）AI（模拟量输入区）

模拟量输入通道输入的模拟量被转换为 16 位字数据保存在对应的模拟量输入单元里。由于模拟量输入为字数据，并且总是从偶数字节（例如：0、2 或 4）开始，所以必须使用偶数字节地址（例如：AIW0、AIW2 或 AIW4）来读取输入值。

（11）AQ（模拟量输出区）

模拟量输出单元的 16 位字数据，会按比例转换为电流或电压输出。与模拟量输入类似，在进行模拟量输出时，必须使用偶数字节地址来写入要输出的值。

（12）S（顺序控制区）

顺序控制区中的位用在顺序控制指令中，表示程序步，用来实现顺序控制功能。

3. 常数值表示

很多编程指令中可以使用以二进制形式存储的常数。常数分为整数、实数、字符、字符串等多种类型，不同类型占用的存储单元数不同。表 2-1 为 S7-200 Smart 中可以使用的常数类型和相关信息。

表 2-1　常数类型

类型	格式	占用存储单元数与表示范围
十进制无符号整数	1000	1 个字节表示范围为 0～255； 2 个字节表示范围为 0～65535； 4 个字节表示范围为 0～4294967295
十进制带符号整数	+1000	2 个字节表示范围为 −32768～+32767； 4 个字节表示范围为 −2147483648～+2147483647
十六进制整数	16#FFFF	1 个字节表示范围为 0～FF； 2 个字节表示范围为 0～FFFF； 4 个字节表示范围为 0～FFFFFFFF
二进制整数	2#101	1 个字节表示范围为 0～1111 _ 1111； 2 个字节表示范围为 0～1111 _ 1111 _ 1111 _ 1111； 4 个字节表示范围为： 0～1111 _ 1111 _ 1111 _ 1111 _ 1111 _ 1111 _ 1111 _ 1111

续表

类型	格式	占用存储单元数与表示范围
实数	−100.1	4 个字节表示范围为−1.175495E−38～+1.175495E−38
字符	'A'	1 个字节
字符串	"hello"	每个字符占 1 个字节

知识引导

▶ 2.3　S7-200 Smart 的输入输出端子

PLC 要通过输入输出端子与外部设备连接，这样才能输入外部设备的状态以及对外部设备进行控制。

以 ST30 型 PLC 为例，其面板正面上方有 18 个输入端子，分为 DIa、DIb 和 DIc 三组，PLC 会在每次扫描周期开始时对三组输入端子进行采样，然后将采样值分别写入过程映像输入寄存器 I0.0～I0.7(DIa)、I1.0～I1.7(DIb)和 I2.0～I2.1(DIc)中。所有的输入端子的内部电路都与公共端 1M 相连，外部输入设备如按钮、开关以及各种传感器，需要通过输入电路与 PLC 的输入端子相连才能将信号输送给 PLC。面板上方还有用于给 PLC 本体供电的直流电源输入端子 L+和 M，其中 L+用于连接电源的正极，M 连接电源的负极。

ST30 的面板正面下方有 12 输出端子，分为 DOa 和 DOb 两组，PLC 会在扫描周期结束时，将存储在过程映像输出寄存器 Q0.0～Q0.7(DOa)和 Q1.0～Q1.3(DOb)中的值通过这两组输出端子输出。每组输出端子都有单独的电源输入端 L+和公共端 M。外部输出设备如指示灯、继电器需要通过输出电路与 PLC 输出端子相连才能被 PLC 的输出信号所控制。面板下方还有用于给外部传感器供电的 24V 直流电源输出端子 L+和 M，其中 L+为电源正极，M 为电源负极。

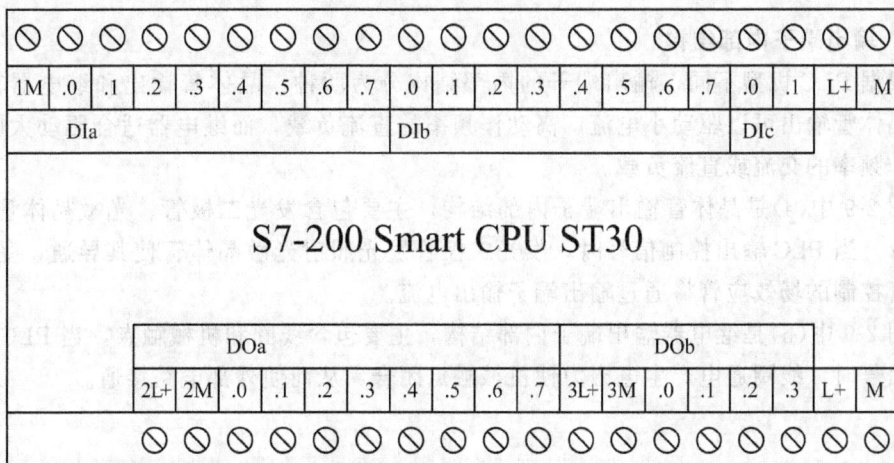

图 2-7　输入输出端子

1. 输入端子内部结构

输入端子的内部结构包含两个反向并联的发光二极管和一个光敏三极管，当外部输入电路接通时，两个发光二极管中的一个亮，光敏晶体管受光照射导通将输入信号传送至 PLC。

根据外部输入电路结构的不同，有两种不同的输入方式将信号输入至 PLC：源型输入和漏型输入。采用图 2-8 中(a)所示漏型方式输入时，电流从对应输入端子流入，经过反向并联的发光二极管中下面的一个，再从公共端流出。当采用图 2-8 中(b)所示源型方式输入时，电流从公共端流入，经过反向并联的发光二极管中下面的一个，再从对应输入端子流出。

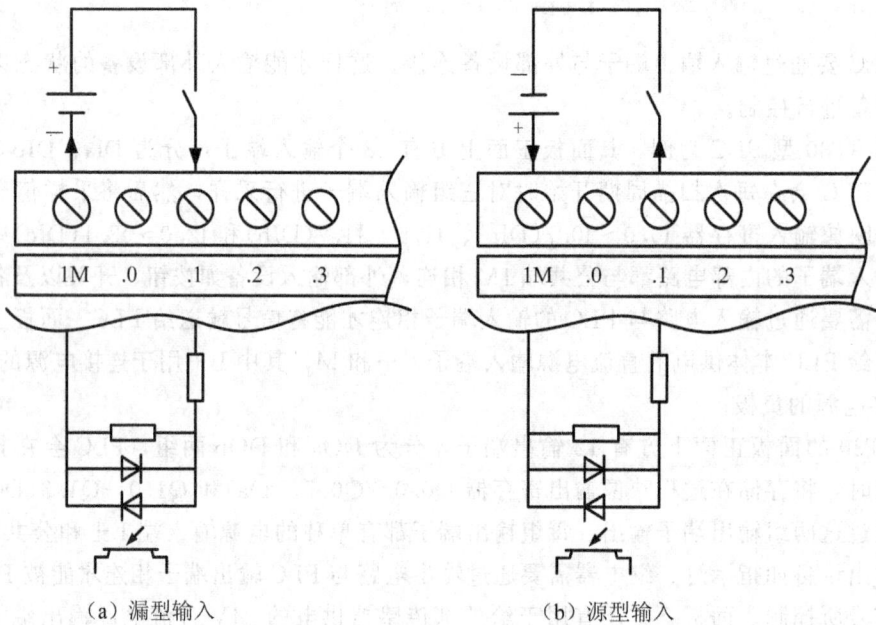

（a）漏型输入　　　　　　　　　　（b）源型输入

图 2-8　输入端子内部结构

2. 输出端子内部结构

根据 PLC 机型不同，输出端子的内部结构分为两种：晶体管输出和继电器输出，其中晶体管输出可以驱动小电流、高动作频率的直流负载，而继电器适合驱动大电流、低动作频率的交流或直流负载。

图 2-9 中(a)是晶体管输出端子内部结构，主要包含发光二极管、光敏晶体管和场效应管，当 PLC 输出控制信号时，发光二极管发光照射光敏晶体管使其导通，受光敏晶体管控制的场效应管将通过输出端子输出电流。

图 2-9 中(b)是继电器输出端子内部结构，主要包含线圈和机械触点，当 PLC 输出控制信号时，线圈通电产生电磁力使机械触点闭合，从而使外部电路接通。

（a）晶体管输出   （b）继电器输出

图 2-9　输出端子内部结构

技能引导

▶ 2.4　S7-200 Smart 的输入输出电路举例

1. 输入电路举例

［例 2-1］将一个行程开关和一个 NPN 输出类型的三线制涡流接近传感器，分别通过 I1.0 和 I2.0 与 S7-200 Smart ST30 PLC 相连。

行程开关是常见的主令电器，一般用来限制机械装置的位置或行程。行程开关通常有三个触点，如图 2-10 所示，NC、NO 和 COM，其中 NC 为常闭触点，NO 为常开触点，COM 是公共端。行程开关未动作时，常闭触点和公共端接通，常开触点和公共端为断开状态，当行程开关被机械装置碰撞动作时，常闭触点和公共端断开，常开触点和公共端接通。

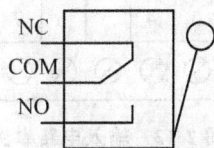

图 2-10　行程开关

涡流接近传感器是一种非接触传感器，能够检测接近的金属物体，其三个引脚分别是 VCC 电源引脚、OUT 输出引脚和 GND 接地引脚，如图 2-11 所示。一般情况传感器内部的 NPN 三极管为截止状态，输出引脚为高阻态，当有金属物体接近传感器时，内部的 NPN 三极管导通，输出引脚输出低电平。

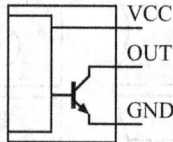

图 2-11　涡流接近传感器

对于行程开关、按钮等无源器件可以采用源型或漏型方式，NPN 输出类型的传感器则需要采用源型方式与 PLC 相连。图 2-12 为行程开关和 NPN 涡流接近传感器同时与 PLC 相连的电路，由于涡流接近传感器是 NPN 输出类型的，所以需要采用源型方式连接。

图 2-12　输入电路举例

2. 输出电路举例

[例 2-2]将两盏 LED 指示灯通过 Q0.0 和 Q1.0 与 S7-200 Smart ST30 PLC 相连。

常见的 LED 指示灯为单向导通器件，在与 PLC 相连时要注意极性。PLC 本身不能直接驱动负载，负载需要采用外部电源进行供电，电源的正极与 L＋相连，负极与 M 相连，直流负载的正极连接在相应输出端子上，负极与电源负极相连，如图 2-13 所示。

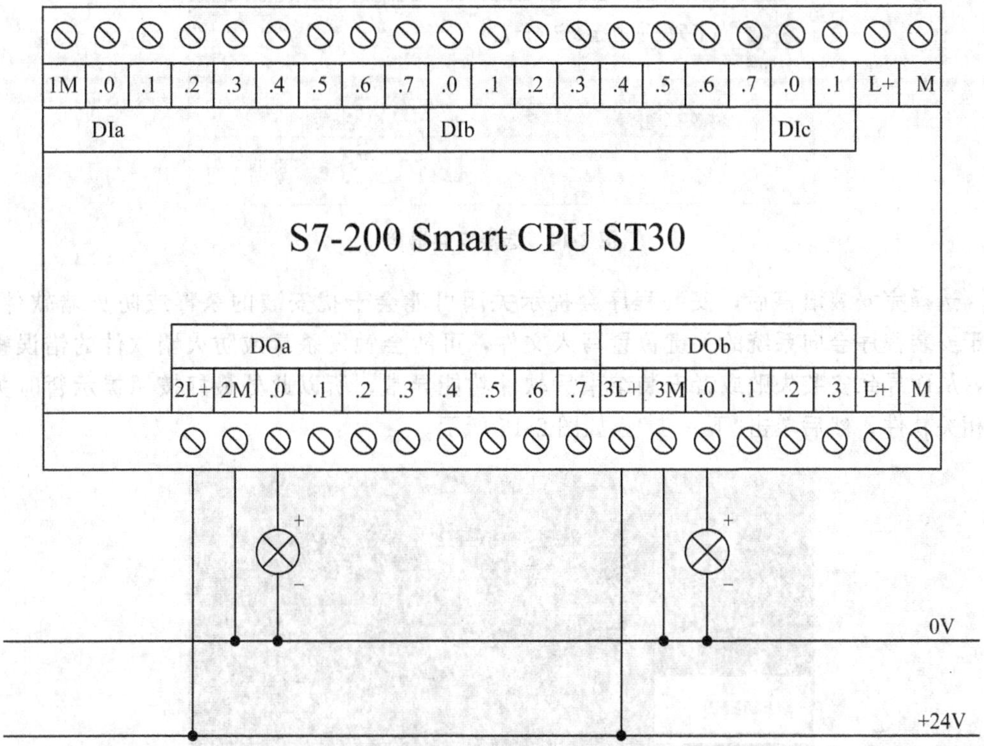

图 2-13　输出电路举例

知识引导

▶ 2.5　STEP 7-MicroWIN Smart 编程软件

STEP 7-MicroWIN Smart 是专门针对 S7-200 Smart 系列 PLC 设计的编程软件，通过它可以为 PLC 编写程序，将程序下载到 PLC 或者从 PLC 中读取出来，还能够对程序在 PLC 中运行的状态进行监控和对 PLC 进行硬件组态，是一款功能强大的软件。

1. 编程软件的安装

STEP 7-MicroWIN Smart 在个人电脑中运行，对电脑的要求如下：

(1)操作系统：Windows 7 或 Windows 10(32 位和 64 位两种版本)。

(2)至少 350M 字节的空闲硬盘空间。

(3)鼠标(推荐)。

STEP 7-MicroWIN Smart 的软件最新版本为 V2.3.0.2，安装包可以在西门子的官方网站下载，下载解压后双击 setup. exe 开始运行安装程序。

安装程序运行后，稍微等待一段时间，会弹出安装语言选择界面，默认为中文（简体），选择"确定"继续安装过程，如图 2-14 所示。

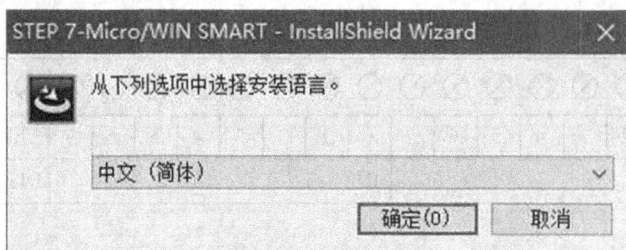

图 2-14 选择安装语言

选择完安装语言后，安装程序会提示关闭可能会干扰安装的杀毒或防火墙软件。由于安装程序会向系统的关键位置写入文件，可能会触发杀毒或防火墙软件的错误警报，从而导致安装失败或者安装结束后软件功能异常，所以此处最好按照提示暂时关闭相关软件，然后单击"下一步"，如图 2-15 所示。

图 2-15 安装提示

此处选择接收许可证协议选项，单击"下一步"，如图 2-16 所示。

此处可以选择软件安装的位置，一般来说保持默认即可，也可以单击"浏览"按钮选择自定义的安装位置，如图 2-17 所示。位置选择完毕后，单击"下一步"，安装程序开始拷贝文件和对系统进行配置，这一过程大概需要十几分钟。

在安装程序完成了文件拷贝和系统配置后，会弹出此界面，如图 2-18 所示，此处选择"完成"来结束安装过程。

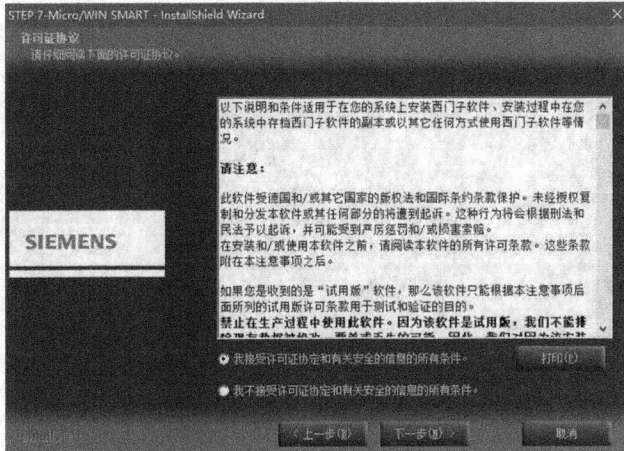

图 2-16 许可证协议

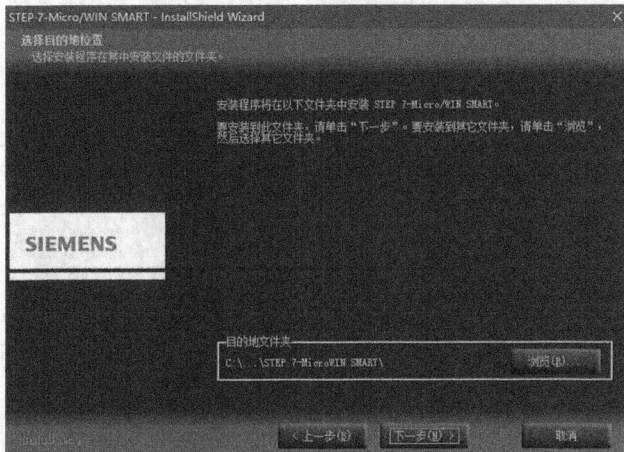

图 2-17 选择目的地位置

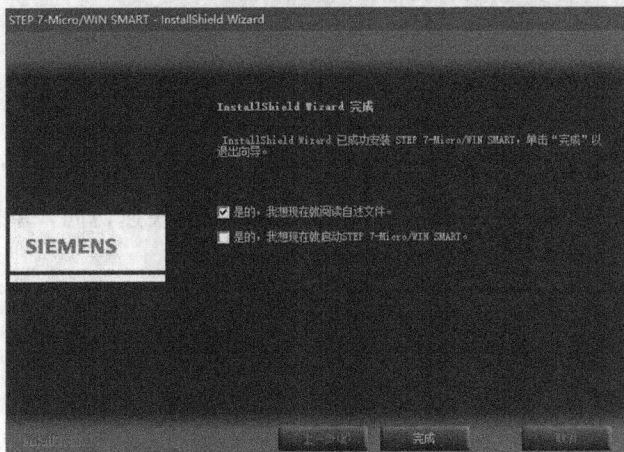

图 2-18 安装完成

2. 编程软件的界面

软件安装好后可以通过开始菜单或者桌面上的快捷方式入口进入，如图 2-19 所示。

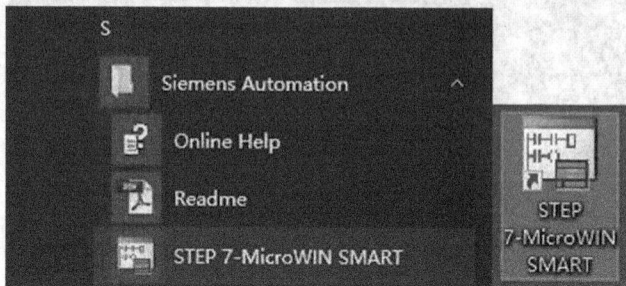

图 2-19　开始菜单和桌面快捷方式入口

软件打开后的界面如图 2-20 所示，主要由菜单栏、导航栏、工作区和状态栏等组成。

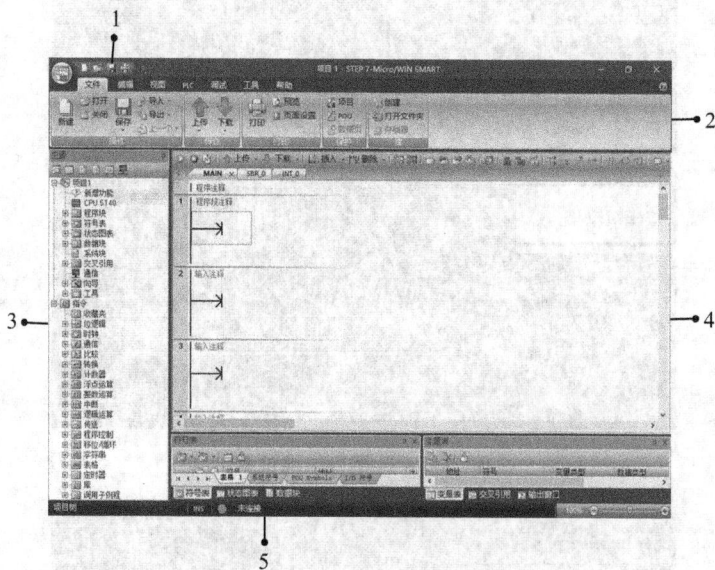

图 2-20　编程软件界面组成

（1）快速访问工具栏

提供对新建、打开、保存、打印等常用功能命令的快速访问，单击下三角小按钮还可以对要使用的功能命令进行定制。

（2）主菜单及功能选项

这部分包含有文件、编辑、视图、PLC、工具和帮助六个选项卡，每个选项卡都有相应的命令按钮。

（3）边栏

这部分以树形菜单形式提供对当前项目的状态显示和配置功能。该部分还包含编程指令的快速访问,用户可以通过拖放的方式来输入程序指令。

(4)工作区

这部分包含程序编辑器和软件的其他组件,程序编辑器可以以三种不同方式来显示和编辑 PLC 程序,三种方式分别为:梯形图(LAD)(图 2-21)、指令表(STL)(图 2-22)和功能块图(FBD)(图 2-23)。

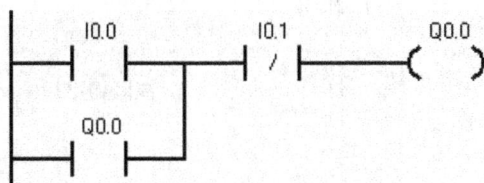

图 2-21　梯形图

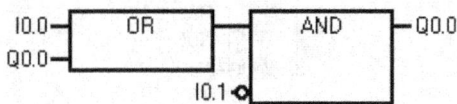

图 2-22　指令表　　　　　　　　　图 2-23　功能块图

程序编辑器的显示编辑方式可以在视图主菜单选项卡中进行修改。

(5)状态栏

这部分显示当前工作区中光标的位置、编辑状态和 PLC 连接状态以及程序编辑器的缩放比例。

3. PLC 程序编写过程

下面以创建一个简单的"起、保、停"功能程序为例,介绍如何编写 PLC 梯形图程序。

首先通过快速访问工具栏的新建按钮创建一个新项目,之前有打开其他项目并且没有保存的话,软件会提示是否保存,根据需要选择保存或者不保存。

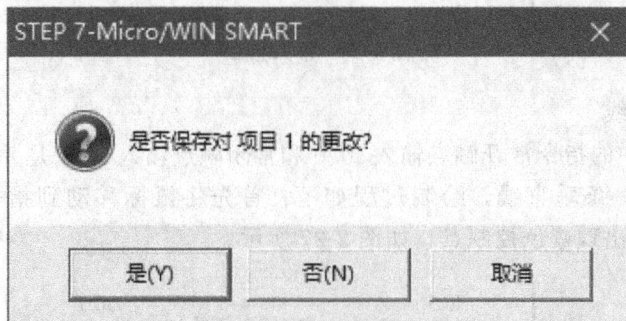

图 2-24　保存对话框

接下来以梯形图方式输入图 2-25 所示程序,输入过程如下。

(1)输入指令常开触点输入 I0.0

展开边栏中的树形菜单:指令一>位逻辑,这里有常用的 PLC 逻辑指令。

图 2-25　位逻辑指令

使用鼠标左键将常开触点输入指令拖放到程序编辑器中，在弹出的组合框中输入 I0.0 后按下键盘回车键。

（2）输入剩余指令

接下来采用相同的方法，依次输入程序中的其他指令，包括：常闭触点输入 I0.1、线圈输出 Q0.0 和常开触点输入 Q0.0。输入完毕后的梯形图程序如图 2-26 所示。

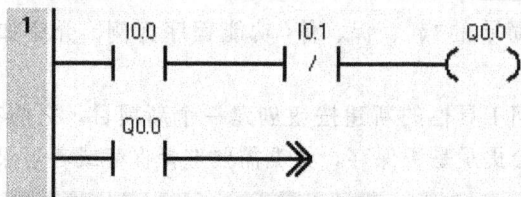

图 2-26　输入指令

（3）绘制垂直线

梯形图程序中的指令常开触点输入 I0.0 和常闭触点输入 I0.1 是并联关系，需要在它们的右侧绘制一条垂直线，绘制过程如下：首先将鼠标移动到指令常开触点输入 Q0.0 的右边，会出现蓝色控制点，如图 2-27 所示。

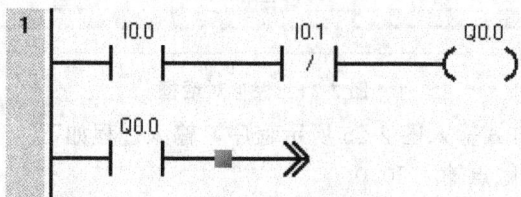

图 2-27　垂直线起点

将该点作为垂直线的起点，用鼠标左键拖动至常闭触点输入 I0.0 右边终点的位置释放，如图 2-28 所示。

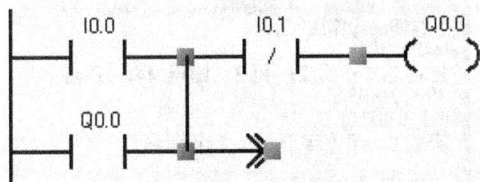

图 2-28　垂直线终点

垂直线绘制完毕后，程序输入过程结束，如图 2-29 所示。

图 2-29　程序输入结束

（4）编译程序

完成程序输入后，通过主菜单 PLC 选项卡中"编译"按钮对输入好的程序进行编译检查。

图 2-30　"编译"按钮

如果程序输入存在有问题，输出窗口会显示错误信息，如图 2-31 所示，对程序进行修改后，再次编译程序，直到所有问题都被解决。

4. PLC 程序下载与上传

STEP 7-MicroWIN Smart 中的程序要下载到 PLC 中，才能实现控制功能。下载过程如下。

（1）连接计算机和 PLC

梯形图程序通过计算机和 PLC 之间的以太网连接来下载，可以采用普通的网线将计算机与 PLC 的以太网接口直接相连，也可以使用交换机来连接。

（2）组态 PLC 通信

计算机和 PLC 连接后，需要在 STEP 7-MicroWIN Smart 中对 PLC 通信进行组态才能开始下载。首先通过边栏中的"通信"按钮打开通信视图窗口，如图 2-32 所示。

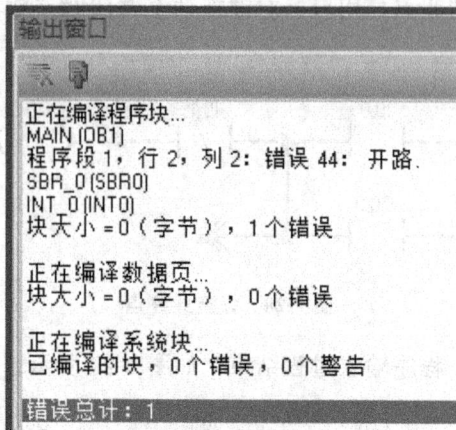

图 2-31　错误信息

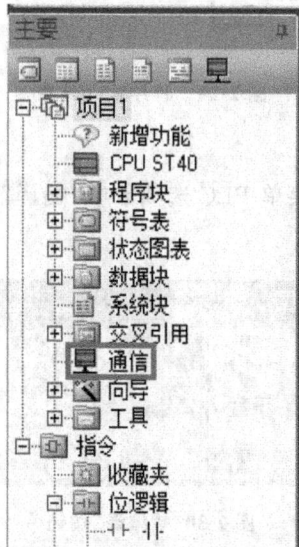

图 2-32　"通信视图"按钮

图 2-33 中通信视图里的通信接口组合框会列出计算机中的网络接口。此处要根据与 PLC 的连接情况选择正确的网络接口，这样计算机才能与 PLC 正常通信。

PLC 信息列表框中显示的是已经找到或者手动添加的 PLC 信息。如果知道要通信的 PLC 的 IP 地址，可以通过"添加 CPU"按钮直接输入，不知道的话，可以通过"查找 CPU"按钮，由软件自动查找已经与计算机相连的 PLC。

接下来在 PLC 信息框中选择要下载的目标 PLC。选中 PLC 后通信视图右侧会显示 PLC 的 MAC 硬件地址、IP 地址、子网掩码、网关和站名称信息。确认信息无误后单击"确定"按钮完成通信组态，如果不能确认可以通过"闪烁指示灯"按钮让 PLC 面板上的状态指示灯循环点亮，以此来确认要下载的目标 PLC。

通信接口组合框

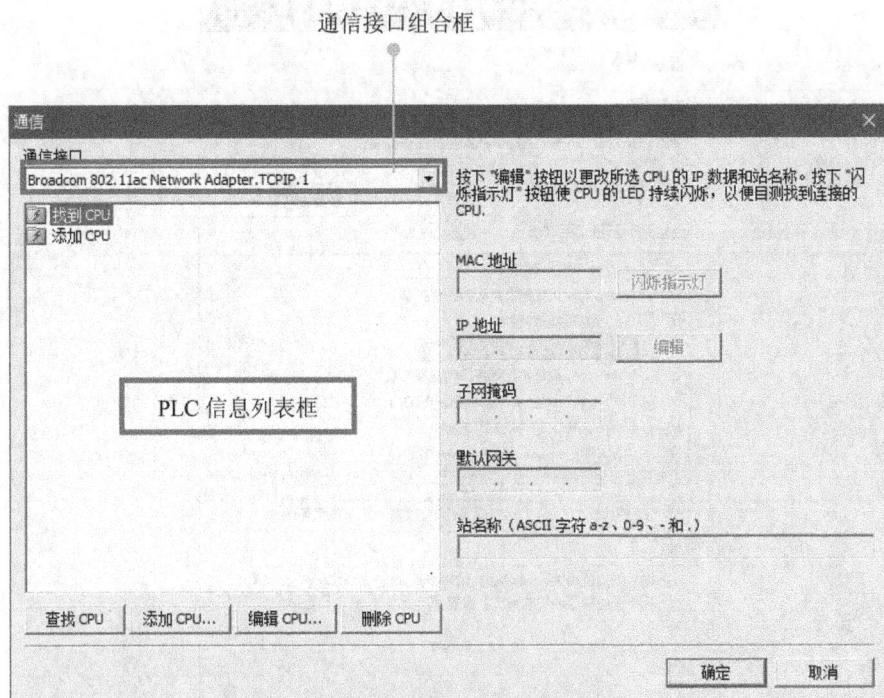

图 2-33　通信视图

(3)设置 IP 地址

计算机和 PLC 的 IP 地址在同一个网段下才能正常通信，如 PLC 的 IP 地址为 192.168.2.1，而计算机的 IP 地址为 192.168.100.1，由于两者的 IP 地址不在同一个 网段下，所以即使计算机与 PLC 已经通过网线或者交换机连接在一起了，也不能够正 常通信。

此时需要对 PLC 的 IP 地址或者计算机 IP 地址进行手动设置，让它们处于同一个 网段。以下介绍如何对计算机的 IP 地址进行设置。

首先通过计算机的控制面板打开与 PLC 相连的网络连接状态窗口，如图 2-34 所 示，然后双击 Internet 协议选项，进入到 IP 地址设置里，如图 2-35 所示。

在 IP 地址设置窗口中手动输入与 PLC 相符合的 IP 和子网掩码。例如，PLC 的 IP 为 192.168.2.1，可以设置计算机的 IP 为 192.168.2.254，保证 IP 地址的最后一部分 和 PLC 不同即可。子网掩码部分一般设置为 255.255.255.0 能够保证与 PLC 正常 通信。

(4)下载程序

完成 PLC 通信组态后和计算机 IP 地址设置后，通过主菜单 PLC 选项卡中的"下 载"按钮打开下载对话框，如图 2-36 所示。在下载对话框中，选择需要下载程序部分， 单击确定按钮就可以将正确输入的梯形图程序下载到目标 PLC 中。如果下载过程中出 现了问题，对话框会显示出错信息，参考附录排除问题。

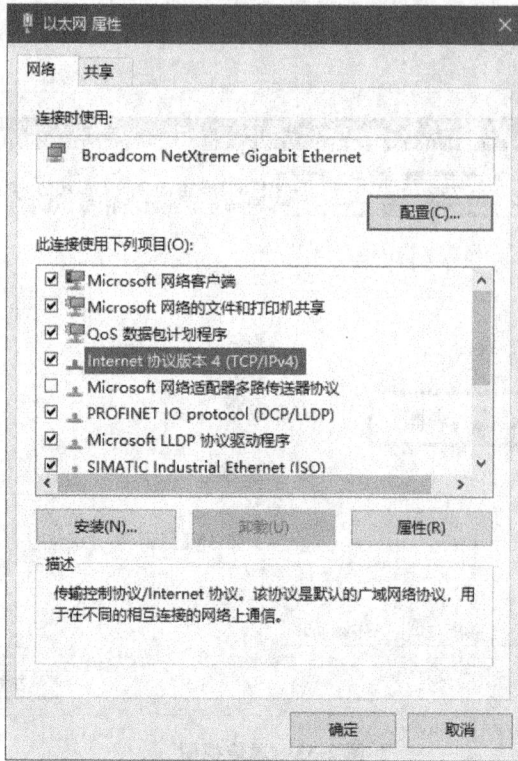

图 2-34　网络连接状态

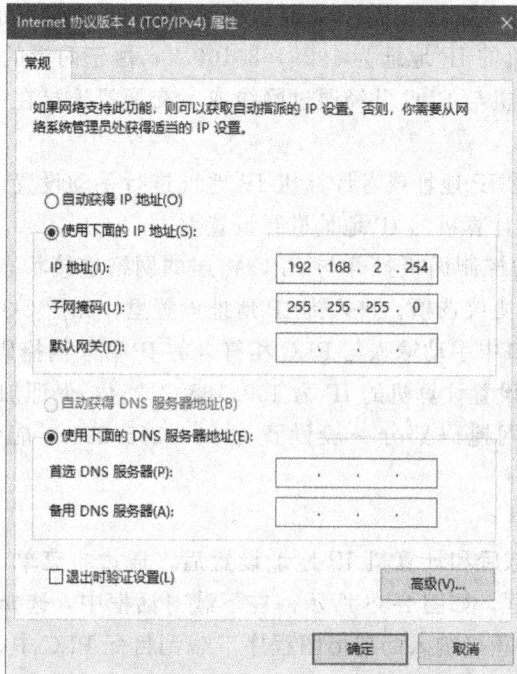

图 2-35　IP 地址设置

图 2-36　"上传"和"下载"按钮

（5）上传程序

STEP 7-MicroWIN Smart 可以将计算机上的程序下载 PLC 里，也可以把 PLC 里的程序上传到计算机中，上传可以通过主菜单 PLC 选项卡中的"上传"按钮来进行。

5. PLC 程序运行与调试

（1）程序运行和停止

程序被下载到 PLC 后，可以通过主菜单 PLC 选项卡中"RUN"按钮来让程序开始运行，如图 2-37 所示。当程序成功运行时，PLC 面板上的运行指示灯会亮起。在程序运行过程中，可以通过"STOP"按钮来让程序停止运行。

图 2-37　"RUN"和"STOP"按钮

（2）程序状态监控

在程序运行时，可以通过主菜单调试选项卡中的"程序状态"按钮来监控程序中状态数据，如图 2-38 所示。通过程序状态监控，能够了解程序运行的规律，便于对程序进行调试除错。

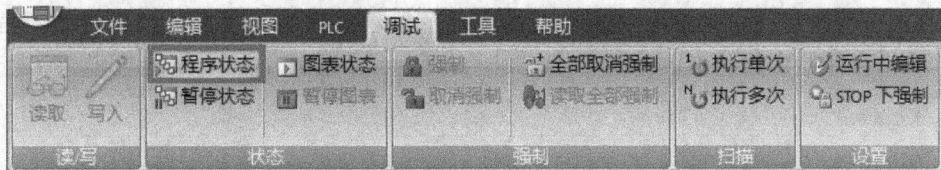

图 2-38　监控程序状态

当程序状态监控被激活后，程序编辑器中的指令显示状态将会随着数据的改变而发生变化。

如图 2-39 所示，当 I0.0 输入断开时，程序中的 I0.0 输入指令显示为灰色，表示 I0.0 输入状态为 OFF；如图 2-40 所示，而当 I0.0 输入接通时，程序中 I0.0 输入指令显示为蓝色，表示 I0.0 输入状态为 ON。

图 2-39 I0.0 断开时的状态

图 2-40 I0.0 接通时的状态

如果程序长度较长，需要监控的状态数据太多查看困难的时候，可以采用状态图表来进行监控，如图 2-41 所示。

	地址	格式	当前值	新值
1	I0.0	位	2#1	
2	I0.1	位	2#0	
3	Q0.0	位	2#1	
4		有符号		
5		有符号		

图 2-41 状态图表

在状态图表中，输入要监控的状态数据地址，单击窗口工具栏中的"图表状态"按钮，就可以对状态数据进行持续监控。在格式列可以调整状态数据的显示格式，而当前值列会按照指定的格式显示状态数据的当前值，新值列则可以通过键盘输入，强制改写 PLC 存储器中的状态数据。

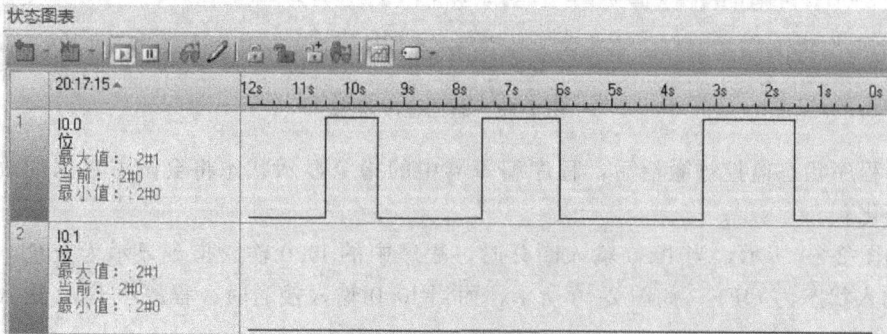

图 2-42 趋势视图

单击状态图表的工具栏中的"趋势视图"按钮，还可以切换成趋势视图显示方式，在这种显示方式下，状态数据的变化会以实时曲线的形式显示出来，适合于需要更直观地分析程序运行的规律。

技能训练

▶ 2.6　S7-200 Smart PLC 输入输出电路安装与调试实训

1. 实训目的

(1)掌握按钮开关和 LED 指示灯与 S7-200 Smart PLC 的接口电路。

(2)掌握使用 STEP 7-MicroWIN Smart 编程软件编制"起、保、停"控制程序。

(3)掌握程序的下载、运行和状态监控。

2. 任务要求

采用两个按钮实现 LED 指示灯的"起、保、停"控制。程序运行时，指示灯首先处于熄灭状态，按下启动按钮，指示灯亮，松开启动按钮指示灯保持亮状态；按下停止按钮，指示灯熄灭，松开停止按钮，指示灯保持熄灭状态。

3. 任务实施

(1)按照图 2-43 所示电路图搭建控制电路。图中，SB1 为启动按钮，SB2 为停止按钮，HL0 为 LED 指示灯。

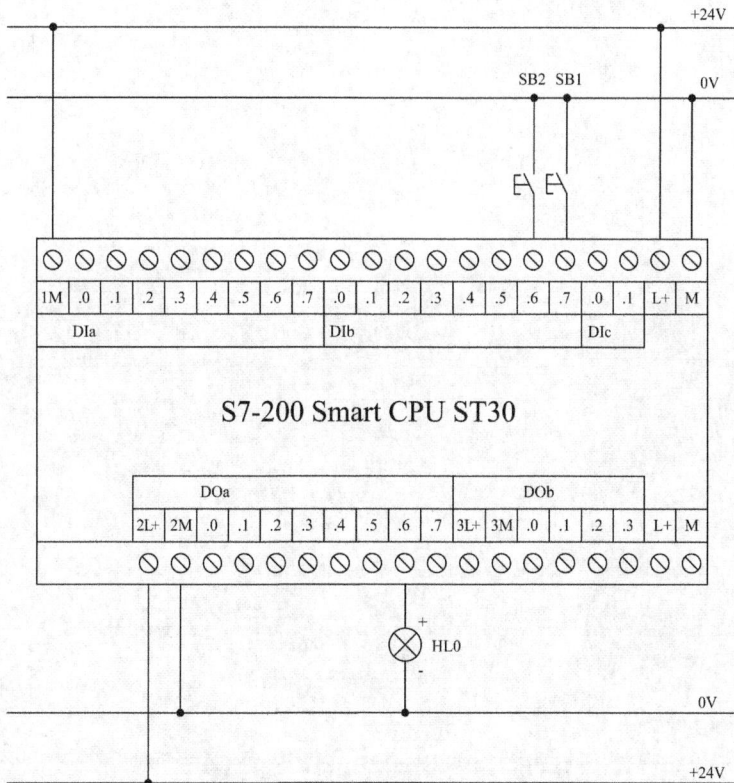

图 2-43　"起、保、停"控制电路

（2）按照图 2-44 所示梯形图编写程序。

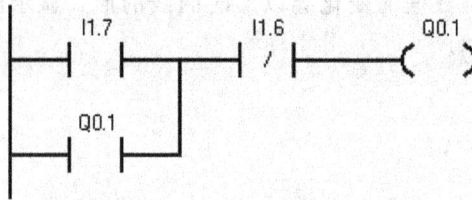

图 2-44 "起、保、停"控制程序

（3）将程序下载到 PLC 运行并监控程序状态。

（4）按照任务要求对程序运行进行调试，如果程序功能和要求不相符，结合程序状态监控分析原因，排除电路和程序中的错误。

第 3 单元　PLC 指令及应用

　　PLC 指令即是 PLC 的编程语言，学会了 PLC 指令的应用就基本掌握了 PLC 的使用。本单元以西门子 S7-200 Smart 系列 PLC 常用指令为例，详细阐述指令功能和使用的基本知识，运用典型案例分析指令应用的基本方法和技巧，精心设计实训任务训练指令应用的基本技能，适合"教、学、做"一体化教学。

　　本单元包括内容有：位逻辑指令及其应用、定时器和计数器指令及其应用、传送指令及其应用、转换和比较指令及其应用、逻辑运算和移位指令及其应用、整数和浮点数运算指令及其应用。通过对本单元内容的学习，达到灵活运用常用 PLC 指令的目标，为进一步学习 PLC 编程打下坚实的基础。

学习目标	知识目标	掌握位逻辑指令及其应用； 掌握定时器和计数器指令及其应用； 掌握传送指令及其应用； 掌握转换和比较指令及其应用； 掌握逻辑运算和移位指令及其应用； 掌握整数和浮点数运算指令及其应用
	技能目标	培养 PLC 控制系统程序调试和程序设计的基本能力
	素养目标	培养团结协作和创新思维能力，及求真务实的工作态度。
	思政目标	弘扬劳模精神、劳动精神、工匠精神。
教学引导	知识准备	位逻辑指令认知； 定时器指令认知； 传送指令认知； 转换指令认知； 比较指令认知； 逻辑运算指令认知； 移位指令认知； 整数运算指令； 浮点数运算指令
	技能准备	位逻辑指令应用举例； 定时器应用举例； 计数器应用举例； 传送指令应用举例； 转换指令应用举例； 比较指令应用举例； 逻辑运算指令应用举例； 移位指令应用举例； 整数和浮点数运算指令应用举例
	技能训练	指令应用实训
	建议学时	24 学时

▶ 3.1 位逻辑指令及其应用

位逻辑指令是 PLC 编程过程中最基本、使用最频繁的指令。本节我们将学习位逻辑指令的梯形图指令、名称和功能等基本知识，分析应用案例，熟悉位逻辑指令的使用方法和技巧，开展技能训练，巩固位逻辑指令应用的基本技能。

知识引导

3.1.1 位逻辑指令

位逻辑指令按照不同的功能用途具有不同的形式，分类如表 3-1 所示。

表 3-1 位逻辑指令分类表

标准位逻辑指令	—┤├— —┤/├— —( )		
复位/复位指令	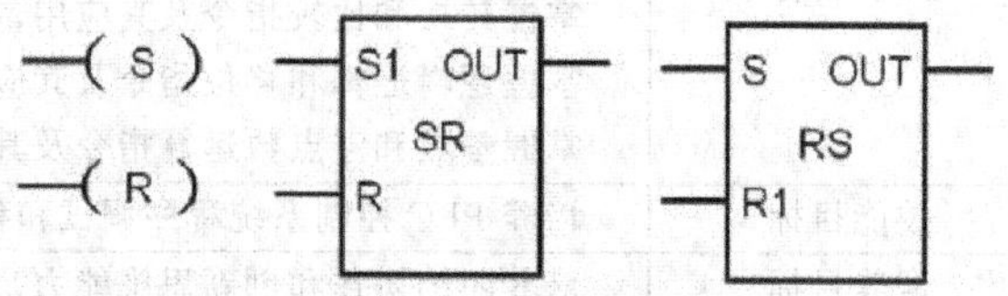 —(S) —(R)	S1 OUT SR R	S OUT RS R1
立即位逻辑指令	 —┤╎├— —┤/╎├— —(I) —(SI) —(RI)		
其他位逻辑指令	 —┤NOT├— —┤P├— —┤N├— NOP		

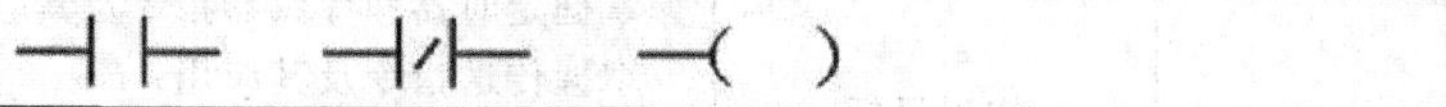

1. 标准位逻辑指令

(1)常开开关梯形图指令

$$\text{bit}$$
$$\text{—┤├—}$$

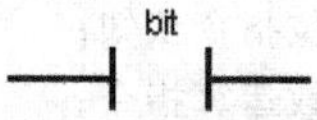

图 3-1 常开开关梯形图指令

(2)常闭开关梯形图指令

$$\text{bit}$$
$$\text{—┤/├—}$$

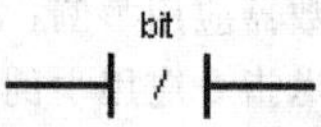

图 3-2 常闭开关梯形图指令

常开和常闭开关通过触点符号进行表示，如果能流位于左侧且触点闭合，则能流将通过触点流向右侧的连接器，流至下一连接元件。常闭开关梯形图指令能测试存储器(M、SM、T、C、V、S、L)或过程映像寄存器(I 或 Q)中的位值。

①位等于 1 时，常开(N.O.)LAD 触点闭合(接通)。

②位等于 0 时，常闭(N.C.)LAD 触点闭合(接通)。

(3)输出梯形图指令

图 3-3　输出梯形图指令

输出指令将输出位的新值写入过程映像寄存器。执行输出指令时，S7-200 会接通或断开过程映像寄存器中的输出位，分配的位被设置为等于能流状态。

(4)位逻辑输入输出示例

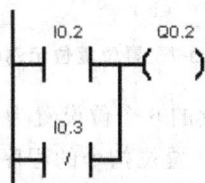

图 3-4　位逻辑输入示例

图 3-4 中，常开触点 I0.2 必须接通或常闭触点 I0.3 必须断开，才能激活 Q0.2。一个或多个并联 LAD 分支(或逻辑)为真，才能激活输出。

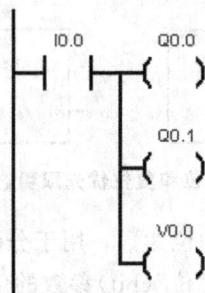

图 3-5　位逻辑输出示例

图 3-5 中，输出指令将位值分配给外部 I/O(I、Q)和内部存储器(M、SM、T、C、V、S、L)。

2. 置位复位指令

(1)置位复位指令

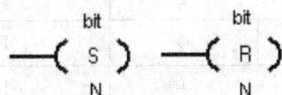

图 3-6　置位复位指令

置位(S)和复位(R)指令用于置位(接通)或复位(断开)从指定地址(位)开始的一组位(N)，可以置位或复位 1 至 255 个位。

如果复位指令指定定时器位(T 地址)或计数器位(C 地址),则该指令将对定时器或计数器位进行复位并清零定时器或计数器的当前值。

(2)置位复位示例

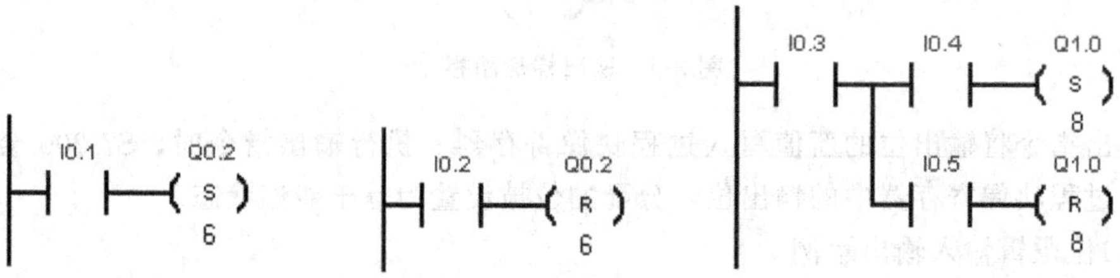

图 3-7　置位复位示例

置位示例图 3-7(a):将一组连续的 6 个位设置为值 1。指定起始位地址和要置位的位数。第一个位(Q0.2)的值为 1 时,置位指令的程序状态指示器为 ON。

复位示例图 3-7(b):将一组连续的 6 个位复位为值 0。指定起始位地址和要复位的位数。第一个位(Q0.2)的值为 0 时,复位指令的程序状态指示器为 ON 置位复位示例图 3-7(c):成组置位和复位 8 个输出位(Q1.0 至 Q1.7)。

(3)置位和复位优先双稳态触发器

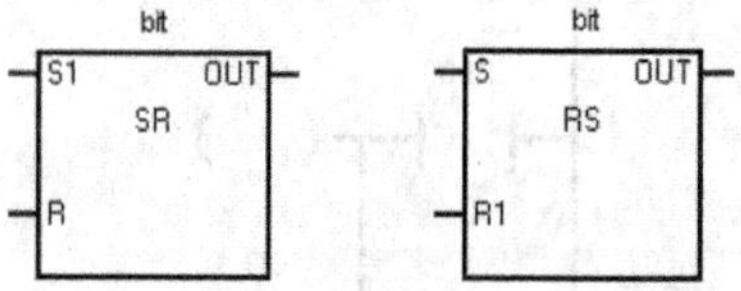

图 3-8　置位和复位优先双稳态触发器

置位和复位优先双稳态触发器的位参数,用于分配要置位或复位的布尔型地址(Q、V、M、S)。可选的 OUT 连接反映"位"(bit)参数的信号状态。

SR(置位优先双稳态触发器)是一种置位优先锁存器,SR 逻辑功能真值表如表 3-2 所示。如果置位(S1)和复位(R)信号均为真,则输出(OUT)为真。

表 3-2　SR 逻辑功能真值表

S1	R	输出(位)
0	0	先前状态
0	1	0
1	0	1
1	1	1

RS(复位优先双稳态触发器)是一种复位优先锁存器,RS 逻辑功能真值表如表 3-3。如果置位(S)和复位(R1)信号均为真,则输出(OUT)为假。

表 3-3　SR 逻辑功能真值表

S	R1	输出(位)
0	0	先前状态
0	1	0
1	0	1
1	1	0

(4)SR 和 RS 示例

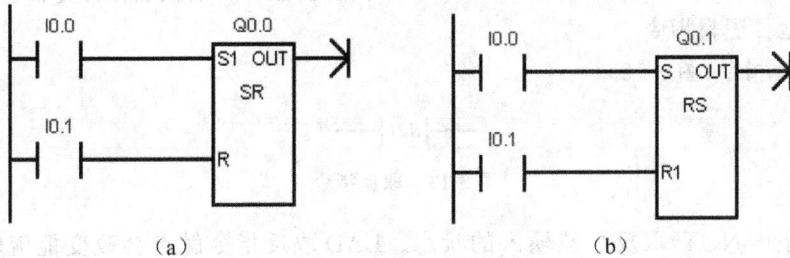

图 3-9　SR 和 RS 示例

图 3-9(a)中，如果置位 I0.0 和复位 I0.1 信号均为 1，则输出 Q0.0 为 1；图 3-9(b)中，如果置位 I0.0 和复位 I0.1 信号均为 1，则输出 Q0.1 为 0。

3. 立即位逻辑指令

(1)立即输入指令(图 3-10)

图 3-10　立即输入指令

执行指令时，立即指令读取物理输入值，但不更新过程映像寄存器。立即触点不会等待 PLC 扫描周期进行更新，而是会立即更新。

①物理输入点(位)状态为 1 时，常开立即触点闭合(接通)。

②物理输入点(位)状态为 0 时，常闭立即触点闭合(接通)。

(2)立即输出指令(图 3-11)

图 3-11　立即输出指令

执行指令时，立即输出指令将新值写入物理输出和相应的过程映像寄存器位置。

LAD 执行立即输出指令时，物理输出点(位)立即被设置为等于能流状态。"I"表示立即引用；新值会被写入到物理输出点和相应的过程映象寄存器地址。这与非立即引用不同，非立即引用仅将新值写入过程映像寄存器。

（3）立即置位和立即复位指令（图 3-12）

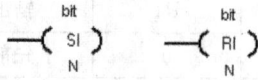

图 3-12 立即置位和立即复位指令

立即置位和立即复位指令用于立即置位（接通）或立即复位（断开）从指定地址（位）开始的一组位（N），可立即置位或复位 1 至 255 个点。

"I"表示立即引用，执行该指令时，将新值写入到物理输出点和相应的过程映象寄存器位置。这与非立即引用不同，非立即引用仅将新值写入过程映像寄存器。

4. 其他位逻辑指令

（1）取反指令（图 3-13）

图 3-13 取反指令

取反指令（NOT）取反能流输入的状态。LAD 取反指令触点会改变能流输入的状态。能流到达 NOT 触点时将停止。没有能流到达 NOT 触点时，该触点会提供能流。

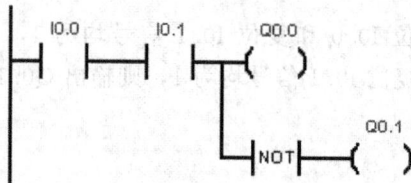

图 3-14 取反指令示例

图 3-14 中，常开触点 I0.0 和 I0.1 必须接通（闭合）才能激活 Q0.0。NOT 指令用作取反器。在 RUN 模式下，Q0.0 和 Q0.1 的逻辑状态相反。

（2）正跳变和负跳变检测器指令

LAD 正跳变和负跳变指令通过触点进行表示，如图 3-15 所示。

图 3-15 正跳变和负跳变指令

正跳变触点指令（上升沿）允许能量在每次断开到接通转换后流动一个扫描周期。负跳变触点指令（下降沿）允许能量在每次接通到断开转换后流动一个扫描周期。S7-200 Smart CPU 支持在程序中合计（上升和下降）使用 1024 条边缘检测器指令。

图 3-16 中，P 触点上出现上升沿输入或 N 触点上出现下降沿输入时会输出一个持续 1 个扫描周期的脉冲。在 RUN 模式下，Q0.4 和 Q0.5 的脉动状态变化过快，无法在程序状态视图中监视。置位和复位输出将脉冲状态锁存至 Q0.3，这使得此状态变化在程序状态视图中可见。

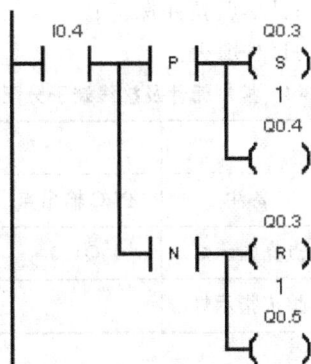

图 3-16　边缘检测器指令示例

(3)空操作(NOP)指令

空操作 LAD 指令如图 3-17 所示。

图 3-17　空操作指令

空操作(NOP)指令不影响用户程序的执行,操作数 N 为 0 至 255 之间的数。

技能引导

3.1.2　位逻辑指令应用举例

[例 3-1]PLC 控制电路如图 3-18 所示,接线端口信号端子的分配
详见表 3-4,控制要求如下。

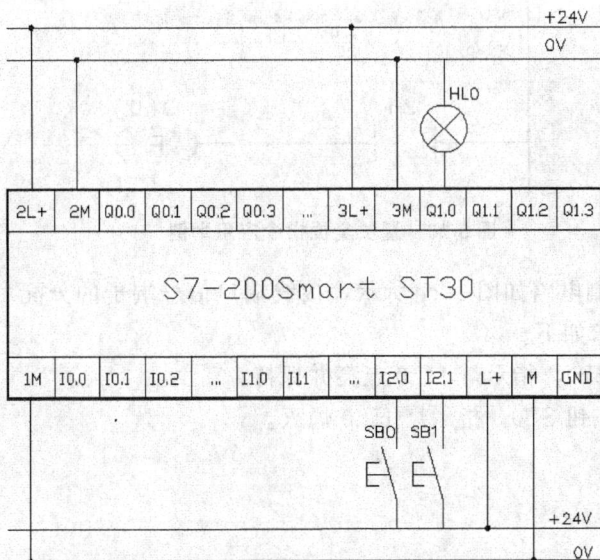

图 3-18　PLC 控制电路

(1)按下按钮 SB0，指示灯 HL0 点亮并保持；

(2)按下按钮 SB1，指示灯 HL0 熄灭。

表 3-4　控制元件及接线端子分配表

输　入			输　出		
PLC 输入点	信号名称	备注	PLC 输出点	信号名称	备注
I2.0	按钮 SB0	点亮指示灯	Q1.0	指示灯 HL0	DC24V 指示灯
I2.1	按钮 SB1	熄灭指示灯			

编写 PLC 参考程序如下。

(1)标准位逻辑指令应用举例(图 3-19)

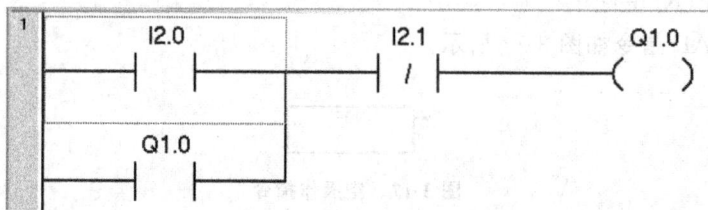

图 3-19　标准位逻辑指令应用举例

(2)置位复位指令应用举例(图 3-20)

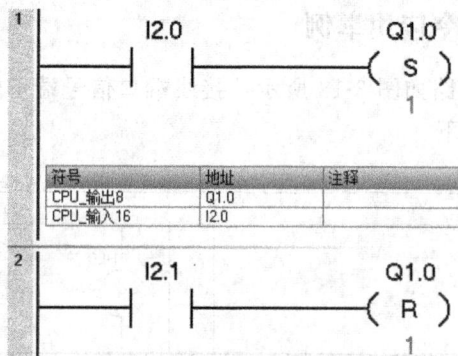

图 3-20　置位复位指令应用举例

[**例 3-2**]PLC 控制电路如图 3-21 所示，接线端口信号端子的分配详见表 3-5，控制要求如下。

(1)奇数次按钮 SB0，指示灯 HL0 点亮并保持；

(2)偶数次按下按钮 SB0，指示灯 HL0 熄灭。

表 3-5　控制元件及接线端子分配表

输　入			输　出		
PLC 输入点	信号名称	备注	PLC 输出点	信号名称	备注
I2.0	按钮 SB0	点亮 LED 熄灭 LED	Q1.0	指示灯 HL0	DC24V 指示灯

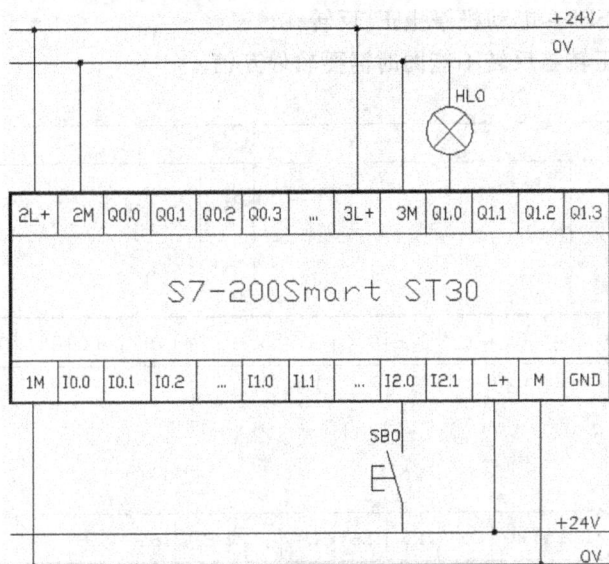

图 3-21　PLC 控制电路

编写 PLC 参考程序如图 3-22 所示。

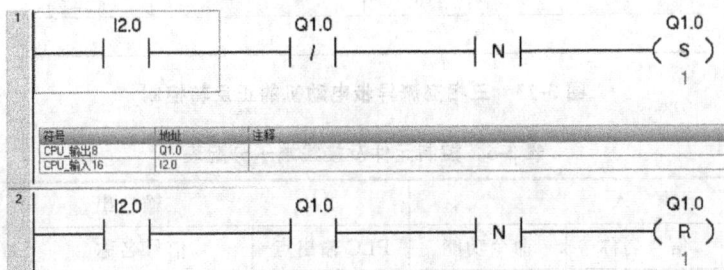

图 3-22　参考程序

3.1.3　位逻辑指令应用实训

1. 实训目的

(1)掌握位逻辑指令的应用技能。

（2）掌握 PLC 编程设计和调试方法。

2. 任务要求

三相交流异步电动机的正反转控制，PLC 控制电路如图 3-23 所示，接线端口信号端子的分配详如表 3-6 所示，请编写 PLC 控制程序，控制要求如下。

（1）按下按钮 SB1，正转启动按钮，电动机正转；

（2）按下按钮 SB2，反转启动按钮，电动机反转；

（3）按下按钮 SB3，电动机停止正/反转；

（4）电动机的正转与反转不能同时需要软件互锁。

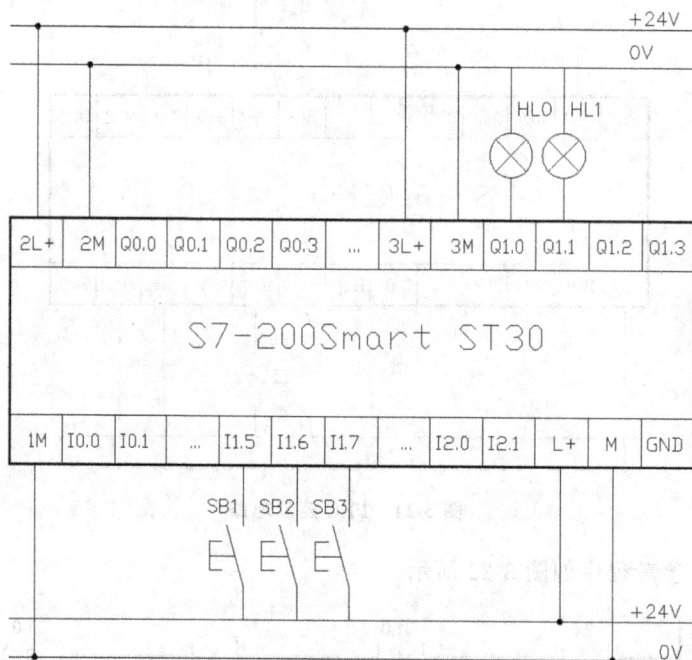

图 3-23　三相交流异步电动机的正反转控制

表 3-6　控制元件及接线端子分配表

输　入			输　出		
PLC 输入点	信号名称	命令功能	PLC 输出点	信号名称	控制功能
I1.5	按钮 SB1	电动机正转	Q1.0	正转接触器（指示灯 HL0 代替）	电机正转控制
I1.6	按钮 SB2	电动机反转	Q1.1	反转接触器（指示灯 HL1 代替）	电机反转控制
I1.7	按钮 SB3	停止正/反转			

3. 任务实施

(1)按照系统要求组建 PLC 控制系统硬件。

(2)按照任务要求设计 PLC 程序。

(3)将程序下载到 PLC 中运行,并采用监控模式观察运行结果情况。

▶ 3.2 定时器和计数器指令及其应用

定时器和计数器指令可以实现定时和计数功能,定时和计数是最为常见的控制需求。本节我们将学习定时器和计数器的梯形图指令、名称和功能等基本知识,分析应用案例,熟悉指令的使用方法和技巧,开展技能训练巩固指令应用的基本技能。

知识引导

3.2.1 定时器指令

S7-200 Smart PLC 中包含三种定时器指令:TON 通电延时指令、TOF 断电延时指令和 TONR 保持型接通延时指令。所有定时器指令都可以搭配1ms、10ms 和 100ms 三种不同的时基来产生定时,定时器的时基代表了定时的精度,由定时器编号决定。

1. 通电延时(TON)指令

(1)通电延时(TON)梯形图指令

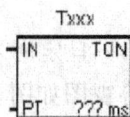

图 3-24　通电延时梯形图指令

图 3-24 中的 Txxx 为定时器编号,IN 为定时器输入,PT 为定时器的目标值。通电延时(TON)指令的定时时基和定时最大值与定时器编号关系如表 3-7 所示。

表 3-7　TON 定时器

定时器编号	定时时基/ms	定时最大值/s
T32、T96	1	32.767
T33~T36、T97~T100	10	327.67
T37~T63、T101~T255	100	3276.7

指令在定时器输入 IN 接通时开始定时,输入断开后定时器将会被复位。当定时器的当前值大于或等于目标值 PT 时,定时器位接通,否则定时器位为断开状态。

(2)通电延时指令编程示例

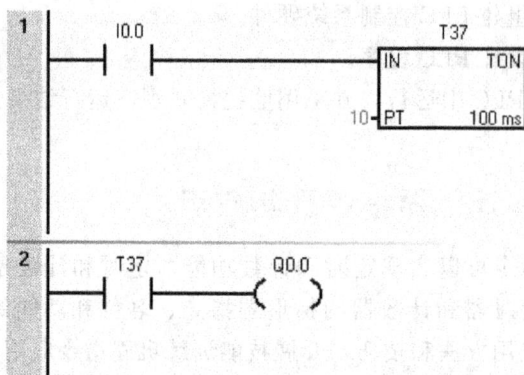

图 3-25　通电延时指令编程示例

如图 3-25 所示，程序中的输入触点 I0.0 作为 TON 指令的输入，用来控制定时器 T37 的运行。

当 I0.0 接通时，T37 开始定时，计数值从 0 开始，每经过 100ms 增加 1。当计数值和目标值 10 相等时，定时器位接通。在这之后如果 I0.0 保持接通状态，计数值会继续增加，直到达到最大值 32767 为止，定时器位也一直保持接通状态。

T37 的定时器位用来控制输出触点 Q0.0。所以，当 I0.0 接通时间达到 1s 后，Q0.0 在定时器位的控制下接通。

当 I0.0 断开后，定时器会被复位。一旦定时器被复位，其计数值清零，定时器位断开，Q0.0 也会断开。程序运行的趋势视图如图 3-26 所示。

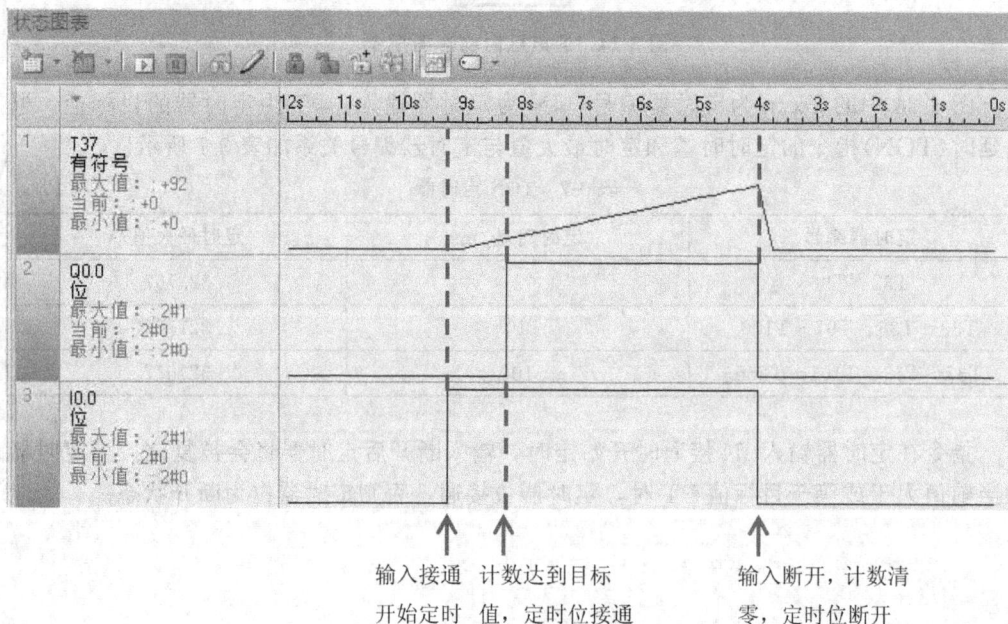

图 3-26　通电延时指令运行趋势图

2. 断电延时(TOF)指令

(1)断电延时(TOF)梯形图指令

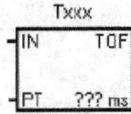

图 3-27　断电延时梯形图指令

图 3-27 中的 Txxx 为定时器编号,IN 为定时器输入,PT 为定时器的目标值。断电延时(TOF)指令定时时基和定时最大值与定时器编号的关系同通电延时(TON)指令相同。

指令在定时器输入 IN 断开后开始定时,输入接通时定时器将会被复位。当定时器的当前值等于目标值 PT 时,定时器位断开,否则定时器位接通状态。

(2)断电延时指令编程示例

图 3-28　断电延时指令编程示例

如图 3-28 所示,在程序段 1 中,输入触点 I0.0 作为 TOF 指令的输入,用来控制定时器 T37 的运行。当输入断开时,定时器开始定时,计数值从 0 开始,每经过 100ms 增加 1。当定时器的计数值和目标值常数 10 相等时,定时器位断开,定时器的计数值停止增加。

在程序段 2 中,定时器位 T37 用来控制输出触点 Q0.0。所以,当 I0.0 接通时间达到 1s 后,Q0.0 在定时器位的控制下断开。

当 I0.0 接通后,定时器会被复位。一旦定时器被复位,其计数值清零,定时器位接通,Q0.0 也会接通。程序运行的趋势视图如图 3-29 所示。

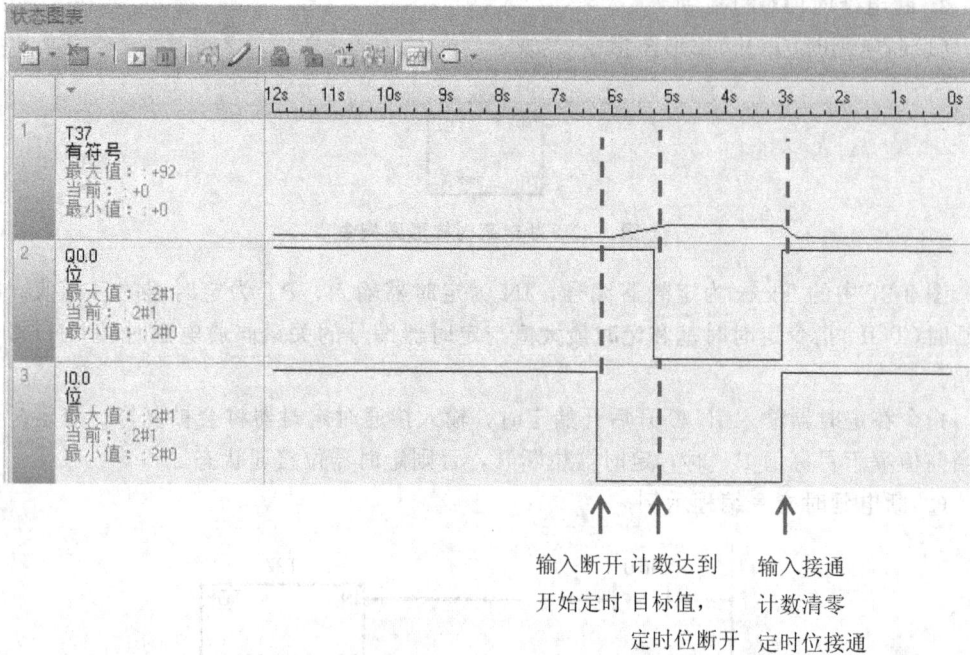

图 3-29　断电延时指令运行趋势图

3. 保持型接通延时(TONR)指令

(1)保持型接通延时(TONR)梯形图指令

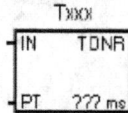

图 3-30　保持型接通延时梯形图指令

图 3-30 中的 Txxx 为定时器编号，IN 为定时器输入，PT 为定时器的目标值。保持型接通延时(TONR)指令的定时时基和定时最大值与定时器编号关系如表 3-8 所示。

表 3-8　TONR 定时器

定时器编号	定时时基/ms	定时最大值/s
T0、T64	1	32.767
T1~T4、T65~T68	10	327.67
T5~T31、T69~T95	100	3276.7

保持型接通延时(TONR)指令在定时器输入 IN 接通时开始定时，定时器输入 IN 断开后定时器会暂停，当定时器输入 IN 再次接通时，定时器在之前的基础上继续定时。当定时器的当前值等于目标值时，定时器位断开，否则定时器位接通状态。

（2）保持型接通延时指令编程示例

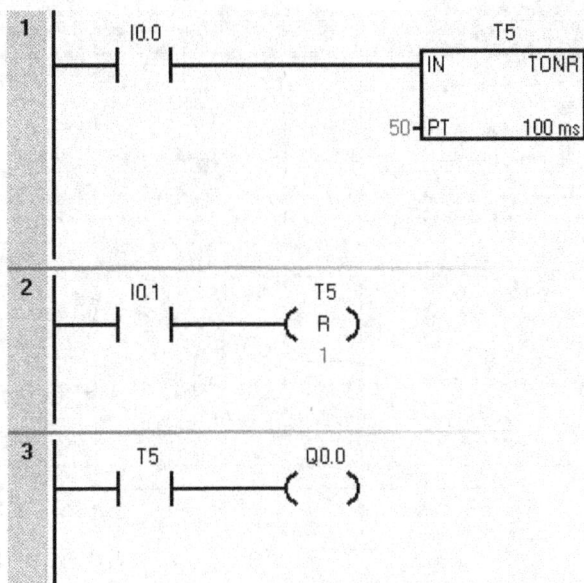

图 3-31　保持型接通延时指令编程示例

如图 3-31 所示，在程序段 1 中，输入触点 I0.0 作为 TONR 指令的输入，用来控制定时器 T5 的运行。当输入接通时，定时器开始定时，计数值从 0 开始，每经过 100ms 增加 1。当定时器的计数值和目标值常数 50 相等时，定时器位接通，而定时器的计数值会继续增加，直到到达最大值为止。期间输入触点断开并不会让定时器复位，相反定时器会被暂停，其计数值和定时器位状态均保持不变。

在程序段 2 中，输入触点 I0.1 用于对定时器进行复位操作。当 I0.1 接通时，定时器的计数值被清零，定时器位被复位。

在程序段 3 中，定时器位 T5 用来控制输出触点 Q0.0。所以，当 I0.1 接通时间累计达到 5s 后，Q0.0 在定时器位的控制下接通。

由此可见，TONR 与 TON 指令的区别在于 TONR 的定时过程是累计的，而且定时器的复位必须通过复位指令来进行。程序运行的趋势视图如图 3-32 所示。

🔑 **技能引导**

3.2.2　定时器应用举例

[例 3-3]采用 S7-200 Smart PLC 实现控制两台电动机顺序启动，电路如图 3-33 所示，顺序启动控制 I/O 分配详见表 3-9，控制要求如下。

（1）启动按钮 SB1 按下，电动机 M1 起动（指示灯 HL0 代替），5s 后电动机 M2 起动（指示灯 HL1 代替）；

（2）停止按钮 SB2 按下，两台电动机同时停止。

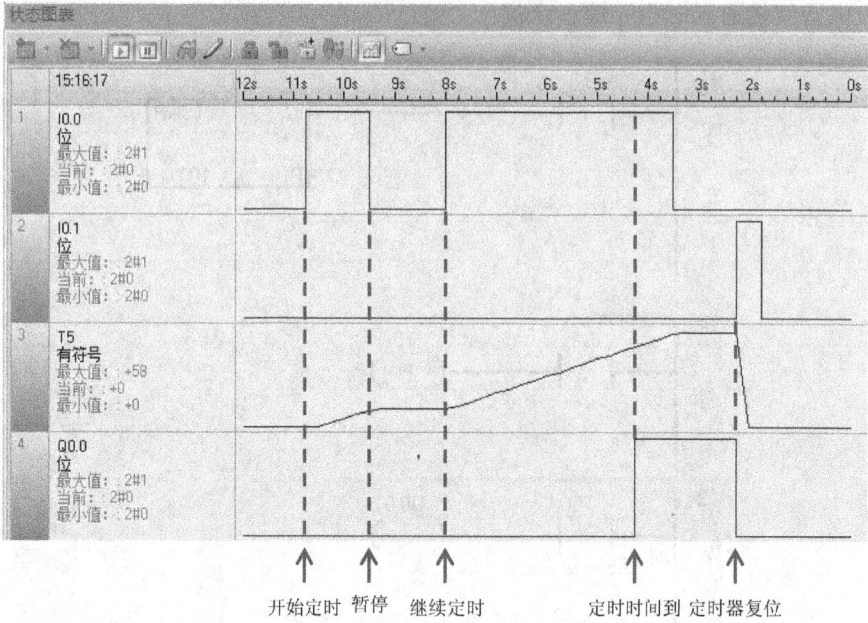

图 3-32 保持型接通延时指令运行趋势图

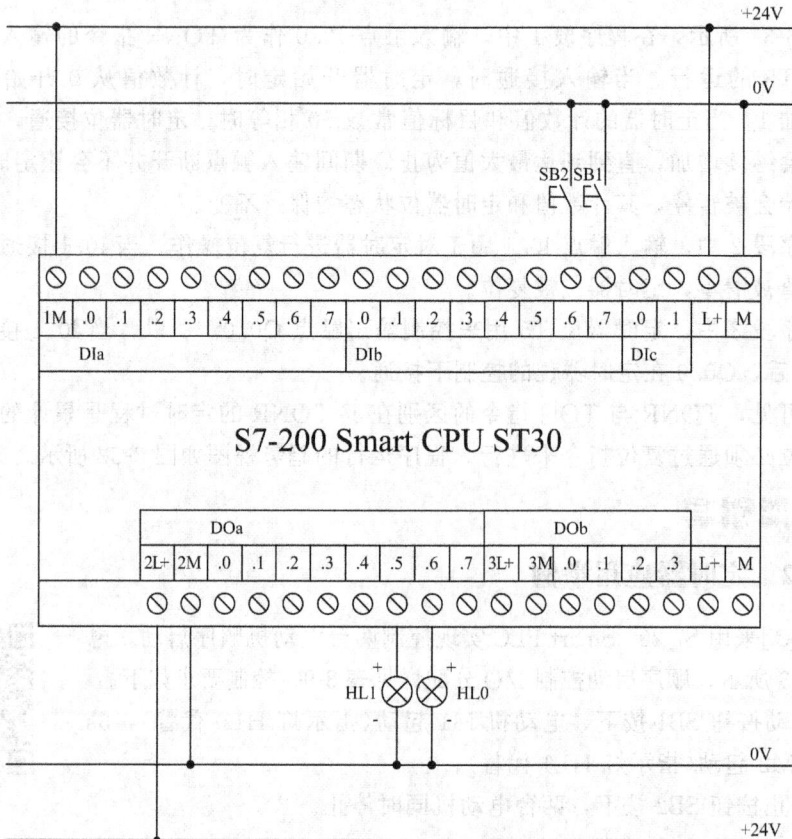

图 3-33 顺序启动控制电路

表 3-9　顺序启动控制 I/O 分配表

输　入			输　出		
PLC 输入点	信号名称	命令功能	PLC 输出点	信号名称	控制功能
I1.7	按钮 SB1	启动按钮	Q0.6	M1 电动机接触器（指示灯 HL0 代替）	M1 电动机运行控制
I1.6	按钮 SB2	停止按钮	Q0.5	M2 电动机接触器（指示灯 HL1 代替）	M2 电动机运行控制

图 3-34 所示程序段 1 中的 I1.7 常开触点在启动按钮按下时闭合，Q0.6 接通并自保，电动机 M1 开始起动。程序段 2 中的定时器 T37 在 Q0.6 接通后开始定时，定时时间为 5s。当定时器 T37 定时到后，其在程序 3 中的常开触点闭合，使得 Q0.5 接通，电动机 M2 开始起动。

当停止按钮按下后，程序段 1 中的 I1.6 常闭触点断开，Q0.6 断开，电动机 M1 停止，与此同时定时器 T37 被复位，其常开触点断开，Q0.5 断开，电动机 M2 停止。

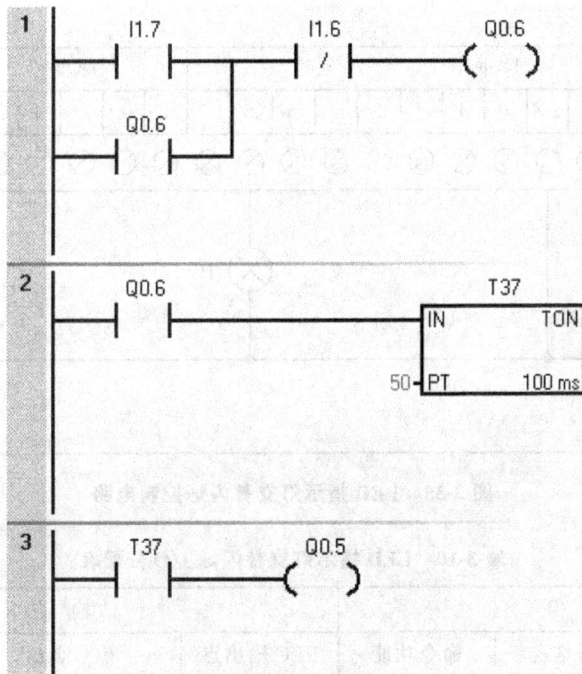

图 3-34　顺序启动控制程序

[例 3-4]采用 S7-200 Smart PLC 实现控制 LED 指示灯按照一定规律交替闪烁，电路如图 3-35 所示，I/O 分配表详见表 3-10，控制要求如下。

(1)运行开关 SW1 接通时，LED 指示灯 HL0 开始按照亮 1s，灭 1s 的规律交替闪烁。

(2)运行开关 SW1 断开时，LED 指示灯 HL0 立即熄灭，停止闪烁。

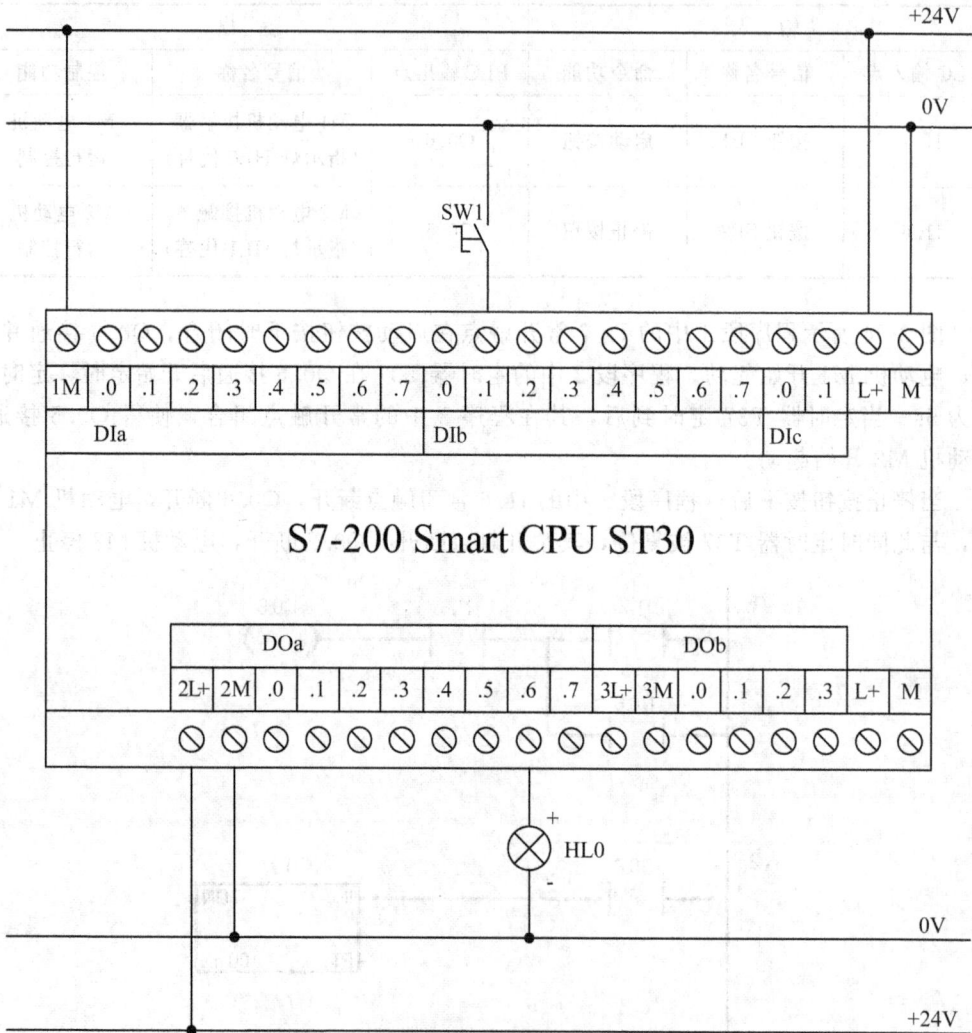

图 3-35　LED 指示灯交替闪烁控制电路

表 3-10　LED 指示灯交替闪烁 I/O 分配表

输　入			输　出		
PLC 输入点	信号名称	命令功能	PLC 输出点	信号名称	备注
I1.1	开关 SW1	运行开关	Q0.6	指示灯 HL0	DC24V 指示灯

图 3-36 所示程序使用定时器 T37 和 T38 控制 LED 指示灯交替闪烁的周期，其中 T37 控制 LED 灯点亮时间，T38 控制 LED 灯熄灭时间。程序的工作过程如下：

运行开关 SW1 闭合时，I1.1 常开触点接通，T37 定时器开始定时。T37 定时期间其定时器位为断开状态，受其控制的 T38 定时器处于停止状态，Q0.6 接通，LED 指示灯点亮。

图 3-36　LED 指示灯交替闪烁控制程序

T37 定时器定时 1s 到后,其定时器位接通,T38 定时器开始定时,Q0.6 断开,LED 指示灯熄灭。T38 定时器的定时到之前,LED 指示灯保持熄灭状态。

T38 定时器定时到后,在其定时器位常闭触点的作用下,T37 定时器复位,T37 定时器的定时器位断开。而 T37 定时器的定时器位的断开使得 T38 定时器也复位,T38 定时器的定时器位断开,所以 T37 定时器复位后立即重新开始定时,至此完成对 LED 指示灯一个周期的控制。

技能训练

3.2.3　定时器应用实训

1. 任务目的

(1)掌握定时器指令的应用。

(2)掌握 PLC 和外部输入输出设备的接口电路连接。

(3)掌握利用编程软件进行程序编写、下载运行和监控调试。

2. 任务要求

采用 S7-200 Smart PLC 实现对天塔之光模拟挂板(图 3-37)的控制。当启动按钮按下,1s 后光圈开始从内侧点亮,每过 1s 点亮状态就向外侧扩散一次,当三层光圈全部点亮后,再过 1s 所有光圈全部熄灭,完成一个周期的动作。当停止按钮按下时,天塔之光将会停止动作。

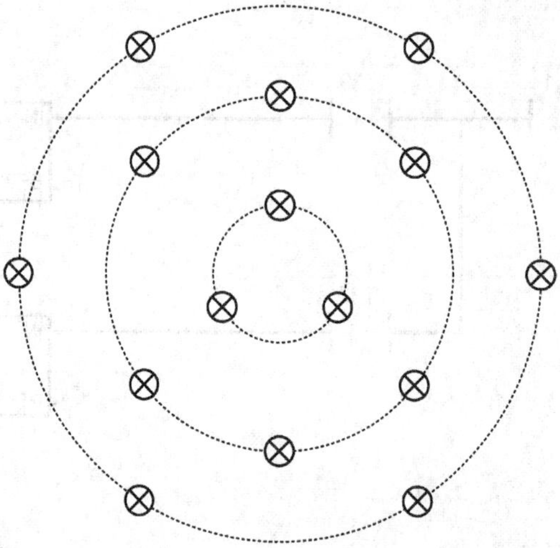

图 3-37　天塔之光模拟挂板

3. 任务实施

(1)分析任务要求,规划程序输入输出分配,填写表 3-11 I/O 分配表。

表 3-11　天塔之光 I/O 分配表

输　入			输　出		
PLC 输入点	信号名称	命令功能	PLC 输出点	信号名称	备注
	按钮 SB1	启动		内侧光圈继电器 (指示灯 HL0 代替)	DC24V 指示灯
	按钮 SB2	停止		中间光圈继电器 (指示灯 HL1 代替)	DC24V 指示灯
				外侧光圈继电器 (指示灯 HL2 代替)	DC24V 指示灯

(2)按照输入输出分配设计控制电路,将 PLC 与外围设备相连。

(3)使用编程软件编写控制程序,将程序下载到 PLC 中运行,观察控制功能运行情况。

(4)如果控制功能运行不正常,采用编程软件的监测功能对程序进行调试,找出错误原因,修正后再次运行,直至控制功能运行正常。

知识引导

3.2.4　计数器指令

S7-200 Smart PLC 中包含三类计数器指令:CTU 加计数指令、CTD 减计数指令和 CTUD 加减计数指令。所有的计数器指令都可以对 C0~C255 范围的全部计数器进行控制，但是要注意同一个计数器不能分配不同的计数器指令，否则会造成冲突。

1. 加计数(CTU)指令

(1)加计数(CTU)梯形图指令

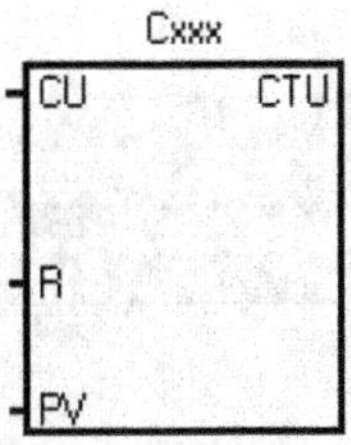

图 3-38　加计数梯形图指令

图 3-38 中的 Cxxx 为计数器编号，范围从 C0～C255。CU 是计数输入，加计数(CTU)指令会在计数输入出现上升沿时，将计数器的计数值加 1。复位输入，当复位输入接通时，计数器将被复位。计数器被复位后，其计数器位断开，计数值被清零。PV 为目标值，当计数器的计数值等于或大于目标值时，其计数器位接通。

(2)加计数指令编程示例

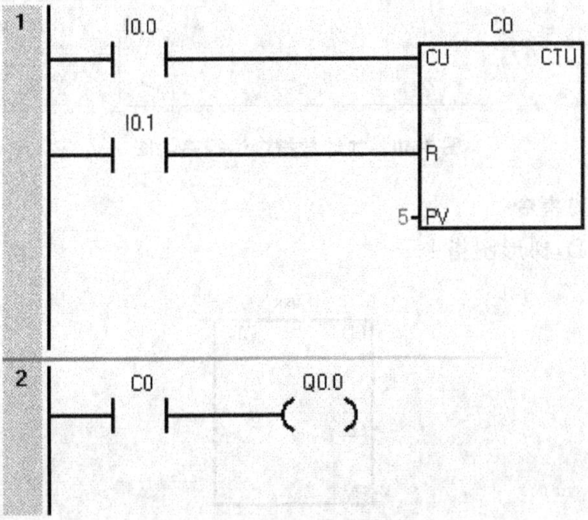

图 3-39　加计数指令编程示例

如图 3-39 所示，程序的 CTU 指令对计数器 C0 进行控制，输入触点 I0.0 作为指令的计数输入，输入触点 I0.1 作为复位输入。

每当 I0.0 出现上升沿时，CTU 指令会将 C0 的计数值加 1。随着上升沿的不断出现，C0 的计数值逐渐增加，当计数值增加到与目标值 5 相等时，C0 的计数器位接通。之后 I0.0 继续出现上升沿，计数值会一直增加，直到到达最大值 32767 为止，在此期间计数器位会保持接通状态。

当输入触点 I0.1 接通时，CTU 指令会将 C0 复位。当 C0 被复位后，其计数器位断开，计数值也被清零。

程序中的 Q0.0 受 C0 的计数器位控制。根据 CTU 指令功能，C0 的计数值在 0～4 之间时，Q0.0 为断开状态，当计数值在 5～32767 之间时，Q0.0 为接通状态。程序运行的趋势视图如图 3-40 所示。

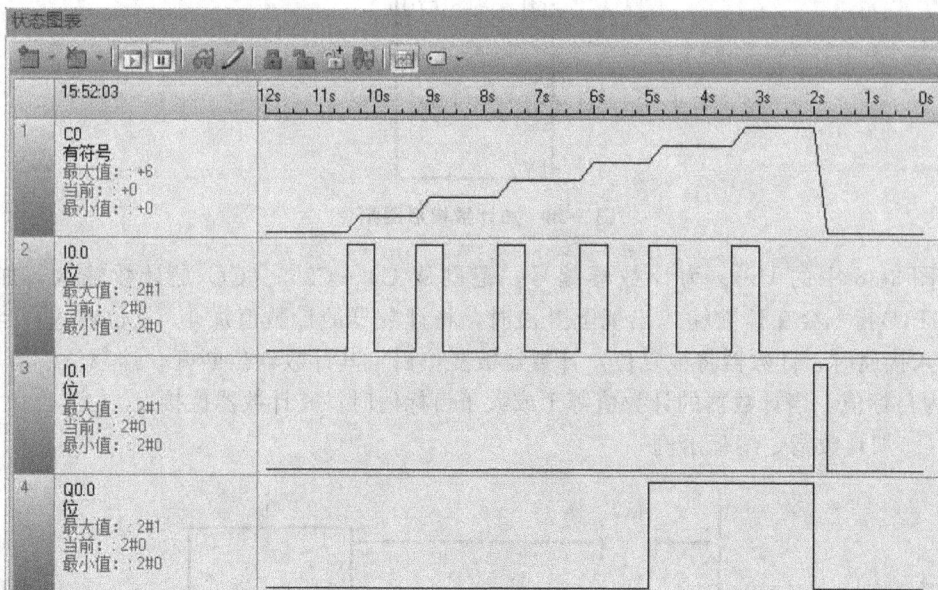

图 3-40 加计数指令运行趋势图

2. 减计数(CTD)指令

(1)减计数(CTD)梯形图指令

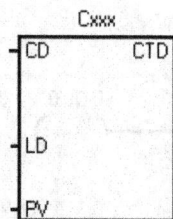

图 3-41 减计数梯形图指令

图 3-41 中的 Cxxx 为计数器编号，范围从 C0～C255。CD 是计数输入，减计数(CTD)指令会在计数输入出现上升沿时，将计数器的计数值减 1。LD 为重载输入，当重载输入接通时，预设值会被重新加载到计数器中。PV 是预设值，范围从 0～+32767。

(2)减计数指令编程示例

如图 3-42 所示，程序段 1 中的 CTD 指令对计数器 C0 进行控制，输入触点 I0.0 作为指令的计数输入，输入触点 I0.1 作为重载输入。

图 3-42　减计数指令编程示例

当 I0.0 出现上升沿，CTU 指令会将 C0 的计数值减 1。随着上升沿的不断出现，C0 的计数值逐渐减少，当计数值变为 0 时，C0 的计数器位接通。之后 I0.0 继续出现上升沿，计数值也不再变化。

当输入触点 I0.1 接通时，CTD 指令会将预设值重载到 C0 中，同时将计数器位复位断开。

程序中的输出触点 Q0.0 受 C0 计数器位控制。当 C0 的计数值大于 0 时，Q0.0 为断开状态，计数值等于 0 时，Q0.0 为接通状态。程序运行的趋势视图如图 3-43 所示。

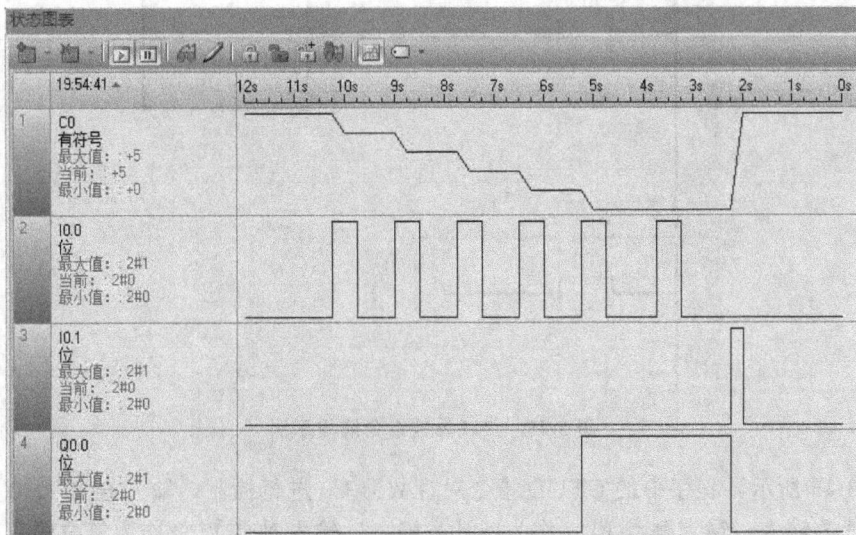

图 3-43　减计数指令运行趋势图

3. 加减计数(CTUD)指令

(1)加减计数(CTUD)梯形图指令

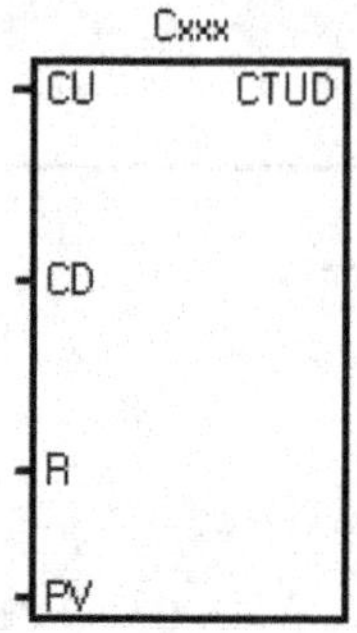

图 3-44   加减计数梯形图指令

图 3-44 中的 Cxxx 为计数器编号，范围从 C0～C255。CU 和 CD 分别是增计数输入和减计数输入，CTUD 指令会增减计数输入出现上升沿时，将计数器的计数值进行递增或递减。R 是复位输入，当复位输入接通时，计数器被复位后，其计数器位断开，计数值被清零。PV 为目标值，当计数器的计数值等于或大于目标值时，计数器位接通。

(2)加减计数指令编程示例

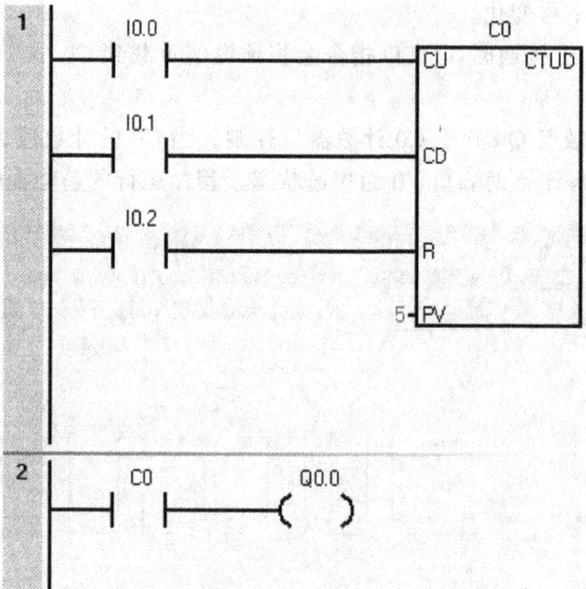

图 3-45   加减计数指令编程示例

图 3-45 所示，程序中的 CTUD 指令对计数器 C0 进行控制，输入触点 I0.0 作为指令的增计数输入，输入触点 I0.1 作为减计数输入，输入触点 I0.2 作为复位输入。

当 I0.0 出现上升沿，CTU 指令将 C0 的计数值加 1，当 I0.1 出现上升沿时，计数值减 1。当计数值为最大值 32767 时，I0.0 出现上升沿会使计数值变为 −32768；当计数值为最小值 −32768 时，I0.1 出现上升沿会使计数值变为 32767。当计数值大于等于目标值 5 时，计数器位接通。

当 I0.2 接通时，计数器被复位，计数器位断开，计数值清零。

程序中的输出触点 Q0.0 受 C0 的计数器位控制。当 C0 的计数值小于目标值时，Q0.0 为断开状态，计数值大于等于目标值时，Q0.0 为接通状态。程序运行的趋势视图如图 3-46 所示。

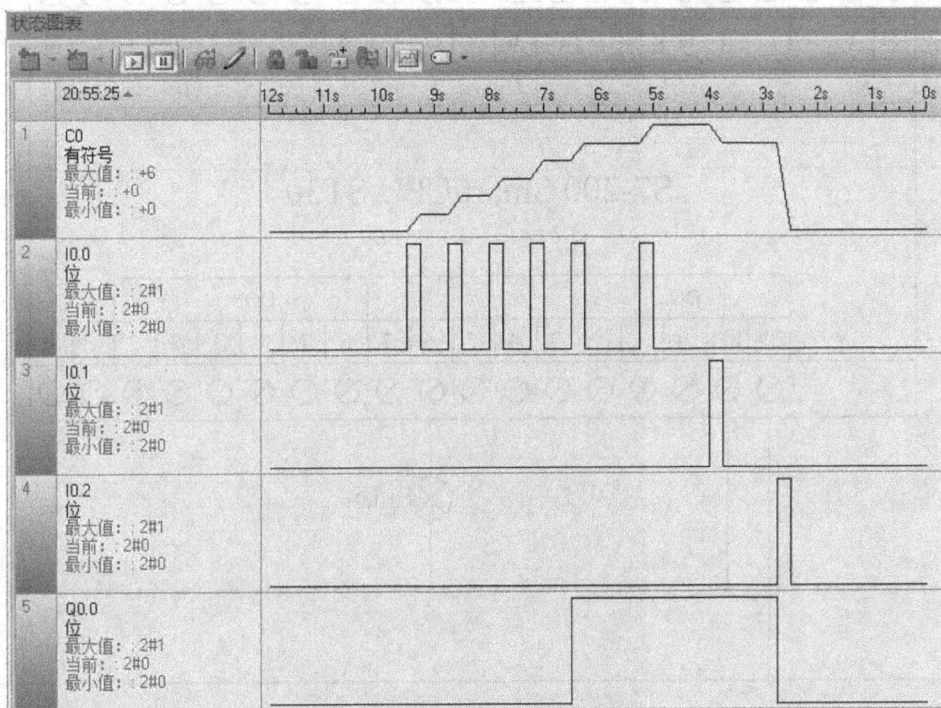

图 3-46　加减计数指令运行趋势图

技能引导

3.2.5　计数器应用举例

[**例 3-5**]采用 S7-200 Smart PLC 控制指示灯，电路如图 3-47 所示，I/O 分配表见表 3-12，控制要求如下。

(1)启动按钮 SB1 按下，指示灯亮；

(2)停止按钮 SB2 按下 5 次后，指示灯熄灭。

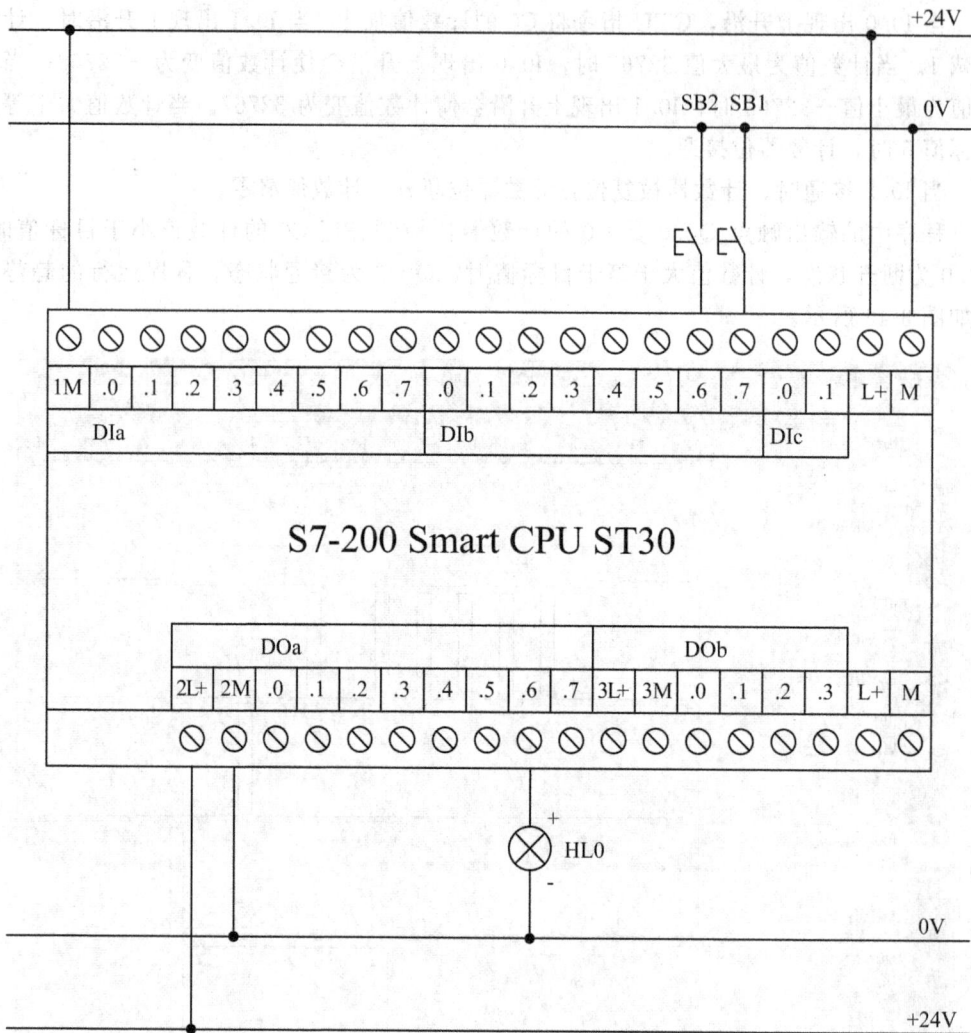

图 3-47 计数停止控制电路

表 3-12 计数控制 I/O 分配表

输　入			输　出		
PLC 输入点	信号名称	命令功能	PLC 输出点	信号名称	备注
I1.7	按钮 SB1	启动	Q0.6	指示灯 HL0	DC24V 指示灯
I1.6	按钮 SB2	停止			

　　图 3-48 程序段 1 中，运行按钮 SB1 按下后，I1.7 常开触点接通，Q0.6 接通并自保，指示灯亮。C0 计数器对通过 I1.6 对停止按钮 SB2 按下进行计数，计数达到 5 后，C0 在程序段 1 中的常闭触点断开，使得 Q0.6 断开，指示灯熄灭。指示灯熄灭后，程序段 2 中的 Q0.6 常闭触点闭合，使得 C0 复位。

图 3-48　计数停止控制程序

[例 3-6]采用 S7-200 Smart PLC 控制电动机，电路如图 3-49 所示，I/O 分配见表 3-13，控制要求如下。

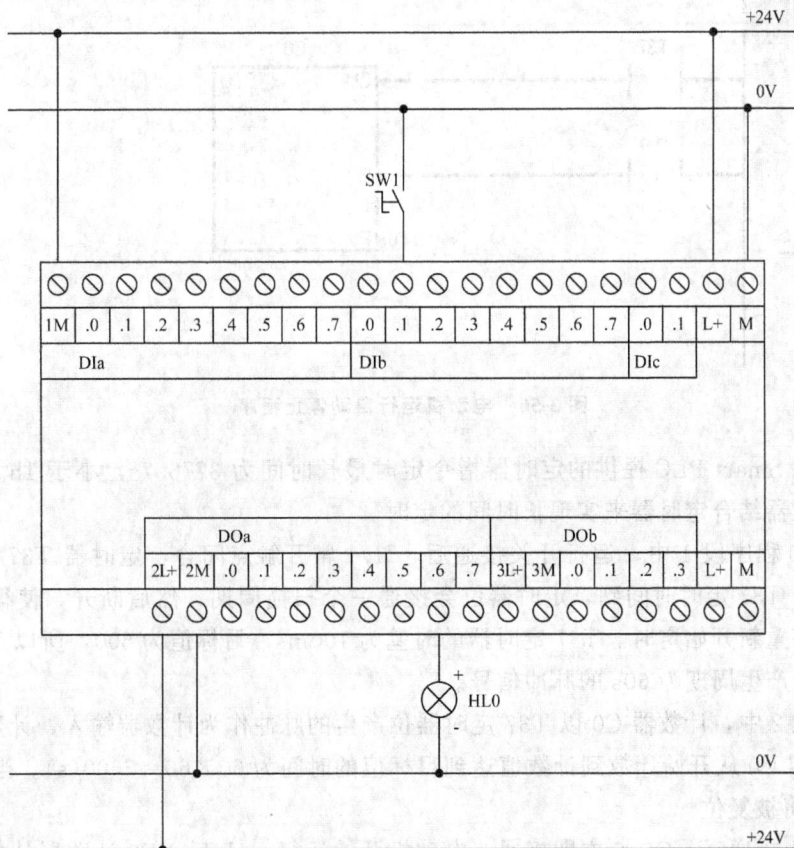

图 3-49　电动机运行自动停止控制电路

(1)运行开关断开时，电动机处于停止状态；

(2)运行开关接通后，电动机开始运行，1h 后电动机自动停止。

表 3-13   电动机运行自动停止 I/O 分配表

输　入			输　出		
PLC 输入点	信号名称	命令功能	PLC 输出点	信号名称	控制功能
I1.1	开关 SW1	运行/停止	Q0.6	电动机运行接触器 （指示灯 HL0 代替）	控制电动机运行

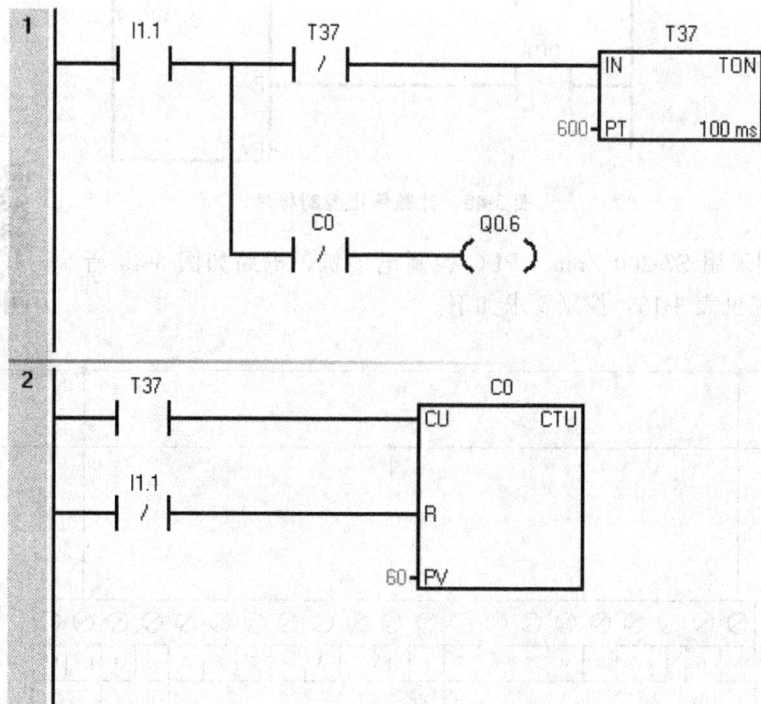

图 3-50   电动机运行自动停止程序

S7-200 Smart PLC 提供的定时器指令定时最长时间为 3276.7s，小于 1h。所以需要使用计数器结合定时器来实现长时间的定时。

图 3-50 程序段 1 中，运行开关接通后，I1.1 常开触点闭合，定时器 T37 开始 60s 的定时。当 T37 定时时间到，定时器位会接通一个扫描周期，然后断开，使得 T37 复位从而能够重新开始定时。T37 定时器的时基为 100ms，目标值为 600，所以 T37 的定时器位将会产生周期为 60s 的脉冲信号。

程序段 2 中，计数器 C0 以 T37 定时器位产生的脉冲作为计数器输入，计数目标值为 60，所以 C0 从开始计数到计数值达到目标值的时间为 $60×60=3600(s)$。当 I1.1 断开时，C0 将被复位。

当 I1.1 接通时，Q0.6 立即接通，电动机开始运行。1h 后，C0 计数器计数满，在计数器位的常闭触点控制下，Q0.6 断开，电动机自动停止。

技能训练

3.2.6　计数器应用实训

1. 任务目的

(1)掌握定时器和计数器指令的应用。

(2)掌握 PLC 和外部输入输出设备的接口电路连接。

(3)掌握利用编程软件进行程序编写、下载运行和监控调试。

2. 任务要求

采用 S7-200 Smart PLC 实现对电动机循环正反转控制(可以用两盏 LED 灯表示电动机两个方向的转动)。要求当启动按钮按下后，电动机按照先正转 5s，暂停 2s，然后反转 5s，暂停 2s 的规律循环工作。循环工作 5 次后，自动停止，在工作过程中，按下停止按钮也会停止工作。

3. 任务实施

(1)分析任务要求，规划程序输入输出分配，填表 3-14 I/O 分配表。

表 3-14　电动机循环正反转 I/O 分配表

输　入			输　出		
PLC 输入点	信号名称	命令功能	PLC 输出点	信号名称	控制功能
	按钮 SB1	启动		电动机正转接触器 (指示灯 HL0 代替)	控制电动机正转
	按钮 SB2	停止		电动机反转接触器 (指示灯 HL1 代替)	控制电动机反转

(2)按照输入输出分配设计控制电路，将 PLC 与外围设备相连。

(3)使用编程软件编写控制程序，将程序下载到 PLC 中运行，观察控制功能运行情况。

(4)如果控制功能运行不正常，采用编程软件的监测功能对程序进行调试，找出错误原因，修正后再次运行，直至控制功能运行正常。

▶ 3.3　传送指令及其应用

传送指令是 PLC 编程过程中最常用的基本指令。本节我们将学习传送指令的梯形图指令、名称和功能等基本知识，通过例子分析传送指令的使用方法和技巧，通过开展技能训练巩固传送指令应用的基本技能。

知识引导

3.3.1 传送指令

数据传送指令用于在存储单元之间进行数据传送，传送指令包含：单个数据传送指令、块传送指令、交换字节指令和字节立即传送指令。

1. 单个数据传送指令

(1)单个数据传送梯形图指令

单个数据传送指令每次传送一个数据，按传送数据的类型分为字节传送(MOV _ B)指令[图 3-51(a)]、字传送(MOV _ W)指令[图 3-51(b)]、双字传送(MOV _ DW)指令[图 3-51(c)]和实数传送(MOV _ R)指令[图 3-51(d)]。

图 3-51　单个数据传送梯形图指令

EN 信号接通时，传送指令会将输入 IN 中的数据传送到输出 OUT 中，传送指令不会影响到 IN 中的数据。

(2)单个数据传送指令编程示例

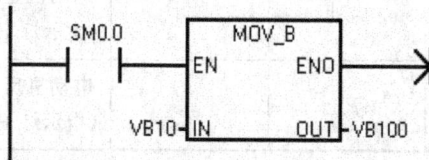

图 3-52　单个数据传送指令编程示例

图 3-52 所示，在 PLC 程序运行期间，SM0.0 保持接通，受其控制的字节传送(MOV _ B)指令即将地址 VB10 中的字节数据传送到 VB100 中。

2. 块传送指令

(1)块传送梯形图指令

块传送指令用来一次传送多个数据，最多可将 255 个数据组成一个数据块，按传送数据块的类型分为字节块(BLKMOV _ B)传送指令[图 3-53(a)]、字块传送(BLK-MOV _ W)指令[图 3-53(b)]和双字块(BLKMOV _ D)传送指令[图 3-53(c)]。

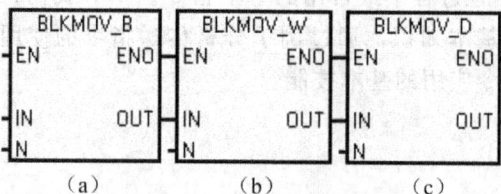

图 3-53　块传送梯形图指令

    块传送指令将以 IN 为首地址长度为 N 的数据块传送到以 OUT 为首地址的连续单元中去。

    (2)块传送指令编程示例

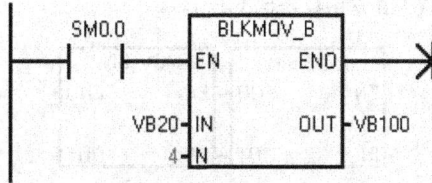

图 3-54　块传送指令编程示例

    图 3-54 所示，在 PLC 程序运行期间，SM0.0 保持接通，受其控制的字节块传送(BLKMOV _ B)指令将 VB20～VB23 中的数据传送到 VB100～VB103 中。

3. 交换字节(SWAP)指令

(1)交换字节(SWAP)梯形图指令(图 3-55)

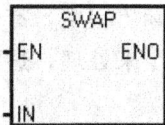

图 3-55　交换字节梯形图指令

    交换字节指令针对字数据，用于将输入 IN 字数据的高位字节和低位字节进行交换。

    (2)交换字节指令编程示例

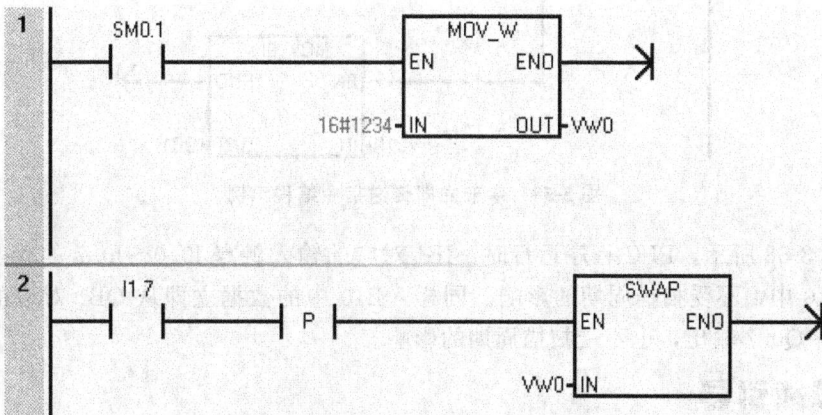

图 3-56　交换字节指令编程示例

    图 3-56 所示，在 PLC 程序开始运行时，SM0.1 会接通一个扫描周期，受其控制字传送指令给 VW0 赋予初值 16＃1234。当 I1.7 常开触点第一次出现上升沿时，交换字节指令将把 VW0 中的字数据的高低位部分进行交换，VW0 中的数据变为 16＃3412。如果 I1.7 又出现上升沿，VW0 中的数据又变回为 16＃1234。

4. 字节立即传送

(1)字节立即传送梯形图指令

字节立即传送指令按照传送的方向分为字节立即读(MOV_BIR)指令[图 3-57(a)]和字节立即写(MOV_BIW)指令[图 3-57(b)]。

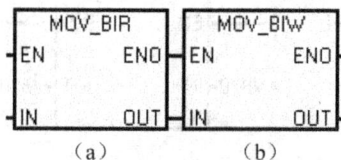

图 3-57　字节立即传送梯形图指令

字节立即读(MOV_BIR)指令用来读取输入 IN 指定物理输入触点的值，并写入输出 OUT 指定字节单元中。字节立即写(MOV_BIW)指令用来读取输入 IN 指定的字节内容，并写入输出 OUT 指定的物理输出触点。

PLC 在处理输入和输出的时候，是按照扫描成批输入和成批输出的处理方法。输入输出的速度和扫描周期有关。在实际工程中，有部分输入和输出需要优先快速处理，可以使用字节立即读和字节立即写指令来处理，这两条指令不受扫描周期的影响。

(2)字节立即传送指令编程示例

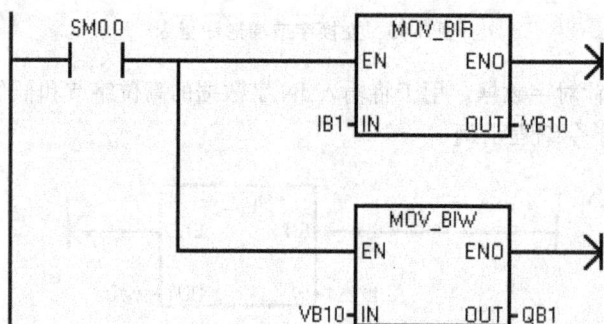

图 3-58　字节立即传送指令编程示例

如图 3-58 所示，PLC 程序运行时，IB1 对应的输入触点 I0.0～I0.7 的状态被立即送到 VB10 中，不受扫描周期的影响。同样 VB10 中的数据立即从 QB1 对应的输出触点 Q0.0～Q0.7 输出，也不受扫描周期的影响。

技能引导

3.3.2　传送指令应用举例

[例 3-7]如图 3-59 所示，设有 10 盏指示灯，当按钮 SB1 接通时，指示灯 HL1～HL4 亮；当按钮 SB1 断开时，HL1～HL4 熄灭；当按钮 SB2 接通时，HL5～HL6 亮；当按钮 SB2 断开时，HL5～HL6 熄灭；当按钮 SB3 接通时，HL7～HL10 亮；当按钮 SB3 断开时，HL7～HL10 熄灭。I/O 分配见表 3-15。

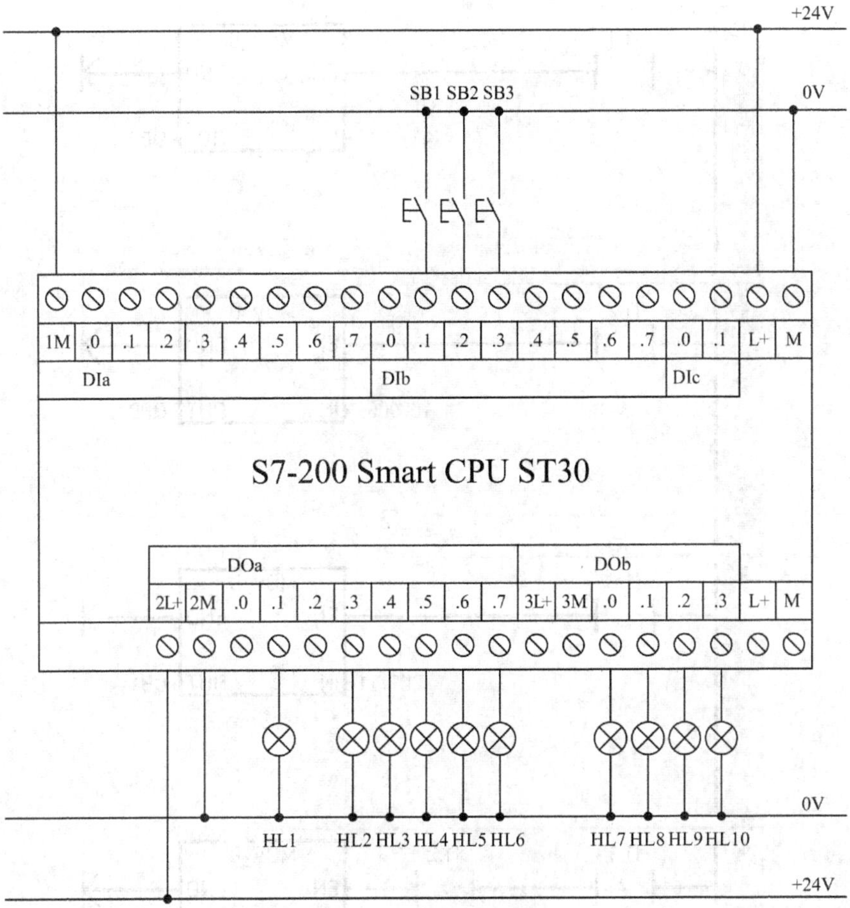

图 3-59　指示灯控制电路

表 3-15　指示灯控制 I/O 分配表

输　　入			输　　出		
PLC 输入点	信号名称	命令功能	PLC 输出点	信号名称	备注
I1.1	按钮 SB1	控制 HL1～HL4	Q0.1	指示灯 HL1	DC24V 指示灯
I1.2	按钮 SB2	控制 HL5～HL6	Q0.3	指示灯 HL2	DC24V 指示灯
I1.3	按钮 SB3	控制 HL7～HL10	Q0.4	指示灯 HL3	DC24V 指示灯
			Q0.5	指示灯 HL4	DC24V 指示灯
			Q0.6	指示灯 HL5	DC24V 指示灯
			Q0.7	指示灯 HL6	DC24V 指示灯
			Q1.0	指示灯 HL7	DC24V 指示灯
			Q1.1	指示灯 HL8	DC24V 指示灯
			Q1.2	指示灯 HL9	DC24V 指示灯
			Q1.3	指示灯 HL10	DC24V 指示灯

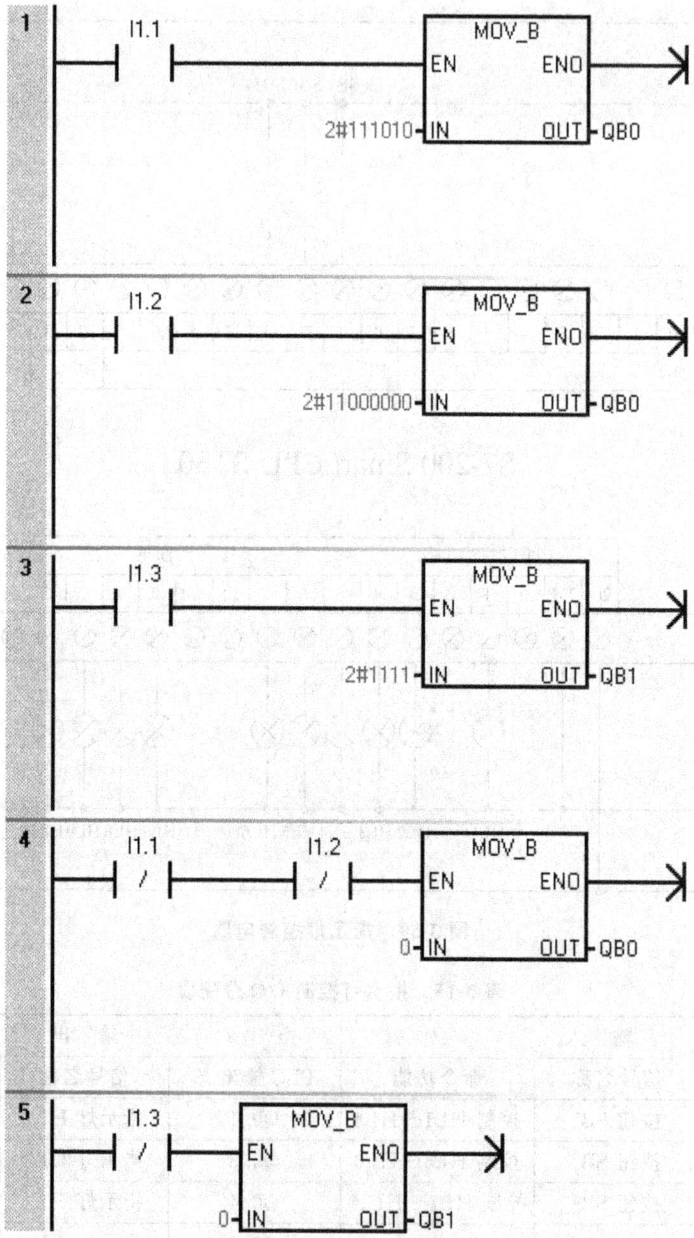

图 3-60　指示灯控制程序

　　如图 3-60 所示，当输入信号 I1.1＝1 时，将二进制数 00111010 传送到 QB0 对应的 Q0.0～Q0.7 中，点亮对应的指示灯 HL1、HL2、HL3、HL4。

　　当输入信号 I1.2＝1 时，将二进制数 11000000 传送到 QB0 对应的 Q0.0～Q0.7 中，点亮对应的指示灯 HL5、HL6。

　　当输入信号 I1.3＝1 时，将二进制数 00001111 传送到 QB1 对应的 Q1.0～Q1.7

中，点亮对应的指示灯 HL7、HL8、HL9、HL10。

当输入信号 I1.1＝0 或 I1.2＝0 时，将二进制数 0 传送到 QB0 对应的 Q0.0～Q0.7 中，关闭对应的指示灯 HL1、HL2、HL3、HL4、HL5、HL6。

当输入信号 I1.3＝0 时，将二进制数 0 传送到 QB1 对应的 Q1.0～Q1.7 中，关闭对应的指示灯 HL7、HL8、HL9、HL10。

技能训练

3.3.3　传送指令应用实训

1. 实训目的

(1)掌握传送指令的应用。

(2)掌握 PLC 和外部输入输出设备的接口电路连接。

(3)掌握利用编程软件进行程序编写、下载运行和监控调试。

2. 任务要求

彩灯的交替点亮控制要求：有一组灯 HL1～HL10，用一个开关实现启停控制。开关打开时先亮奇数灯，间隔 2s 后再亮偶数灯，反复进行。

3. 任务实施

(1)根据任务要求完成表 3-16 I/O 分配表的填写。

表 3-16　彩灯控制 I/O 分配表

输　入			输　出		
PLC 输入点	信号名称	命令功能	PLC 输出点	信号名称	备注
	开关	运行/停止		指示灯 HL1	DC24V 指示灯
				指示灯 HL2	DC24V 指示灯
				指示灯 HL3	DC24V 指示灯
				指示灯 HL4	DC24V 指示灯
				指示灯 HL5	DC24V 指示灯
				指示灯 HL6	DC24V 指示灯
				指示灯 HL7	DC24V 指示灯
				指示灯 HL8	DC24V 指示灯
				指示灯 HL9	DC24V 指示灯
				指示灯 HL10	DC24V 指示灯

(2)新建工程，进行硬件组态，编译保存。

(3)将程序逐条输入，检查无误后，保存程序。

(4)将工程下载到 PLC。

(5)将 PLC 设为运行状态，根据任务要求观察程序输出状态是否正确。

3.4 转换和比较指令及其应用

本节将学习转换指令和比较指令的几种数据类型的转换方式和比较方式，以及转换指令和比较指令的梯形图指令、名称和功能等基本知识的，举例分析转换指令和比较指令的使用方法和技巧，开展技能训练巩固转换指令和比较指令应用的基本技能。

知识引导

3.4.1 标准转换指令

标准转换指令可以将输入值 IN 由一种类型转换为另一种类型，并将输出值存储在由 OUT 指定的存储单元中。根据输入输出类型的不同，标准转换指令分为：字节与整数转换指令、整数与双精度转换指令、双精度整数与实数转换指令、整数与 BCD 码转换指令以及段译码转换指令。

1. 字节与整数转换指令

(1)字节与整数转换梯形图指令

根据转换的方向，字节与整数转换分为：字节转整数(B_I)指令[图 3-61(a)]和整数转字节(I_B)指令[图 3-61(b)]。

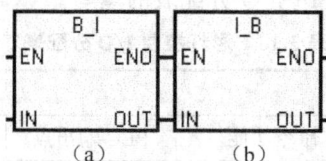

图 3-61 字节与整数转换梯形图指令

字节转换为整数是将字节值 IN 转换为整数值，并将结果存入分配给 OUT 的地址中。字节是无符号的，因此没有符号扩展位。

整数转换为字节是将字值 IN 转换为字节值，并将结果存入分配给 OUT 的地址中。可转换 0～255 之间的值。所有其他值将导致溢出，且输出不受影响。

(2)字节与整数转换编程示例

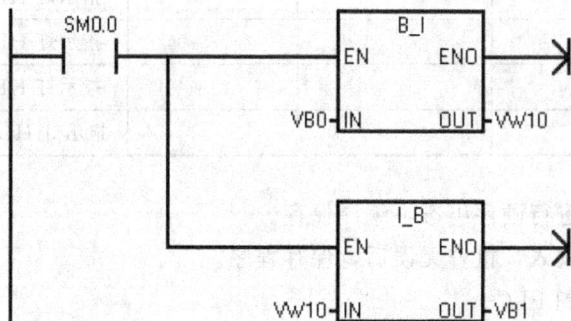

图 3-62 字节与整数转换指令编程示例

如图 3-62 所示，当 EN 为接通状态，即将字符地址 VB0 中的数据转换到字整数地址 VW10 中，将字整数地址 VW10 中的数据转换到字符地址 VB1 中。

例如，字节转换为整数指令中，输入 VB0＝20，输出 VW10＝20；整数转换为字节指令中，输入 VW10＝20，输出 VB1＝20。

注意：要将整数转换成实数，需执行"整数转换为双精度整数"指令，然后执行"双精度整数转换为实数"指令。

2. 整数与双精度整数转换指令

(1)整数与双精度整数转换梯形图指令

根据转换的方向，字节与整数转换分为：整数转双精度整数(I＿DI)指令[图 3-63(a)]和双精度整数转整数(DI＿I)指令[图 3-63(b)]。

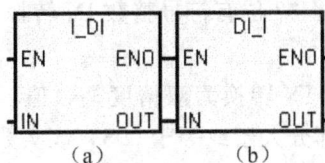

图 3-63　整数与双精度整数转换梯形图指令

整数转换为双精度整数是将整数值 IN 转换为双精度整数值，并将结果存入分配给 OUT 的地址中。符号位扩展到高字节中。

双精度整数转换为整数是将双精度整数值 IN 转换为整数值，并将结果存入分配给 OUT 的地址处。如果转换的值过大以至于无法在输出中表示，则溢出位将置位，并且输出不受影响。

(2)整数与双精度整数转换编程示例

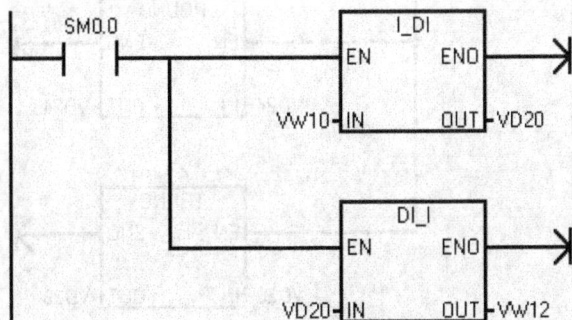

图 3-64　整数与双精度整数转换编程示例

如图 3-64 所示，当 EN 为接通状态，整数地址 VW10 中的数据转换到双精度整数地址 VD20 中；双精度整数地址 VD20 中的数据转换到整数地址 VW12 中。

例如，整数转换为双精度整数指令中，输入 VW10＝20，输出 VD20＝20；双精度整数转换为整数指令中，输入 VD20＝20，输出 VW12＝20。

3. 双精度整数与实数转换指令

(1) 双精度整数与实数转换梯形图指令

双精度整数与实数转换指令有三条，分别是：双精度整数转实数（DI _ R）指令 [图 3-65(a)]、取整（ROUND）指令 [图 3-65(b)] 和截断（TRUNC）指令 [图 3-65(c)]。

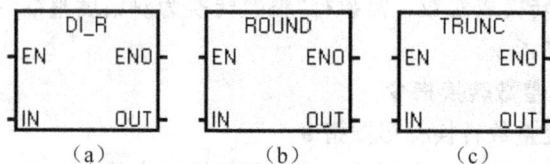

图 3-65　双精度整数与实数转换梯形图指令

双精度整数转实数指令是将 32 位有符号整数 IN 转换为 32 位实数，并将结果存入分配给 OUT 的地址处。

取整指令是将 32 位实数值 IN 转换为双精度整数值，并将取整后的结果存入分配给 OUT 的地址中。如果小数部分大于或等于 0.5，该实数值将进位。

截断指令是将 32 位实数值 IN 转换为双精度整数值，并将结果存入分配给 OUT 的地址中。只有转换了实数的整数部分之后，才会丢弃小数部分。

(2) 双精度整数与实数转换指令编程示例

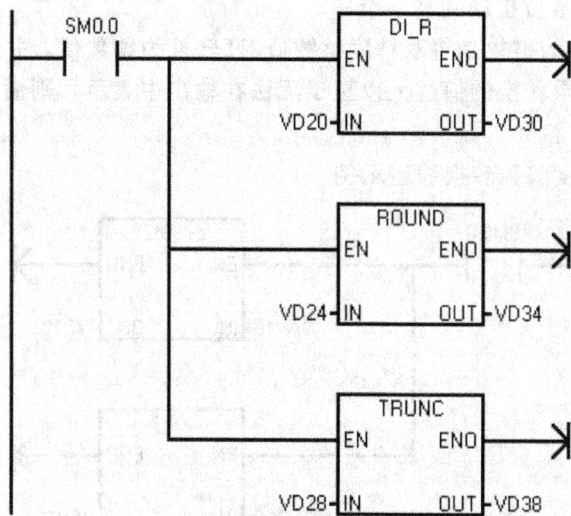

图 3-66　双精度整数与实数转换指令编程示例

如图 3-66 所示，当 EN 为接通状态，即将双精度整数地址 VD20 中的数据转换到实数地址 VD30 中；将实数地址 VD24 中的数据取整转换到双精度整数地址 VD34 中；将实数地址 VD28 中的数据取截断转换到双精度整数地址 VD38 中。

例如，输入 VD20＝20，输出 VD30＝20.0；输入 VD24＝100.5，输出 VD34＝101；输入 VD28＝100.5，输出 VD38＝100。

注意：如果要转换的值不是有效的实数值，或者该值过大以至于无法在输出中表示，则溢出位将置位，且输出不受影响。

4. 整数与 BCD 码转换指令

(1)整数与 BCD 码转换梯形图指令

BCD 码是一种采用二进制表示十进制数的编码。根据转换的方向，整数与 BCD 码转换分为：整数转 BCD 码(I＿BCD)指令[图 3-67(a)]和 BCD 码转整数(BCD＿I)指令[图 3-67(b)]。

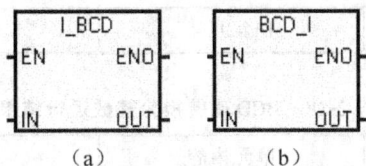

图 3-67　整数与 BCD 码转换梯形图指令

整数转 BCD 码指令是将输入整数 IN 转换为 BCD 码，并将结果加载至分配给 OUT 的地址中。IN 的有效范围为 0～9999 的整数。如果转换后的数值超出输出的允许范围，溢出标志位 SM1.1 被置为 ON。

BCD 码转整数指令是将二进制编码的十进制 WORD 数据类型值 IN 转换为整数 WORD 数据类型的值，并将结果加载至分配给 OUT 的地址中。IN 的有效范围为 0～9999 的 BCD 码。

(2)整数与 BCD 码转换指令编程示例

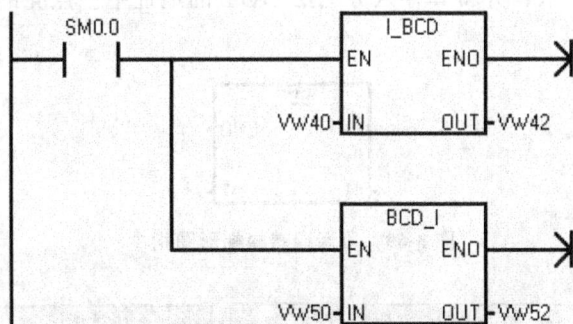

图 3-68　整数与 BCD 码转换指令编程示例

如图 3-68 所示，当 EN 为接通状态，即将整数地址 VW40 中的数据转换到 BCD 码地址 VW42 中，将 BCD 码地址 VW50 中的数据转换到整数地址 VW52 中。

BCD 码用 4 位二进制数表示一位十进制数。BCD 码各位的数值范围为 2＃0000～2＃1001，对应于十进制数 0～9。BCD 码不能使用十六进制的 A～F(2＃1010～2＃1111)这 6 个数字。

例如：

表 3-17　整数转换为 BCD 码运行结果

执行情况	单元地址	单元内容	说明
执行前	VW40	9452	十进制数 9452
	VW42	xxxx xxxx	任意值
执行后	VW40	9452	数据未变
	VW42	16#9452	十六进制数 9452

表 3-18　BCD 码转换为整数运行结果

执行情况	单元地址	单元内容	说明
执行前	VW50	291	将十进制数 291 换算为十六进制数 123
	VW52	xxxx xxxx xxxx xxxx	任意值
执行后	VW50	291	数据未变
	VW52	123	十进制数 123

5. 段译码转换(SEG)指令

(1)段译码转换(SEG)梯形图指令

要点亮七段数码管显示器中的各个段，可通过“段码”指令转换 IN 指定的字符字节，以生成位模式字节，并将其存入分配给 OUT 的地址中。点亮的段表示输入字节最低有效位中的字符。

图 3-69　段译码转换梯形图指令

(IN) LSD	分段显示	(OUT) - gfe dcba
0	0	0011 1111
1	1	0000 0110
2	2	0101 1011
3	3	0100 1111
4	4	0110 0110
5	5	0110 1101
6	6	0111 1101
7	7	0000 0111

(IN) LSD	分段显示	(OUT) - gfe dcba
8	8	0111 1111
9	9	0110 0111
A	A	0111 0111
B	b	0111 1100
C	C	0011 1001
D	d	0101 1110
E	E	0111 1001
F	F	0111 0001

图 3-70　七段数码管显示器编码

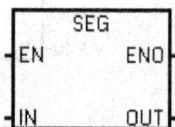

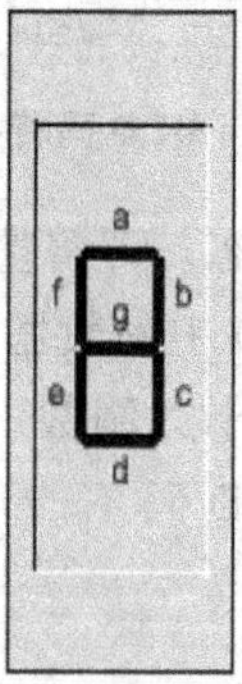

（2）段译码转换指令编程示例

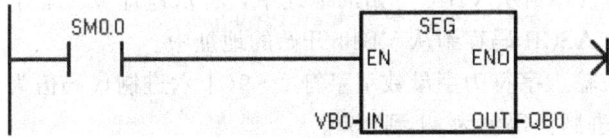

图 3-71　段译码转换指令编程示例

如图 3-71 所示，当 EN 为接通状态，即将字节地址 VB0 中的数据段译码转换到字节地址 QB0 中。例如，VB0＝5，Q0.0、Q0.2、Q0.3、Q0.5、Q0.6 为 1，其他位均为 0，参见七段显示器编码。

3.4.2　其他转换指令

1. ASCII 码与十六进制数转换指令

（1）ASCII 码与十六进制数转换梯形图指令

ASCII 码与十六进制转换包括：ASCII 码转十六进制数（ATH）指令［图 3-72（a）］和十六进制数转 ASCII 码（HTA）指令［图 3-72（b）］。

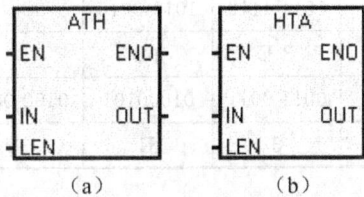

（a）　　　　　（b）

图 3-72　ASCII 与十六进制转换梯形图指令

ATH 指令把从输入数据 IN 开始的长度为 LEN 的 ASCII 码，转换为十六进制数，并将结果送到首地址为 OUT 的字节存储单元

HTA 可以将从输入字节 IN 开始的十六进制数转换为从 OUT 开始的 ASCII 字符。由长度 LEN 分配要转换的十六进制数的位数。可以转换的 ASCII 字符或十六进制数的最大数目为 255。

（2）ASCII 码与十六进制数转换指令编程示例

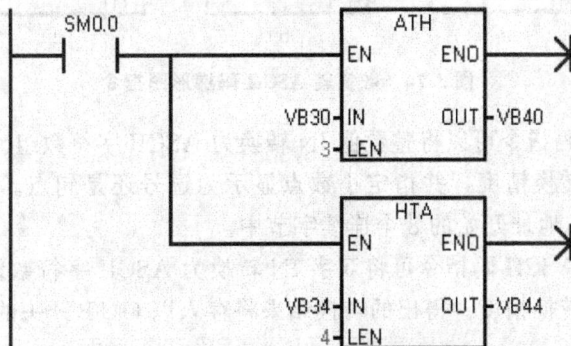

图 3-73　ASCII 与十六进制转换指令编程示例

如图 3-73 所示，当 EN 为接通状态，即将从地址 VB30 开始的 3 个字节中的 ASCII 码转换为十六进制数存到从 VB40 开始的地址中，将从地址 VB34 开始的 4 个字节中的十六进制数转换为 ASCII 码存到从 VB44 开始的地址中。

有效的 ASCII 输入字符为字母数字字符 0～9(十六进制代码值为 30～39)以及大写字符 A 到 F(十六进制代码值为 41 到 46)。

例如：

表 3-19　ASCII 码转十六进制数运行结果

位置	首地址	含义	字节 1	字节 2	字节 3	说明
ASCII 码区	VB30	二进制	00110011	01000101	0100 0001	原信息的 ASCII 编码
		含义	3	E	A	
十六进制区	VB40	二进制	0011 1110	1010XXXX	XXXX XXXX	转化后的结果及编码
		含义	3E	AX	XX	

表 3-20　十六进制数转 ASCII 码运行结果

位置	首地址	含义	字节 1	字节 2	字节 3	字节 4	说明
十六进制区	VB34	二进制	0011 1110	1010 0010			原信息的十六进制编码
		含义	3 E	A2			
ASCII 码区	VB44	二进制	0011 0011	01000101	0100 0001	0011 0010	转化后的结果及编码
		含义	3	E	A	2	

2. 数值转 ASCII 码指令

(1)数值转 ASCII 码梯形图指令

数值转 ASCII 码包含：整数转 ASCII 码(ITA)指令[图 3-74(a)]、双精度整数转 ASCII 码(DTA)指令[图 3-74(b)]和实数转 ASCII 码(RTA)指令[图 3-74(c)]。

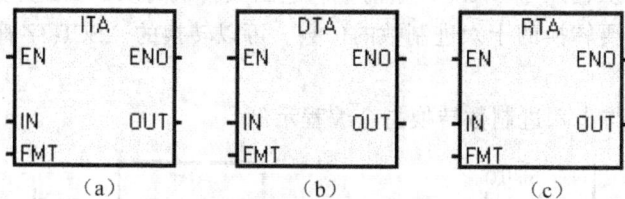

图 3-74　数值转 ASCII 码梯形图指令

整数转 ASCII 码指令可以将整数值 IN 转换为 ASCII 字符数组。格式参数 FMT 将分配小数点右侧的转换精度，并指定小数点显示为逗号还是句点。得出的转换结果将存入以 OUT 分配的地址开始的 8 个连续字节中。

双精度整数转 ASCII 码指令可将双字 IN 转换为 ASCII 字符数组。格式参数 FMT 指定小数点右侧的转换精度。得出的转换结果将存入以 OUT 开头的 12 个连续字节中。

实数转 ASCII 码指令可将实数值 IN 转换成 ASCII 字符。格式参数 FMT 会指定小数点右侧的转换精度、小数点显示为逗号还是句点以及输出缓冲区大小。得出的转换结果会存入以 OUT 开头的输出缓冲区中。

(2)数值转 ASCII 码指令编程示例

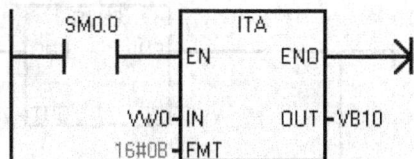

图 3-75　整数转 ASCII 码指令编程示例

如图 3-75 所示，当 EN 为接通状态，即将整数 VW0 中的数据转换为 ASCII 码存到 VB10 地址中。操作数 FMT 的定义如下：

0	0	0	0	C	n	n	n

在 FMT 中，高 4 位必须是 0；C 为小数点的表示方式，C＝0 时用小数点来分隔整数和小数，C＝1 时用逗号来分隔整数和小数；n0nn 表示在首地址为 OUT 的 8 个连续字节中小数的位数，nnn 的范围为 000～101，分别对应 0～5 个小数位。小数部分的对齐方式为右对齐。

在 FMT＝16♯0B 的二进制数为 0000 1011，C＝1，nnn＝011 的情况下，指令运行结果如表 3-21 所示。

表 3-21　整数"12345"转换为 ASCII 码结果

地址	VW0	VB10	VB11	VB12	VB13	VB14	VB15	VB16	VB17
数据	12345	(20)	(20)	1(31)	2(32)	,(2C)	3(33)	4(34)	5(35)

3. 编码解码指令

(1)编码解码梯形图指令

编码解码指令有两条：编码(ENCO)指令[图 3-76(a)]和解码(DECO)指令[图 3-76(b)]。

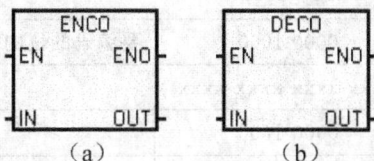

图 3-76　编码解码梯形图指令

编码指令将字型输入数据 IN 的最低有效位(值为 1 的位)的位号输出到 OUT 所指定的字节单元的低 4 位，即用半个字节来对一个字型数据 16 位中的 1 位有效位进行编码。

解码指令将字节型输入数据 IN 的低 4 位所表示的位号对 OUT 所指定的字单元的对应位置 1，其他位置 0，即对半个字节的编码进行译码来选择一个字型数据 16 位中的 1 位。

(2)编码解码指令编程示例

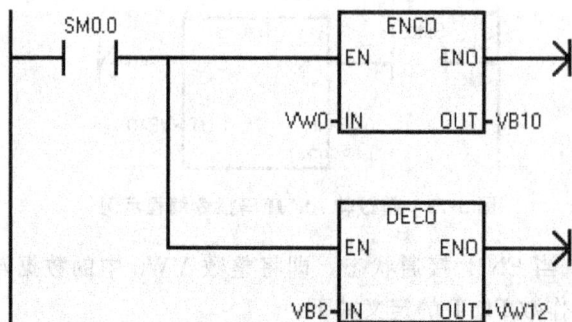

图 3-77　编码解码指令编程示例

如图 3-77 所示，当 EN 为接通状态，即将 VW0 中的数据编码转换到 VB10 地址中，将 VB2 中的数据解码转换到 VW12 地址中。

如果执行前 VW0＝0000 0000 0100 0000，VB2＝0000 1000，指令运行结果如表 3-22、表 3-23 所示。

表 3-22　编码指令运行结果

执行情况	单元地址	单元内容	说明
执行前	VW0	0000 0000 0100 0000	要编码的为 VW0 中的第 6 位（始于 0 位）
	VB10	xxxx xxxx	任意值
执行后	VW0	0000 0000 0100 0000	数据未变
	VB10	0000 0110	将位号 6 写入 VB10 的低 4 位

表 3-23　解码指令运行结果

执行情况	单元地址	单元内容	说明
执行前	VB2	0000 1000	要编码的位的位号为 8，存于 VB2 的低 4 位
	VW12	xxxx xxxx xxxx xxxx	任意值
执行后	VB2	0000 1000	数据未变
	VW12	0000 0001 0000 0000	将位号 8 对应的第 8 位置 1，其他位为 0

技能引导

3.4.3 转换指令应用举例

[例 3-8]设计梯形图程序，要求将英寸转换为厘米，1 英寸＝2.54 厘米。

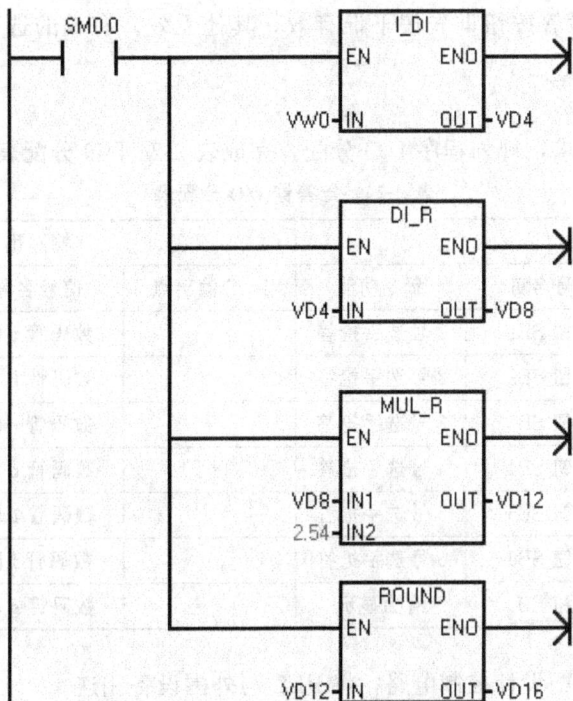

图 3-78 英寸转厘米主程序

如图 3-78 所示，在 SM0.0 常开触点的控制下，程序首先执行整数转换为双精度整数指令，将 VW0 中存放的整数数据类型转换为双精度整数类型存放到地址 VD4 中。例如，VW0＝101，VD4＝101。

其次，程序执行双精度整数转换为实数指令，将 VD4 中存放的双精度整数数据类型转换为实数类型存放到地址 VD8 中，则 VD8＝101.0。

然后，程序执行乘法指令，将 VD8 中存放的实数数据乘 2.54，其运算结果存放在地址 VD12 中，则 VD12＝256.54。

最后，程序执行取整指令，将地址 VD12 中存放的实数数据截取其整数部分存放在地址 VD16 中；当小数部分大于 0.5，其整数部分进位，则 VD16＝257。

技能训练

3.4.4 转换指令应用实训

1. 实训目的

(1)熟悉 STEP7 编程软件的基本使用方法。

(2)掌握 STEP7 编程软件梯形图程序的运行、监视及调试方法。

(3)掌握转换指令的使用方法。

(4)将所学指令知识运用于实践中，培养分析问题、解决问题能力。

2. 任务要求

设计一段允许 6 人同时参加抢答比赛的程序。比赛时，主持人首先应将数码显示清零，抢答时 6 个抢答按钮谁先按下谁有效，其他无效。有效的选手号码被显示在数码屏上。

3. 任务实施

(1)分析任务要求，规划程序 I/O 分配，完成表 3-24 I/O 分配表的填写。

表 3-24　抢答器 I/O 分配表

输　入			输　出		
PLC 输入点	信号名称	命令功能	PLC 输出点	信号名称	备注
	按钮 SB1	1 号选手抢答		数码管 a 段	七段数码管
	按钮 SB2	2 号选手抢答		数码管 b 段	七段数码管
	按钮 SB3	3 号选手抢答		数码管 c 段	七段数码管
	按钮 SB4	4 号选手抢答		数码管 d 段	七段数码管
	按钮 SB5	5 号选手抢答		数码管 e 段	七段数码管
	按钮 SB6	6 号选手抢答		数码管 f 段	七段数码管
	按钮 SB0	清除显示		数码管 g 段	七段数码管

(2)按照 I/O 分配设计控制电路，将 PLC 与外围设备相连。

(3)使用编程软件编写控制程序，将程序下载到 PLC 中运行，观察控制功能运行情况。

(4)如果控制功能运行不正常，采用编程软件的监测功能对程序进行调试，找出错误原因，修正后再次运行，直至控制功能运行正常。

知识引导

3.4.5　比较指令

比较指令是将两个操作数或字符串按指定条件进行比较，当比较条件成立时，其触点闭合，后面的电路接通；当比较条件不成立时，比较触点断开，后面的电路不接通。

比较数值指令可以对两个数据类型相同的数值进行比较。比较数据类型有 4 种，分别为：字节、整数、双整数和实数。比较运算符有 6 种，分别为：等于（＝）、小于（＜）、大于（＞）、小于等于（＜＝）、大于等于（＞＝）、不等于（＜＞）。

1. 字节比较指令

(1)字节比较梯形图指令

字节比较指令共有 6 条，包括：字节等于比较（＝＝B)指令[图 3-79(a)]、字节小

于比较(<B)指令[图 3-79(b)]、字节大于比较(>B)指令[图 3-79(c)]、字节小于等于
比较(<=B)指令[图 3-79(d)]、字节大于等于比较(>=B)指令[图 3-79(e)]和字节不
等于比较(<>B)指令[图 3-79(f)]。

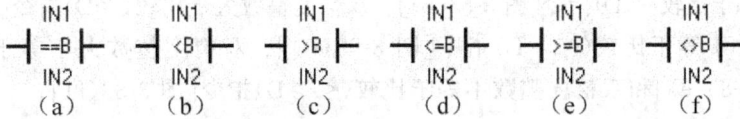

图 3-79　字节比较梯形图指令

(2)字节比较指令编程示例

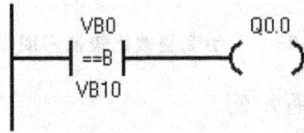

图 3-80　字节比较指令编程示例

如图 3-80 所示，VB0 和 VB10 相比较，如果 VB0＝VB10，那么输出 Q0.0＝1；否
则 Q0.0＝0。例如，VB0＝3，VB10＝5，由于 VB0<>VB10，所以输出 Q0.0＝0。

2. 整数比较指令

(1)整数比较梯形图指令

整数比较指令共有 6 条，包括：整数等于比较(==I)指令[图 3-81(a)]、整数小于
比较(<I)指令[图 3-81(b)]、整数大于比较(>I)指令[图 3-81(c)]、整数小于等于比
较(<=I)指令[图 3-81(d)]、整数大于等于比较(>=I)指令[图 3-81(e)]和整数不等于
比较(<>I)指令[图 3-81(f)]。

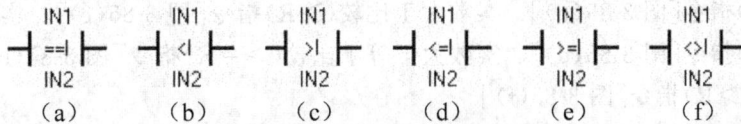

图 3-81　整数比较梯形图指令

(2)整数比较指令编程示例

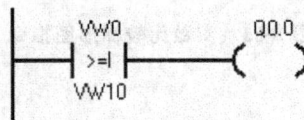

图 3-82　整数比较指令编程示例

如图 3-82 所示，VW0 和 VW10 相比较，如果 VW0>=VW10，那么输出 Q0.0＝1；
否则 Q0.0＝0。例如，VW0＝12，VW10＝15，由于 VW0<VW10，所以输出 Q0.0＝0。

3. 双精度整数比较指令

(1)双精度整数比较梯形图指令

双精度整数比较指令共有 6 条，包括：双精度整数等于比较(==D)指令[图 3-83(a)]、双精度整数小于比较(<D)指令[图 3-83(b)]、双精度整数大于比较(>D)指令[图 3-83(c)]、双精度整数小于等于比较(<=D)指令[图 3-83(d)]、双精度整数大于等于比较(>=D)指令[图 3-83(e)]和双精度整数不等于比较(<>D)指令[图 3-83(f)]。

图 3-83　双精度整数比较梯形图指令

(2)双精度整数比较指令编程示例

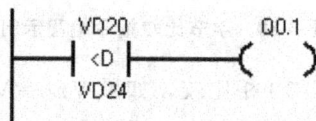

图 3-84　双精度整数比较指令编程示例

如图 3-84 所示，VD20 和 VD24 相比较，如果 VD20<VD24，那么输出 Q0.1=1；否则 Q0.1=0。例如，VD20=12，VD24=15，由于 VD20<VD24，所以输出 Q0.1=1。

4. 实数比较指令

(1)实数比较梯形图指令

实数比较指令共有 6 条，包括：实数等于比较(==R)指令[图 3-85(a)]、实数小于比较(<R)指令[图 3-85(b)]、实数大于比较(>R)指令[图 3-85(c)]、实数小于等于比较(<=R)指令[图 3-85(d)]、实数大于等于比较(>=R)指令[图 3-85(e)]和实数不等于比较(<>R)指令[图 3-85(f)]。

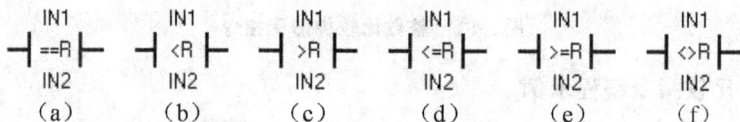

图 3-85　实数比较梯形图指令

(2)实数比较指令编程示例

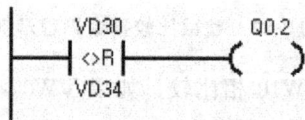

图 3-86　实数比较指令编程示例

如图 3-86 所示，VD30 和 VD34 相比较，如果 VD30<>VD34，那么输出 Q0.2=1；否则 Q0.2=0。例如，VD30=12.5，VD34=15.8，由于 VD30<>VD34，所以输出 Q0.2=1。

3.4.6 比较指令应用举例

[例 3-9]要求采用 S7-200 Smart PLC 对红绿黄三盏指示灯进行控制，电路如图 3-87 所示，I/O 分配表见表 3-25，控制要求如下。

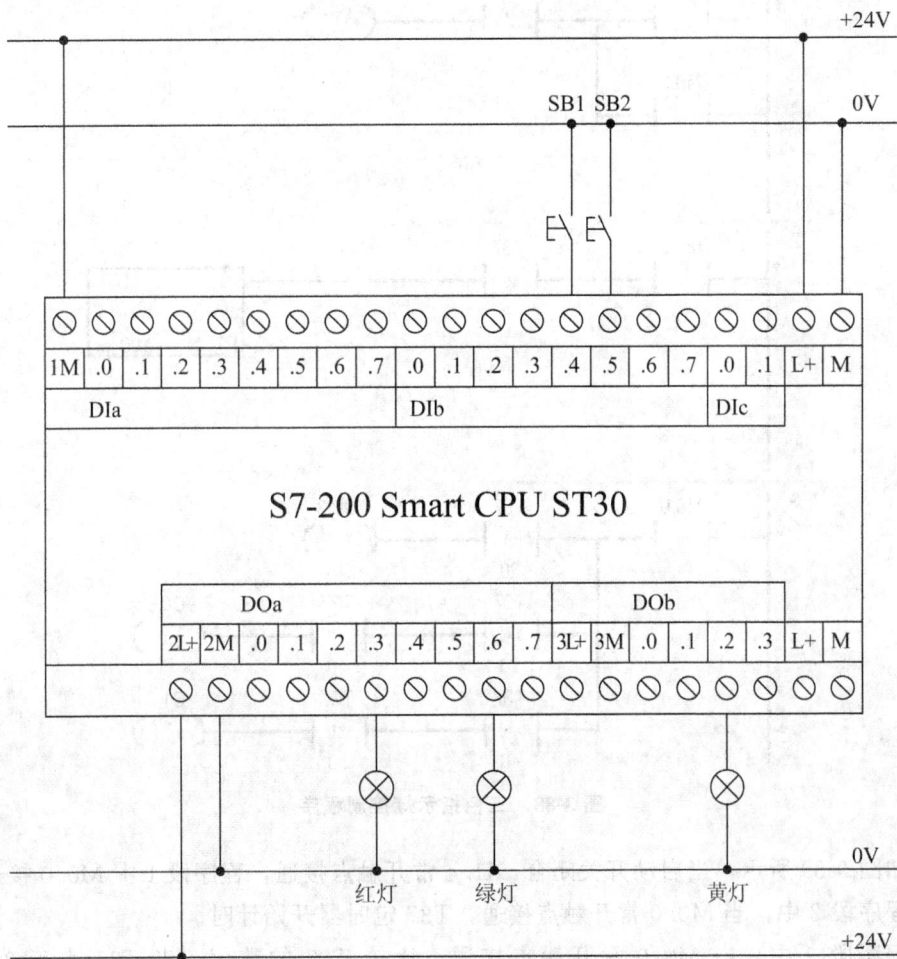

图 3-87　三色指示灯控制电路

(1)按下启动按钮 SB1，红绿黄三盏指示灯每隔 2s 循环点亮；

(2)按下停止按钮 SB2，三盏指示灯全部熄灭。

表 3-25　三色指示灯控制 I/O 分配表

输　入			输　出		
PLC 输入点	信号名称	命令功能	PLC 输出点	信号名称	备注
I1.4	按钮 SB1	启动	Q0.3	红色指示灯	DC24V 指示灯
I1.5	按钮 SB2	停止	Q0.6	绿色指示灯	DC24V 指示灯
			Q1.2	黄色指示灯	DC24V 指示灯

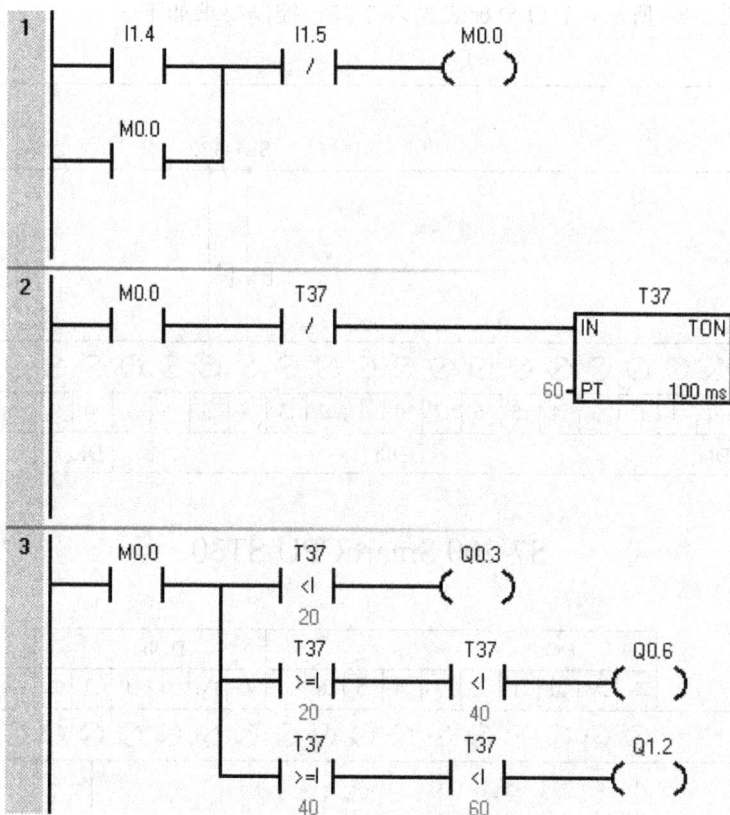

图 3-88　三色指示灯控制程序

如图 3-88 所示，当启动开关闭合，I1.4 常开触点接通，程序段 1 中 M0.0 接通。

程序段 2 中，当 M0.0 常开触点接通，T37 定时器开始计时。

程序段 3 中，当 M0.0 常开触点接通，比较 T37 的数值，当 T37 小于 20 时，Q0.3 为 1，红色指示灯亮，点亮时间为 2s；当 T37 大于或等于 20 且小于 40 时，Q0.6 为 1，绿色指示灯亮，点亮时间为 2s；当 T37 大于或等于 40 且小于 60 时，Q1.2 为 1，黄色指示灯亮，点亮时间为 2s。

当 T37 计时到达 6s，T37 计时数据清零，此时红色指示灯又会被点亮，红绿黄三盏灯依次循环点亮 2s。

当停止开关闭合，I1.5 常闭触点接通，程序段 1 中 M0.0 断开。当 M0.0 断开，程序段 2 和 3 都不导通，所有灯全部灭。

🕐 **技能训练**

3.4.7 比较指令应用实训

1. 实训目的

(1)掌握比较指令和计数器的应用。

(2)掌握 PLC 和外部输入输出设备的接口电路连接。

(3)掌握利用编程软件进行程序编写、下载运行和监控调试。

2. 任务要求

自动进货仓库存放某种货物，最多 50 箱，需对所存的货物进出计数。货物多于 10 箱且小于等于 20 箱时，绿灯 HL2 亮；货物多于 20 箱且小于等于 40 箱时，黄灯 HL3 亮；货物多于 40 箱且小于等于 50 箱时，红灯 HL1 亮。其中，开关 SB1 按下代表 1 箱进货，开关 SB2 按下代表 1 箱出货。

3. 任务实施

(1)分析任务要求，规划程序 I/O 分配，完成表 3-26 I/O 分配表填写。

表 3-26   自动进货仓库控制 I/O 分配表

输 入			输 出		
PLC 输入点	信号名称	命令功能	PLC 输出点	信号名称	备注
	按钮 SB1	进货		红色指示灯 HL1	DC24V 指示灯
	按钮 SB2	出货		绿色指示灯 HL2	DC24V 指示灯
				黄色指示灯 HL3	DC24V 指示灯

(2)按照输入输出分配设计控制电路，将 PLC 与外围设备相连。

(3)使用编程软件编写控制程序，将程序下载到 PLC 中运行，观察控制功能运行情况。

(4)如果控制功能运行不正常，采用编程软件的监测功能对程序进行调试，找出错误原因，修正后再次运行，直至控制功能运行正常。

▶ 3.5   逻辑运算和移位指令及其应用

逻辑运算及移位指令与基本的位逻辑指令相似，被用来对数据位进行操作。和基本的位逻辑指令不同，逻辑运算及移位指令的操作对象不是对单个的二进制位而是字节、字、双字数据的全部二进制位。在需要对二进制位进行批量操作时，使用逻辑运算及移位指令可以大幅提高效率，简化程序结构。

本节我们将学习逻辑运算及移位指令的梯形图指令、名称和功能等基本知识，分析应用案例，熟悉指令的使用方法和技巧，开展技能训练巩固指令应用的基本技能。

知识引导

3.5.1 逻辑运算指令

S7-200 Smart PLC 中有四类逻辑运算指令：逻辑与、逻辑或、逻辑异或和逻辑非。每种类型又包括具体对字节、字和双字数据进行操作的指令，四种类型里的逻辑非指令需要一个指令数据，而其他三类需要两个指令数据。

1. 逻辑与指令

(1)逻辑与梯形图指令

逻辑与指令用于对数据的二进制位进行与操作，如果两个二进制位都为"1"，运算结果为"1"，如果两个二进制位其中一个为"0"或者两个都为"0"，那么运算结果为"0"，运算真值表如表 3-27 所示。

表 3-27　与运算真值表

IN1	IN2	OUT
0	0	0
0	1	0
1	0	0
1	1	1

逻辑与指令具体包括字节数据与（WAND_B）指令[图 3-89（a）]、字数据与（WAND_W）指令[图 3-89（b）]和双字数据与（WAND_D）指令[图 3-89（c）]。这三条指令的使用方法相同，只是在指令的后缀部分存在区别。

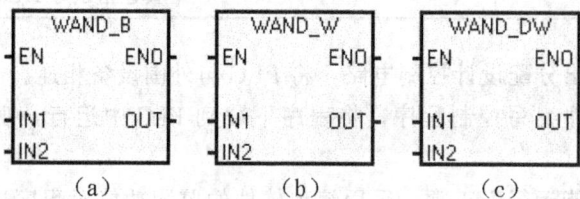

图 3-89　逻辑与梯形图指令

逻辑与指令将操作数 IN1 与操作数 IN2 的数据对应位进行与运算，运算的结果保存在 OUT 中。

(2)逻辑与指令编程示例

如图 3-90 所示，当 PLC 程序运行时，SM0.0 始终处于接通状态，受其控制的三条逻辑与指令在每个周期都会执行，将各自操作数 IN1、IN2 的二进制数据进行与操作，并把结果存储在 OUT 里。

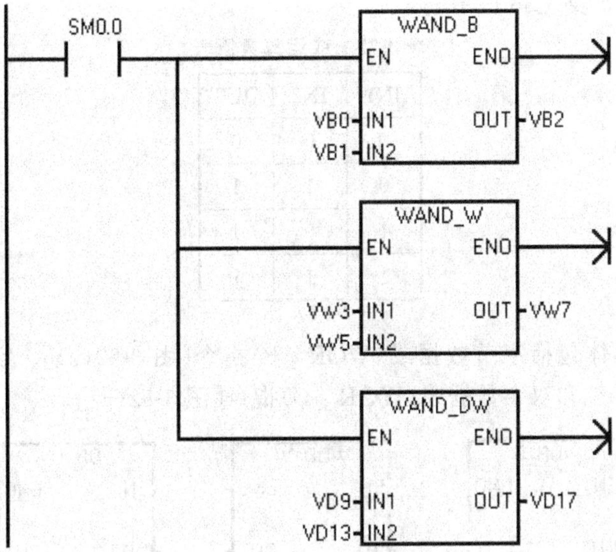

图 3-90　逻辑与指令编程示例

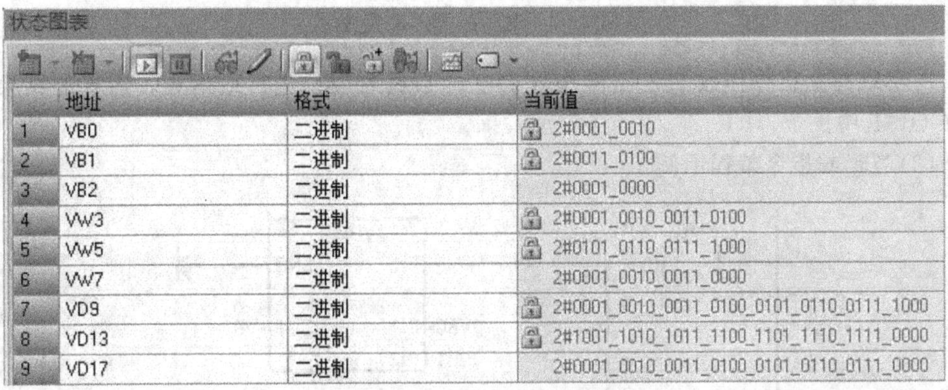

状态图表

	地址	格式	当前值
1	VB0	二进制	2#0001_0010
2	VB1	二进制	2#0011_0100
3	VB2	二进制	2#0001_0000
4	VW3	二进制	2#0001_0010_0011_0100
5	VW5	二进制	2#0101_0110_0111_1000
6	VW7	二进制	2#0001_0010_0011_0000
7	VD9	二进制	2#0001_0010_0011_0100_0101_0110_0111_1000
8	VD13	二进制	2#1001_1010_1011_1100_1101_1110_1111_0000
9	VD17	二进制	2#0001_0010_0011_0100_0101_0110_0111_0000

图 3-91　逻辑与指令运行结果

图 3-91 所示为逻辑与指令运行的结果，以其中字节数据与指令为例，运行过程如下：

$$
\begin{array}{cccccccccl}
 & 0 & 0 & 0 & 1 & 0 & 0 & 1 & 0 & \mathrm{VB0} \\
\wedge & 0 & 0 & 1 & 1 & 0 & 1 & 0 & 0 & \mathrm{VB1} \\
\hline
 & 0 & 0 & 0 & 1 & 0 & 0 & 0 & 0 & \mathrm{VB2}
\end{array}
$$

2. 逻辑或指令

(1)逻辑或梯形图指令

逻辑或指令用于对数据的二进制位进行或操作，如果两个二进制位都为“0”，结果运算结果为“0”，如果两个二进制位其中一个为“1”或者两个都为“1”，那么运算结果为

"1"，运算真值表如表 3-28 所示。

表 3-28　或运算真值表

IN1	IN2	OUT
0	0	0
0	1	1
1	0	1
1	1	1

逻辑或指令具体包括字节数据或（WOR_B）指令[图 3-92(a)]、字数据或（WOR_W)指令[图 3-92(b)]和双字数据或（WOR_D)指令[图 3-92(c)]。

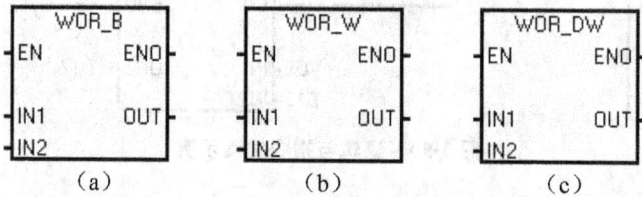

（a）　　　　　（b）　　　　　（c）

图 3-92　逻辑或梯形图指令

逻辑或指令将操作数 IN1 与操作数 IN2 的数据对应位进行或运算，运算的结果保存在 OUT 中。

(2)逻辑或指令编程示例

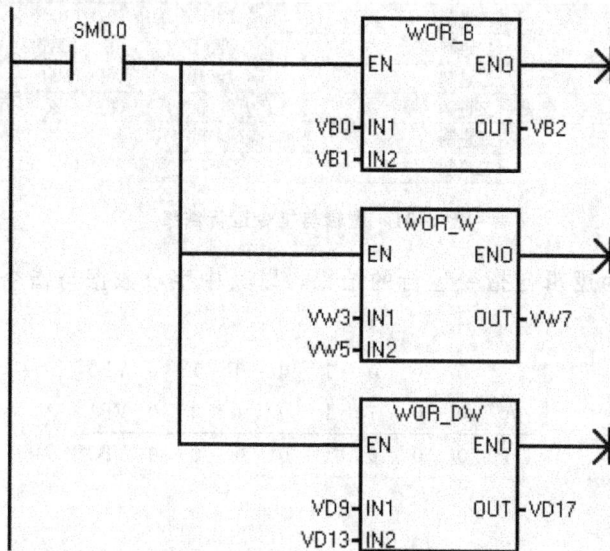

图 3-93　逻辑或指令编程示例

如图 3-93 所示，当 PLC 程序运行时，SM0.0 始终处于接通状态，受其控制的三条逻辑或指令在每个周期都会执行，将各自操作数 IN1、IN2 的二进制数据进行或操作，并把结果存储在 OUT 里。

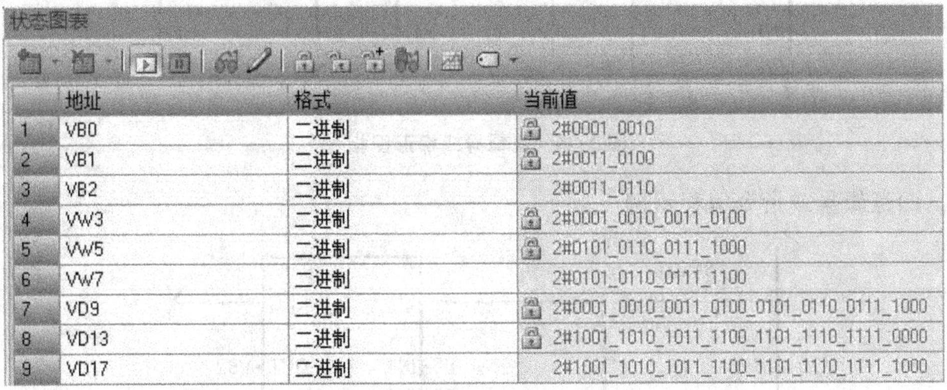

图 3-94　逻辑或指令运行结果

图 3-94 所示为逻辑或指令运行的结果，以其中字节数据或指令为例，运行过程如下：

$$
\begin{array}{c}
\quad 0\ 0\ 0\ 1\ 0\ 0\ 1\ 0 \quad \text{VB0}\\
V\quad 0\ 0\ 1\ 1\ 0\ 1\ 0\ 0 \quad \text{VB1}\\
\hline
\quad 0\ 0\ 1\ 1\ 0\ 1\ 1\ 0 \quad \text{VB2}
\end{array}
$$

3. 逻辑异或指令

(1)逻辑异或梯形图指令

逻辑异或指令用于对数据的二进制位进行异或操作，如果两个二进制位都为"1"或者都为"0"，运算结果为"0"，如果两个二进制位其中一个为"1"另一个"0"，那么运算结果为"1"，运算真值表如表 3-29 所示。

表 3-29　异或运算真值表

IN1	IN2	OUT
0	0	0
0	1	1
1	0	1
1	1	0

逻辑异或指令具体包括字节数据异或（WXOR_B）指令[图 3-95(a)]、字数据异或（WXOR_W）指令[图 3-95(b)]和双字数据异或（WXOR_D）指令[图 3-95(c)]。这三条指令的使用方法相同，只是在指令的后缀部分存在区别。

逻辑异或指令将操作数 IN1 与操作数 IN2 的数据对应位进行异或运算，运算的结果保存在 OUT 中。

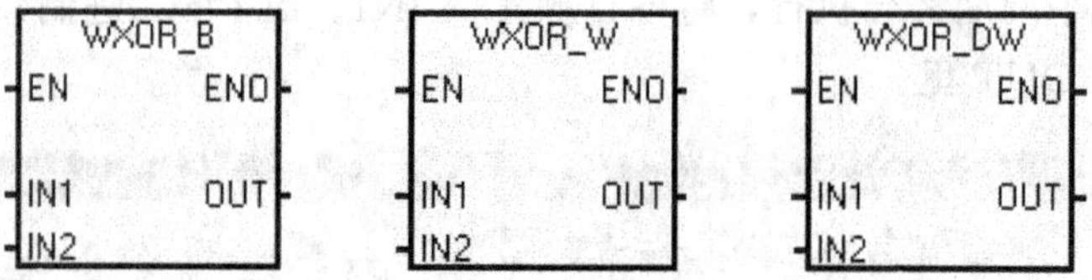

图 3-95　逻辑异或梯形图指令

(2)逻辑异或指令编程示例

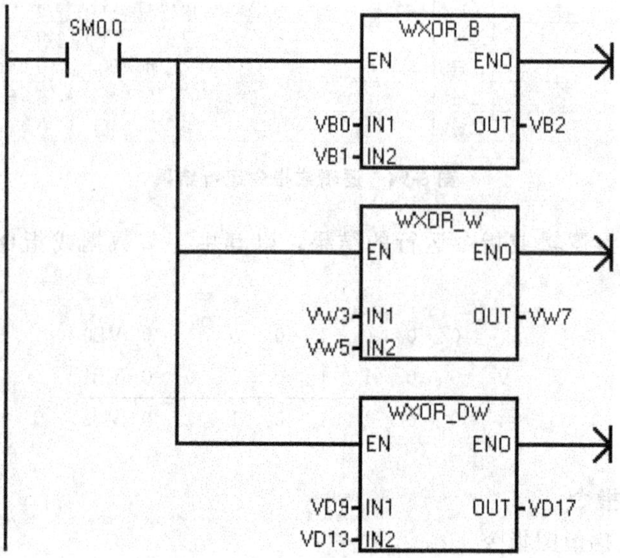

图 3-96　逻辑异或指令编程示例

如图 3-96 所示，当 PLC 程序运行时，SM0.0 始终处于接通状态，受其控制的三条逻辑异或指令在每个周期都会执行，将各自操作数 IN1、IN2 的二进制数据进行异或操作，并把结果存储在 OUT 里。

	地址	格式	当前值
1	VB0	二进制	2#0001_0010
2	VB1	二进制	2#0011_0100
3	VB2	二进制	2#0010_0110
4	VW3	二进制	2#0001_0010_0011_0100
5	VW5	二进制	2#0101_0110_0111_1000
6	VW7	二进制	2#0100_0100_0100_1100
7	VD9	二进制	2#0001_0010_0011_0100_0101_0110_0111_1000
8	VD13	二进制	2#1001_1010_1011_1100_1101_1110_1111_0000
9	VD17	二进制	2#1000_1000_1000_1000_1000_1000_1000_1000

图 3-97　逻辑异或指令运行结果

图 3-97 所示为逻辑异或指令运行的结果，以其中字节数据异或指令为例，运行过程如下：

```
    0 0 0 1 0 0 1 0   VB0
⊕   0 0 1 1 0 1 0 0   VB1
    0 0 1 0 0 1 1 0   VB2
```

4. 逻辑非指令

(1)逻辑非梯形图指令

逻辑非指令用于对数据的二进制位进行非操作，如果二进制位都为"1"，运算结果为"0"，如果二进制位为"0"，那么运算结果为"1"，运算真值表如表 3-30 所示。

表 3-30　非运算真值表

IN	OUT
1	0
0	1

逻辑非指令具体包括字节数据非(INV_B)指令[图 3-98(a)]、字数据非(INV_W)指令[图 3-98(b)]和双字数据非(INV_D)指令[图 3-98(c)]。这三条指令的使用方法相同，只是在指令的后缀部分存在区别。

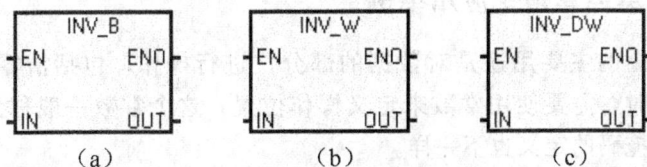

図 3-98　逻辑非梯形图指令

逻辑非指令将操作数 IN 数据位进行取反，运算的结果保存在 OUT 中。

(2)逻辑非指令编程示例

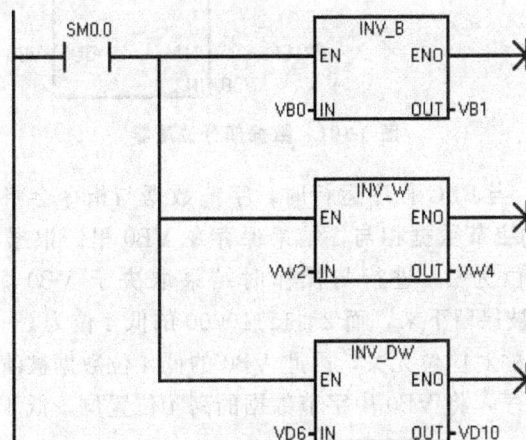

图 3-99　逻辑非指令编程示例

如图 3-99 所示，当 PLC 程序运行时，SM0.0 始终处于接通状态，受其控制的三条逻辑非指令在每个周期都会执行，将各自操作数 IN 中的二进制数据进行非操作，并把结果存储在 OUT 里。

	地址	格式	当前值
1	VB0	二进制	2#0001_0010
2	VB1	二进制	2#1110_1101
3	VW2	二进制	2#0001_0010_0011_0100
4	VW4	二进制	2#1110_1101_1100_1011
5	VD6	二进制	2#0001_0010_0011_0100_0101_0110_0111_1000
6	VD10	二进制	2#1110_1101_1100_1011_1010_1001_1000_0111

图 3-100　非指令运算结果

图 3-100 所示为非指令运行的结果，以其中字节数据非指令为例，运行过程如下：

$$! \quad 0 \quad 0 \quad 0 \quad 1 \quad 0 \quad 0 \quad 1 \quad 0 \quad \text{VB0}$$
$$\quad 1 \quad 1 \quad 1 \quad 0 \quad 1 \quad 1 \quad 0 \quad 1 \quad \text{VB1}$$

技能引导

3.5.2　逻辑运算指令应用举例

逻辑运算指令的主要用途是对数据的部分位进行操作，包括清零、置位和取反。在进行此类操作时，需要使用常数来定义操作位置，这个常数一般称为掩码，根据操作类型的不同，掩码的定义也不一样。

[例 3-10]编写 PLC 程序，将 VB0 中字节数据的低 4 位清零，高 4 位保持不变。

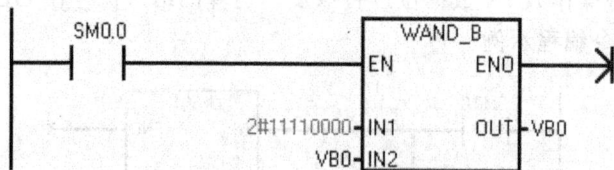

图 3-101　数据部分位清零

如图 3-101 所示，当 PLC 程序运行时，字节数据与指令会将二进制常数掩码 2#11110000 与 VB0 中的字节数据相与，结果保存在 VB0 里。根据与操作的特性，由于 2#11110000 的高 4 位为 1，进行与操作时结果取决于 VB0 数据的对应位，所以 VB0 的高 4 位数据会被保留下来，而 2#11110000 的低 4 位为 0，进行与操作时结果固定为零，与 VB0 数据的对应位无关，因此 VB0 的低 4 位数据被清零。

例：编写 PLC 程序，将 VB0 中字节数据的高 4 位置位，低 4 位保持不变。

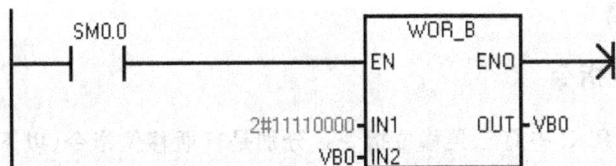

图 3-102　数据部分位置位

如图 3-102 所示，当 PLC 程序运行时，字节数据与指令会将二进制常数掩码 2#11110000 与 VB0 中的字节数据相或，结果保存在 VB0 里。根据或操作的特性，由于 2#11110000 的高 4 位为 1，进行或操作时结果固定为 1，与 VB0 数据的对应位无关，所以 VB0 的高 4 位数据被置位，而 2#11110000 的低 4 位为 0，进行或操作时结果取决于 VB0 数据的对应位，因此 VB0 的低 4 位数据会被保留下来。

[例 3-11]编写 PLC 程序，将 VB0 中字节数据的高 4 位取反，低 4 位保持不变。

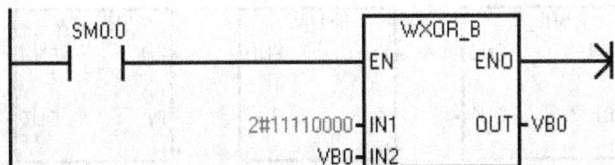

图 3-103　数据部分位取反

如图 3-103 所示，当 PLC 程序运行时，字节数据异或指令会将二进制常数掩码 2#11110000 与 VB0 中的字节数据相异或，结果保存在 VB0 里。根据异或操作的特性，由于 2#11110000 的高 4 位为 1，进行异或操作时结果为 VB0 数据的对应位取反，而 2#11110000 的低 4 位为 0，进行异或操作时结果等于 VB0 数据的对应位。

技能训练

3.5.3　逻辑运算指令应用实训

1. 实训目的

(1)掌握逻辑运算指令的应用。

(2)掌握利用编程软件进行程序编写、下载运行和监控调试。

2. 任务要求

编写 PLC 程序实现将 VW0 中字数据的高 4 位置位，低 4 位清零，其余的位取反，结果存放在 VW2 中。

3. 任务实施

(1)分析任务要求，规划程序结构。

(2)使用编程软件编写控制程序，将程序下载到 PLC 中运行，采用编程软件的监测功能来输入数据，并观察程序运行结果。

知识引导

3.5.4 移位指令

S7-200 Smart PLC 中有三类移位指令，分别是普通移位指令（以下简称移位指令）、循环移位指令和移位寄存器指令，其中移位指令和循环移位指令按移位方向和移位数据长度分为多条指令，移位寄存器指令只有一条。

1. 移位指令

（1）移位梯形图指令

移位指令用于实现对数据位进行整体移动，可以左移也可以右移。移位指令具体包括：字节数据左移（SHL_B）指令[图 3-104(a)]、字数据左移（SHL_W）指令[图 3-104(b)]、双字数据左移（SHL_DW）指令[图 3-104(c)]、字节数据右移（SHR_B）指令[图 3-104(d)]、字数据右移（SHR_W）指令[图 3-104(e)]和双字数据右移（SHR_DW）指令[图 3-104(f)]。

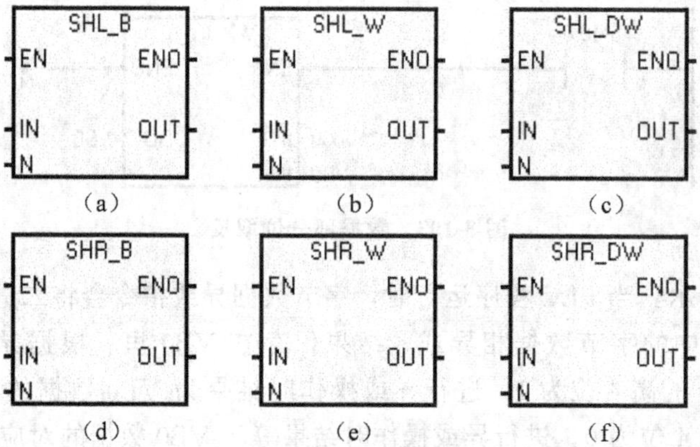

图 3-104 移位梯形图指令

移位指令将移位操作对象 IN 中的数据位向左或向右移动 N 次，移位时空出的位补零，移出的位会被放到 SM1.1 中，移位结果放在 OUT 中。

（2）移位指令编程示例

如图 3-105 所示，当 PLC 程序开始运行时，SM0.1 会接通一个扫描周期，VB0 被赋予初值 2#10110010。

当 I0.0 第一次出现上升沿时，SHL_B 会将 VB0 中二进制数据左移 1 位，这样 VB0 最高位被移出至 SM1.1，最低位空出补零，结果为 2#01100100。具体移位过程如图 3-106 所示。

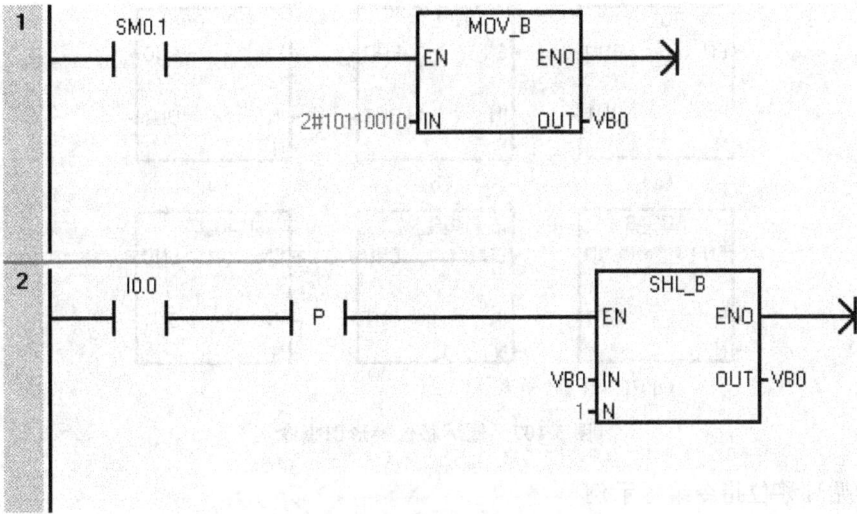

图 3-105　移位指令编程示例

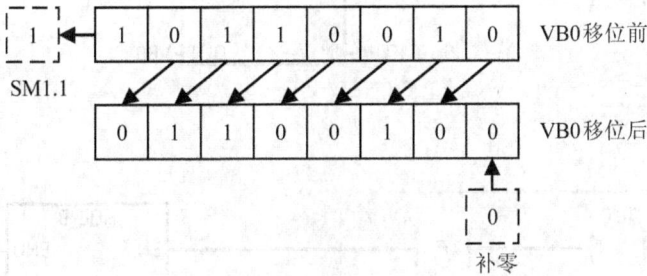

图 3-106　移位过程

2. 循环移位指令

(1)循环移位梯形图指令

循环移位指令和移位指令的区别在于，移位指令用零填充移位时空出的位，而循环移位指令用移位时移出的位来填充空出的位。

循环移位指令具体包括：字节数据循环左移 ROL_B[图 3-107(a)]、字数据循环左移 ROL_W[图 3-107(b)]、双字数据循环左移 ROL_DW[图 3-107(c)]、字节数据循环右移 ROR_B[图 3-107(d)]、字数据循环右移 ROR_W[图 3-107(e)]和双字数据循环右移 ROR_DW[图 3-107(f)]。

循环移位指令将循环移位操作对象 IN 的数据位循环移位 N 次，循环移位结果放在 OUT 中。

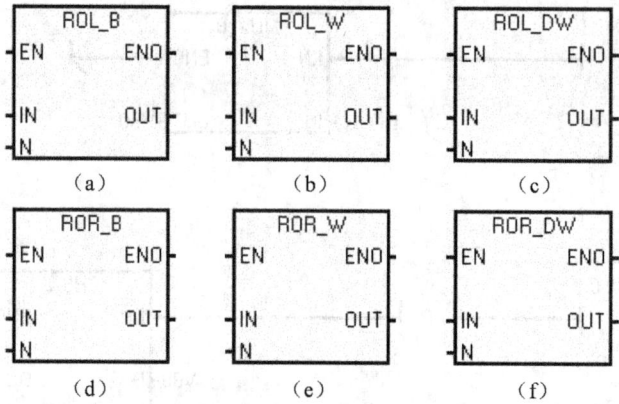

图 3-107　循环移位梯形图指令

(2)循环移位指令编程示例

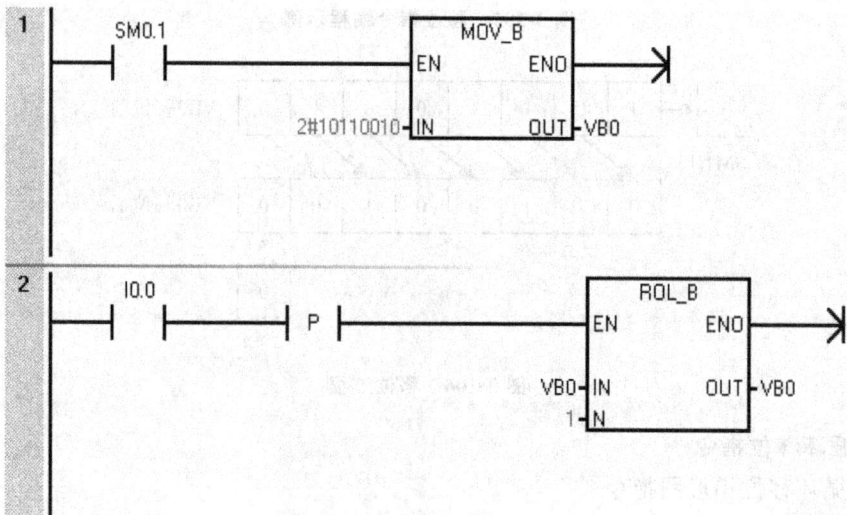

图 3-108　循环移位指令编程示例

如图 3-108 所示，当 PLC 程序开始运行时，SM0.1 会接通一个扫描周期，VB0 被赋予初值 2#10110010。

当 I0.0 第一次出现上升沿时，ROL_B 会将 VB0 中二进制数据循环左移 1 位，这样 VB0 最高位被移出至 SM1.1，同时最高位填补最低位，结果为 2#01100101。具体循环移位过程如图 3-109 所示。

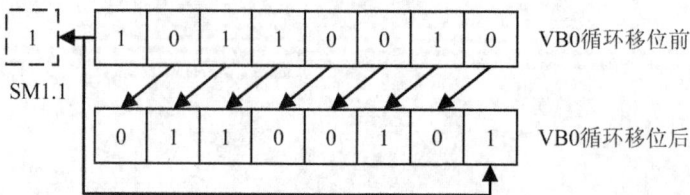

图 3-109　循环移位过程

3. 移位寄存器(SHRB)指令

(1)移位寄存器(SHRB)梯形图指令

移位指令和循环移位指令的操作对象是字节、字和双字数据。如果要对连续的位单元进行移位就需要使用移位寄存器指令,移位寄存器指令(图 3-110)可以非常灵活地对最长 64 位的连续位单元进行移位,不受字节、字和双字位数的限制。

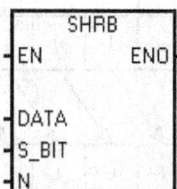

图 3-110　移位寄存器梯形图指令

移位寄存器指令将以最低位地址 DATA 开始的连续位单元进行移位,连续位单元的长度由 N 的绝对值表示,N 的符号表示移动的方向,当 N 的符号为正时,移位方向是低地址的位单元向高地址移位,当 N 的符号为负时,移位方向是高地址的位单元向低地址移位。移位时产生的空位会被 S_BIT 填充。

(2)移位寄存器指令编程示例

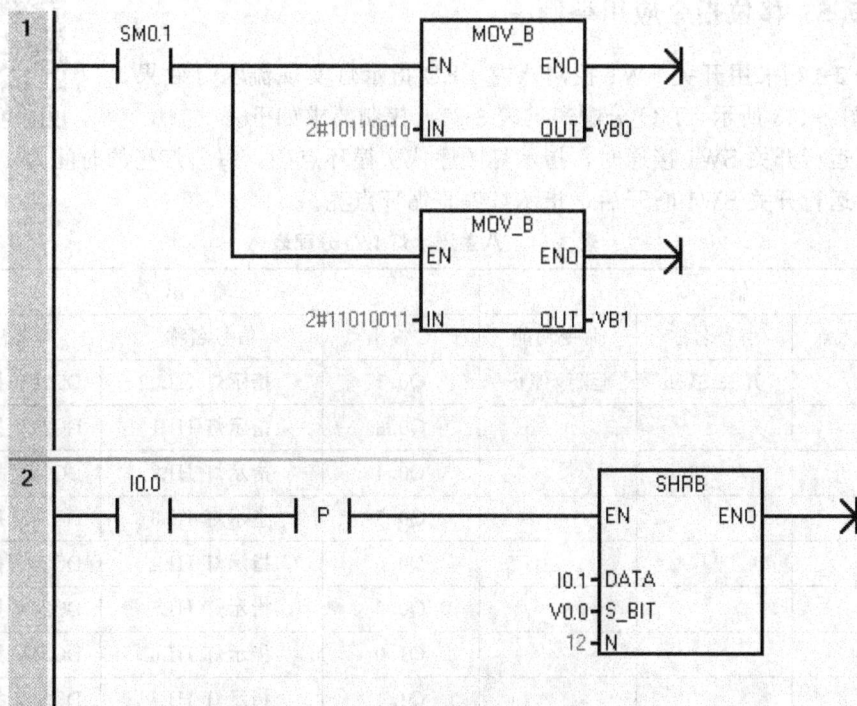

图 3-111　移位寄存器指令编程示例

如图 3-111 所示,当 PLC 程序开始运行时,SM0.1 会接通一个扫描周期,VB0 被赋予初值 2#10110010，VB1 被赋予初值 2#11010011。

当 I0.0 第一次出现上升沿时，SHRB 会将 VB0 的 8 个二进制位连同 VB1 的低 4 位组成的 12 个位一起进行移位，移位方向是低地址向高地址移位，移位次数为 1，所以 V1.3 位被移出至 SM1.1，V0.0 空位被 I0.1 填充。具体移位过程如图 3-112 所示。

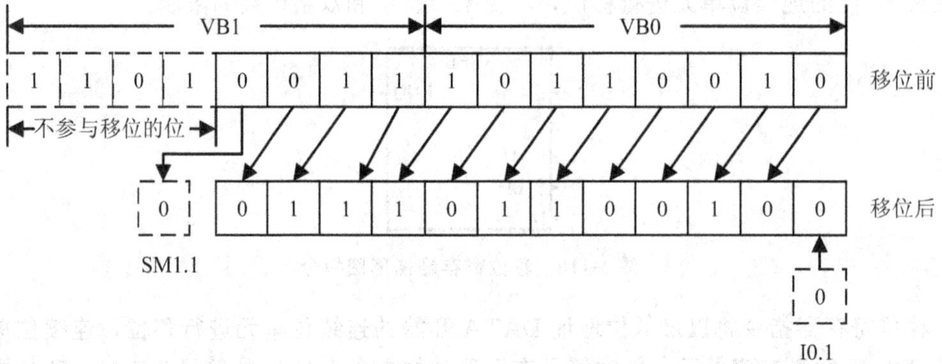

图 3-112　移位寄存器移位过程

3.5.5　移位指令应用举例

[例 3-12]采用开关 SW1 控制八盏 LED 指示灯实现流水灯效果，电路如图 3-113 所示，I/O 分配表见表 3-31，控制要求如下。

(1)运行开关 SW1 接通时，指示灯顺序依次循环点亮，每盏灯亮的时间为 1s；

(2)运行开关 SW1 断开后，指示灯停止循环点亮。

表 3-31　八盏流水灯 I/O 分配表

输 入			输 出		
PLC 输入点	信号名称	命令功能	PLC 输出点	信号名称	备注
I1.1	开关 SW1	运行/停止	Q0.1	指示灯 HL0	DC24V 指示灯
			Q0.3	指示灯 HL1	DC24V 指示灯
			Q0.4	指示灯 HL2	DC24V 指示灯
			Q0.5	指示灯 HL3	DC24V 指示灯
			Q0.6	指示灯 HL4	DC24V 指示灯
			Q0.7	指示灯 HL5	DC24V 指示灯
			Q1.0	指示灯 HL6	DC24V 指示灯
			Q1.1	指示灯 HL7	DC24V 指示灯

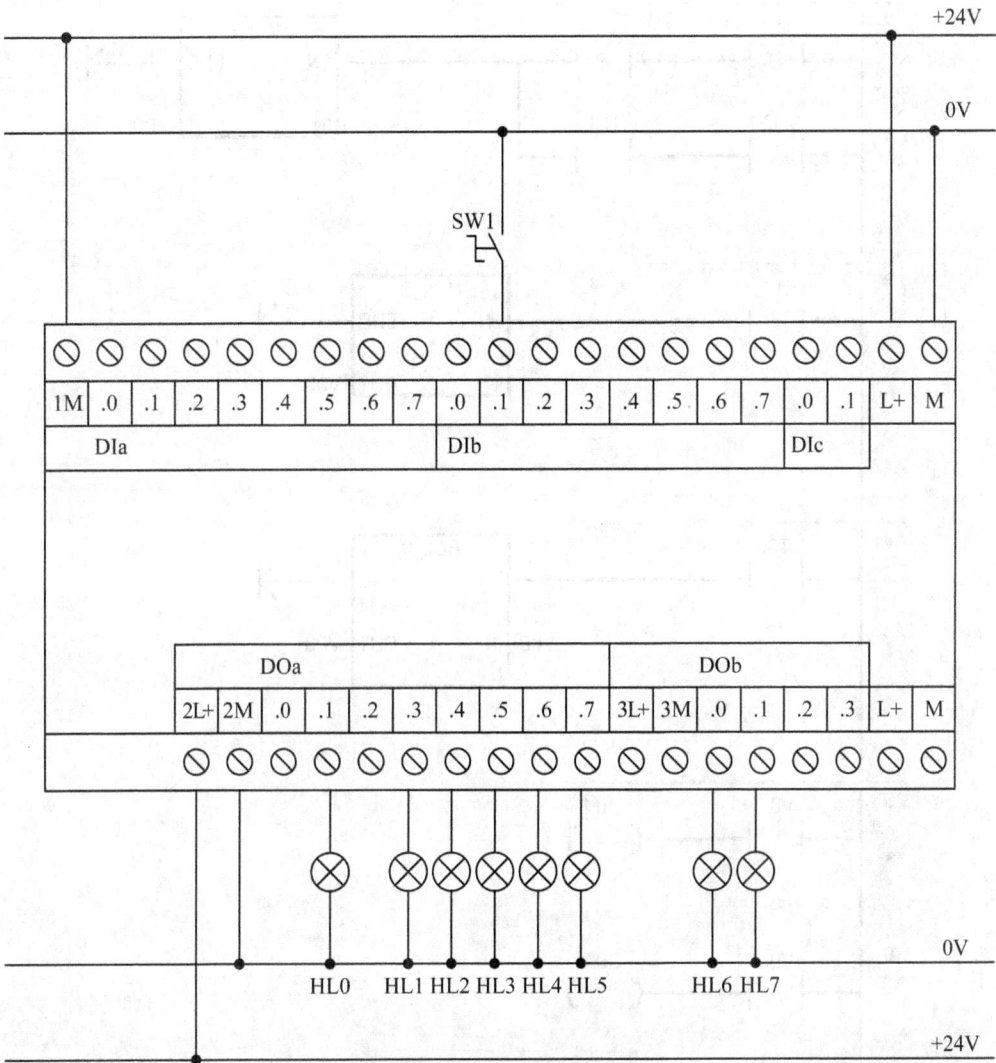

图 3-113 八盏流水灯控制电路

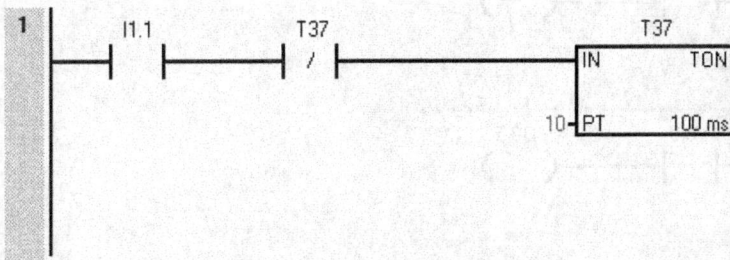

图 3-114 八盏流水灯程序

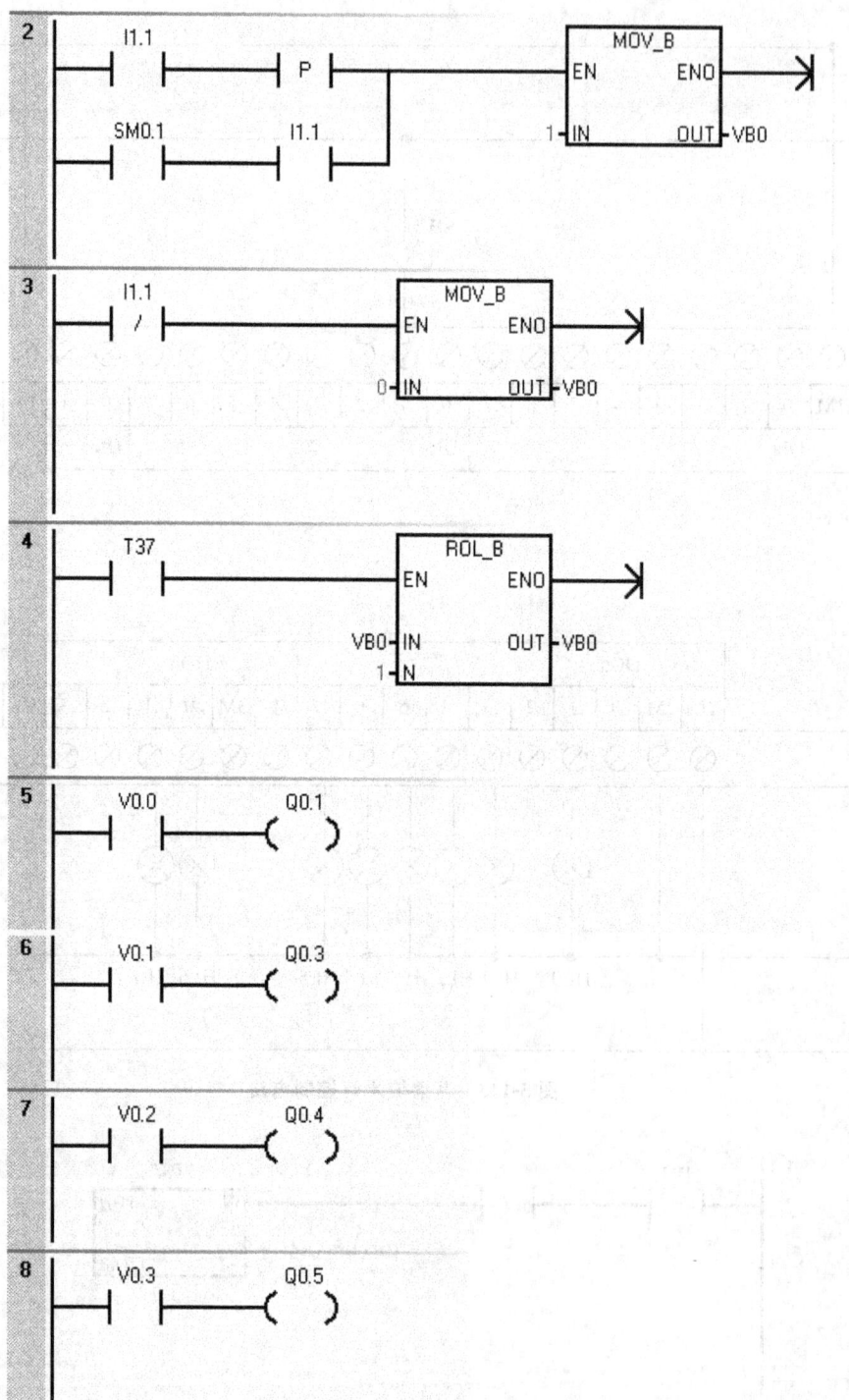

(续)图 3-114 八盏流水灯程序

9 ┤ V0.4 ├──────(Q0.6)

10 ┤ V0.5 ├──────(Q0.7)

11 ┤ V0.6 ├──────(Q1.0)

12 ┤ V0.7 ├──────(Q1.1)

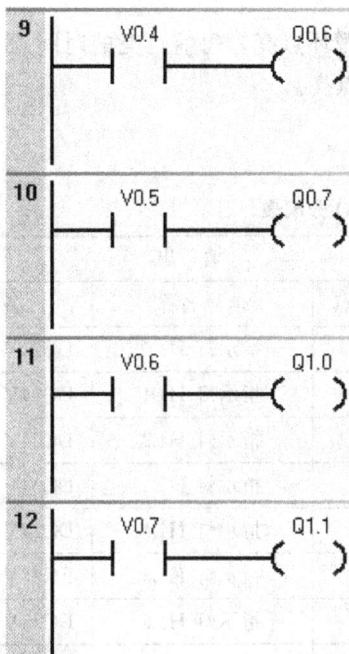

(续)图 3-114 八盏流水灯程序

如图 3-114 所示,当运行开关闭合,I1.1 常开触点接通,程序段 1 中的 T37 定时器在自身常闭触点的控制下开始产生周期为 1s,宽度为 1 个扫描周期的脉冲信号。在此脉冲的控制下,程序段 4 中的字节数据循环移位指令 ROL_B 对 VB0 中的数据进行循环移位。

程序段 5～12 中,VB0 的数据位控制外部八盏 LED 指示灯对应的输出触点,所以 VB0 被移位时,指示灯会顺序依次循环点亮。

当运行开关断开后,I1.1 断开,循环移位过程停止,程序段 3 中的字节传送指令 MOV_B 将 VB0 设置为 0,所以此时指示灯停止循环点亮,全部熄灭。

当运行开关再次闭合,I1.1 再次接通,程序段 2 中的字节传送指令 MOV_B 将 VB0 设置为 2#0000_0001,所以此时指示灯会从 HL0 开始再次循环点亮。

⏱ 技能训练

3.5.6 移位指令应用实训

1. 实训目的

(1)掌握移位指令的应用编程。

(2)掌握利用编程软件进行程序编写、下载运行和监控调试的技能。

2. 任务要求

采用开关 SW1 控制十盏 LED 指示灯 HL0～HL9 实现流水灯效果,控制要求

如下：

(1)开关 SW1 接通时，HL0～HL9 顺序依次循环点亮，每盏灯亮的时间为 1s；

(2)开关 SW1 断开后，LED 指示灯停止循环点亮。

3. 任务实施

(1)规划 I/O 分配，填写表 3-32 I/O 分配表。

表 3-32　十盏流水灯 I/O 分配表

输　入			输　出		
PLC 输入点	信号名称	命令功能	PLC 输出点	信号名称	备注
	开关 SW1	运行/停止		指示灯 HL0	DC24V 指示灯
				指示灯 HL1	DC24V 指示灯
				指示灯 HL2	DC24V 指示灯
				指示灯 HL3	DC24V 指示灯
				指示灯 HL4	DC24V 指示灯
				指示灯 HL5	DC24V 指示灯
				指示灯 HL6	DC24V 指示灯
				指示灯 HL7	DC24V 指示灯
				指示灯 HL8	DC24V 指示灯
				指示灯 HL9	DC24V 指示灯

(2)按照输入输出分配设计控制电路，将 PLC 与外围设备相连。

(3)分析任务要求，规划程序结构。

(4)使用编程软件编写控制程序，将程序下载到 PLC 中运行，采用编程软件的监测功能来输入数据，并观察程序运行结果。

3.6　数学运算指令及其应用

整数和浮点数运算指令都是数学运算指令。数学运算指令包括加法、减法、乘法和除法、三角函数、自然对数、自然指数、平方根、递增和递减等指令，这些指令能够在 PLC 程序设计过程中实现复杂的数学运算。本节我们将学习整数和浮点数运算的梯形图指令、功能及用法等基本知识，分析数学运算指令的典型应用案例，并通过技能训练掌握整数和浮点数运算指令应用的基本方法和技能。

知识引导

3.6.1　数学运算指令

1. 加法指令

(1)加法梯形图指令

加法梯形图指令包括 16 位整数加法指令[图 3-115(a)]、32 位整数加法指令[图 3-115(b)]和实数加法指令[图 3-115(c)]，其梯形图指令如图 3-115 所示。

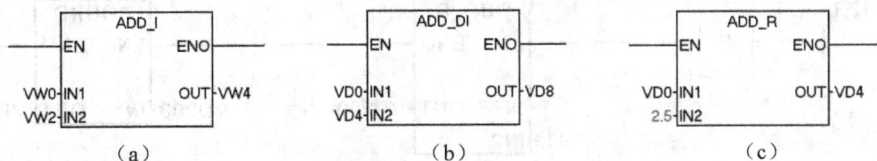

图 3-115　加法梯形图指令

整数加法指令将两个 16 位整数相加，产生一个 16 位整数结果；双字整数加法指令将两个 32 位整数相加，产生一个 32 位整数结果；实数加法（+R）指令将两个 32 位实数相加，产生一个 32 位实数结果。

（2）加法梯形图指令编程示例

图 3-116　加法梯形图指令编程示例

图 3-116 所示程序功能：I2.0 输入信号的上升沿时，把整数 5 和实数 7.5 相加后所得的实数结果存放在 VD104 中。在数学运算程序设计时，先需要将整数 5 转换成实数存放在 VD100 中，再用实数加法指令完成实数 5 和实数 7.5 加法运算，并将结果存放在 VD104 中。

2. 减法指令

（1）减法梯形图指令

减法梯形图指令包括 16 位整数减法指令[图 3-117(a)]、32 位整数减法指令[图 3-117(b)]和实数减法指令[图 3-117(c)]，其梯形图指令如图 3-117 所示。

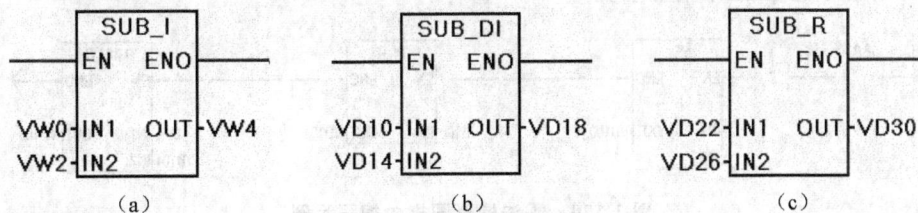

图 3-117　减法梯形图指令

整数减法指令将两个 16 位整数相减，产生一个 16 位整数结果；双字整数减法指令将两个 32 位整数相减，产生一个 32 位整数结果；实数减法（+R）指令将两个 32 位实数相减，产生一个 32 位实数结果。

（2）减法梯形图指令编程示例

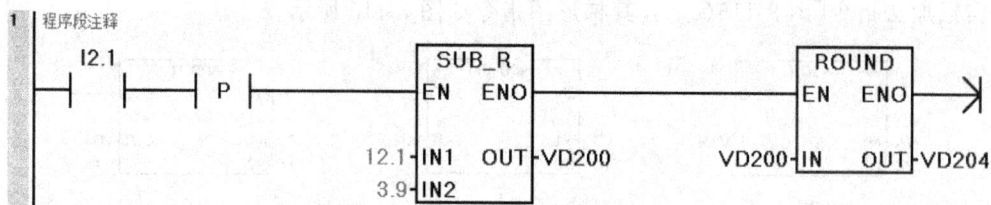

图 3-118　减法梯形图指令编程示例

图 3-118 所示程序功能：I2.1 输入信号的上升沿时，把实数 12.1 和实数 3.9 相减后所得的实数结果取整存放在 VD204 中。在数学运算程序设计时，先需要将实数 12.1 和实数 3.9 相减的实数结果存放在 VD200 中，再用取整指令 ROUND 将 VD200 中实数结果取整，并将取整后的结果存放在 VD204 中。

3. 乘法指令

（1）乘法梯形图指令

乘法梯形图指令包括整数相乘指令［图 3-119（a）］、整数乘法指令［图 3-119（b）］、双整数乘法指令［图 3-119（c）］和实数乘法指令［图 3-119（d）］，其梯形图指令如图 3-119 所示。

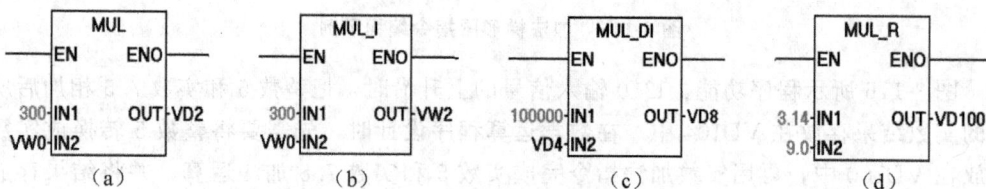

图 3-119　乘法梯形图指令

整数相乘指令，将两个 16 位整数相乘，产生一个 32 位双整数结果；整数乘法指令将两个 16 位整数相乘，产生一个 16 位结果；双整数乘法指令将两个 32 位整数相乘，产生一个 32 位结果；实数乘法指令将两个 32 位实数相乘，产生一个 32 位实数结果。

（2）乘法梯形图指令编程示例

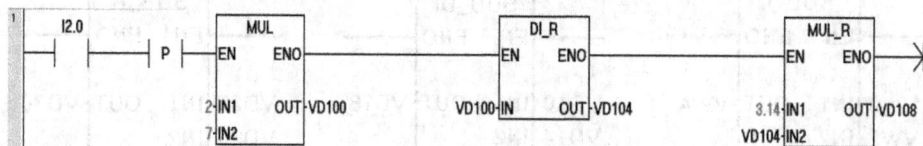

图 3-120　乘法梯形图指令编程示例

如图 3-120 所示程序功能：I2.0 输入信号的上升沿时，计算半径为 7m 的圆的周长，并把所得的实数结果存放在 VD108 中。在数学运算程序设计时，需要先用整数相乘指令求圆的直径 2 * 7 并存放在 VD100 中，然后将整数 VD100 转换为实数 VD104，最后用实数乘法指令计算圆的周长 3.14 * VD104 并把结果存放在 VD108 中。

4. 除法指令

(1)除法梯形图指令

除法梯形图指令包括带余数的整数除法指令[图 3-121(a)]、整数除法指令[图 3-121(b)]、双整数除法指令[图 3-121(c)]和实数除法指令[图 3-121(d)]，其梯形图指令如图 3-121 所示。

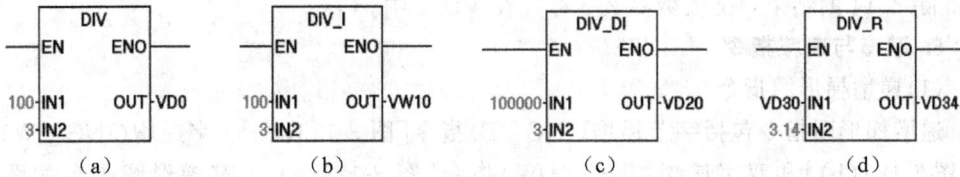

图 3-121　除法梯形图指令

带余数的整数除法指令将两个 16 位整数相除，产生一个 32 位结果，该结果包括一个 16 位的余数(最高有效字)和一个 16 位的商(最低有效字)；整数除法指令将两个 16 位整数相除，产生一个 16 位结果(不保留余数)；双整数除法指令将两个 32 位整数相除，产生一个 32 位结果(不保留余数)；实数除法(/R)指令将两个 32 位实数相除，产生一个 32 位实数结果。

(2)除法梯形图指令编程示例

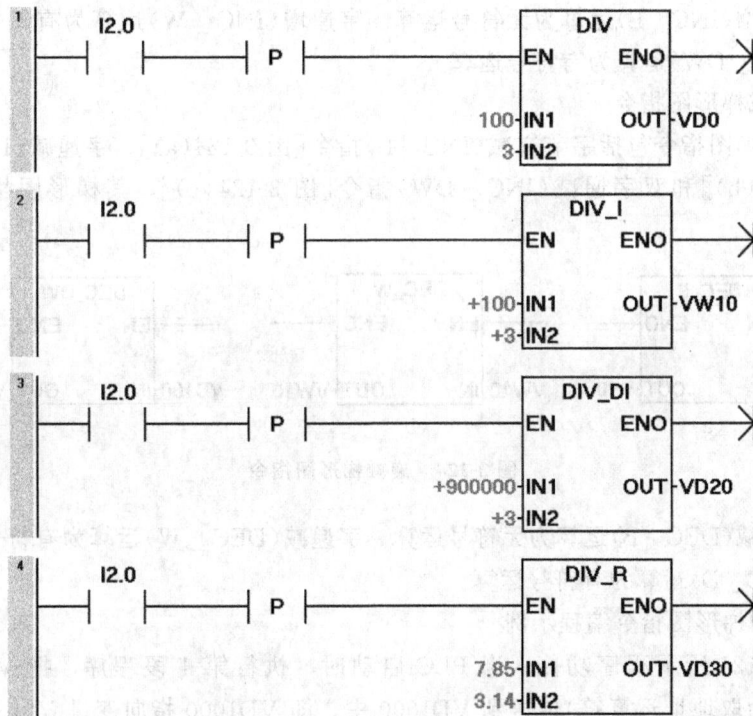

图 3-122　除法梯形图指令编程示例

如图 3-122 所示程序功能：第 1 段程序，当 I2.0 输入信号的上升沿时，计算 100 除 3 的结果，把商 33 存放在 VW0(最低有效字)中，把余数 1 存放在 VW2(最高有效字)中；第 2 段程序，当 I2.0 输入信号的上升沿时，计算 100 除 3 的结果，把商 33 存放在 VW10 中；第 3 段程序，当 I2.0 输入信号的上升沿时，计算 900000 除 3 的结果，把商 300000 存放在 VD20 中；第 4 段程序，当 I2.0 输入信号的上升沿时，计算 7.85 除 3.14 的结果，把实数商 2.5 存放在 VD30 中。

5. 递增与递减指令

(1)递增梯形图指令

递增梯形图指令包括字节递增(INC _ B)指令[图 3-123(a)]、字递增(INC _ W)指令[图 3-123(b)]和双字递增(INC _ DW)指令[图 3-123(c)]，其梯形图指令如图 3-123 所示。

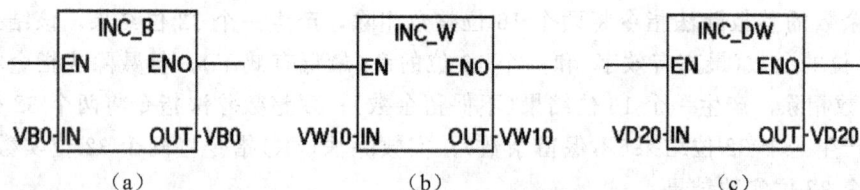

图 3-123　递增梯形图指令

字节递增(INC _ B)运算为无符号运算。字递增(INC _ W)运算为有符号运算。双字递增(INC _ DW)运算为有符号运算。

(2)递减梯形图指令

递减梯形图指令包括字节递减(INC _ B)指令[图 3-124(a)]、字递减(INC _ W)指令[图 3-124(b)]和双字递减(INC _ DW)指令[图 3-124(c)]，其梯形图指令如图 3-124 所示。

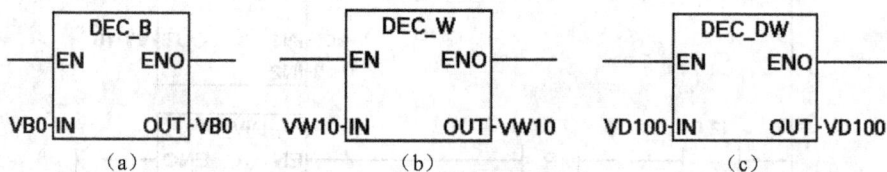

图 3-124　递减梯形图指令

字节递减(DEC _ B)运算为无符号运算。字递减(DEC _ W)运算为有符号运算。双字递减(DEC _ D)运算为有符号运算。

(3)递增梯形图指令编程示例

如图 3-125 所示程序功能：当 PLC 启动时，执行第 1 段程序，把 VB0 的地址 &VB0(& 为取地址运算符)传送到 VD1000 中，即 VD1000 指向变量 VB0；第 2 段程序，在第一次 I2.0 输入信号的上升沿时，MOV _ B 指令把整数 1 传送到 VD1000 指向的变量 VB0 中(* VD1000 即表示 VD1000 指向的变量)，INC _ DW 指令把 VD1000 存

图 3-125　递增梯形图指令编程示例

放的地址加 1，即使 VD1000 指向下一个变量 VB1；第 2 段程序，在第二次 I2.0 输入信号的上升沿时，MOV_B 指令把整数 1 传送到 VD1000 指向的变量 VB1 中，INC_DW 指令把 VD1000 存放的地址加 1，即使 VD1000 指向下一个变量 VB2，以此类推第 N 次 I2.0 输入信号的上升沿时程序的执行情况。

6. 平方根(SQRT)指令

(1)平方根(SQRT)梯形图指令

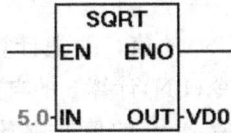

图 3-126　平方根梯形图指令

平方根指令(SQRT)(图 3-126)计算实数(IN)的平方根，产生一个实数结果 OUT。

(2)平方根(SQRT)指令编程示例

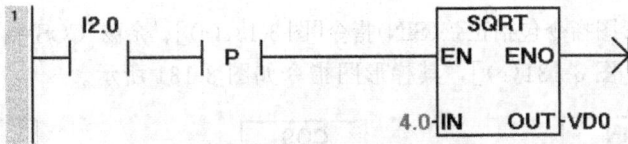

图 3-127　平方根指令编程示例

图 3-127 所示程序功能：当 I2.0 输入信号的上升沿时，平方根(SQRT)指令计算 4.0 的平方根，并把结果 2.0 存放在 VD0 中。

7. 自然对数与自然指数指令

(1)自然对数(LN)梯形图指令

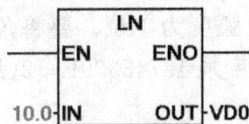

图 3-128　自然对数梯形图指令

自然数 e 是一个无限不循环小数，其值约等于 2.718281828…。自然对数指令（LN）（图 3-128）对 IN 中的值执行自然对数运算，并在 OUT 中输出结果。

（2）自然指数（EXP）梯形图指令

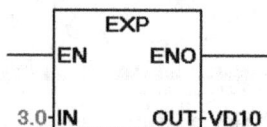

图 3-129   自然指数梯形图指令

自然指数指令（EXP）（图 3-129）执行以 e 为底，以 IN 中的值为幂的指数运算，并在 OUT 中输出结果。

（3）自然对数与自然指数指令编程示例

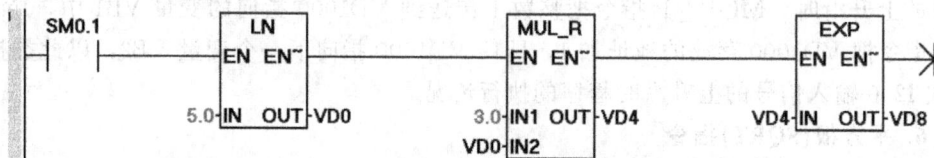

图 3-130   自然对数与自然指数指令编程示例

图 3-130 所示程序功能：计算 5^3 的值，并把计算结果存放在 VD8 中。计算依据 $5^3 = EXP[3\ln 5]$，先用自然对数指令（LN）计算 5 的自然对数 $\ln 5$ 的值并存放在 VD0 中，再用实数乘法指令（MUL _ R）计算 $3\ln 5$ 的值并存放在 VD4 中，最后用自然指数指令（EXP）计算 $EXP[3\ln 5]$ 即 5^3 的值，并存放在 VD8 中。依此计算原理，利用自然对数与自然指数指令可计算任意数 m 的 n 次方的值 m^n。

8. 三角函数梯形图指令

（1）三角函数梯形图指令

三角函数梯形图指令包括正弦（SIN）指令[图 3-131(a)]、余弦（COS）指令[图 3-131(b)]和正切（TAN）指令[图 3-131(c)]，其梯形图指令如图 3-131 所示。

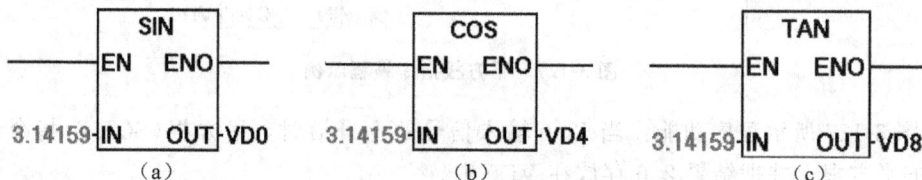

图 3-131   三角函数梯形图指令

正弦（SIN）、余弦（COS）和正切（TAN）指令计算角度值 IN 的三角函数，并在 OUT 中输出结果。输入角度值以弧度为单位。要将角度从度转换为弧度，使用 MUL _ R（*R）指令将以度为单位的角度乘 $1.745329E-2$（约为 $\pi/180$）来转换。

（2）三角函数指令编程示例

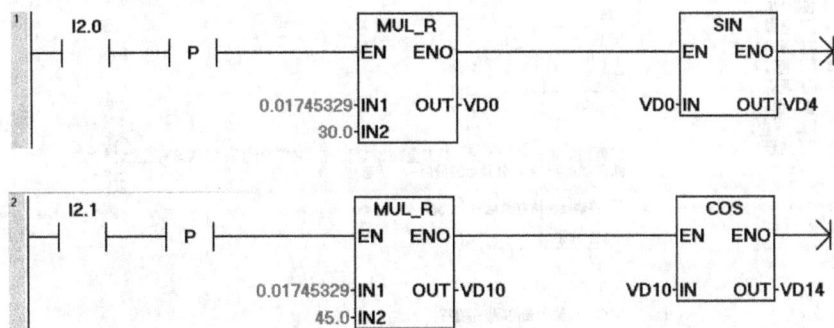

图 3-132　三角函数指令编程示例

图 3-132 所示程序功能：当 I2.0 输入信号的上升沿时，先用乘法（MUL_R）指令计算 30°对应的弧度（每 1°对应 0.01745329 弧度）并把结果存放在 VD0 中，再用正弦（SIN）函数指令计算 30°的正弦值并存放在 VD4 中；当 I2.1 输入信号的上升沿时，先用乘法（MUL_R）指令计算 45°对应的弧度并把结果存放在 VD10 中，再用余弦（COS）函数指令计算 45°的余弦值并存放在 VD14 中。

对于数学函数指令，SM1.1 用于指示溢出错误和非法值。如果 SM1.1 置位，则 SM1.0 和 SM1.2 的状态无效，原始输入操作数不变。如果 SM1.1 未置位，则数学运算已完成且结果有效，并且 SM1.0 和 SM1.2 包含有效状态。

技能引导

3.6.2　数学运算指令应用举例

［例 3-13］S7-200 Smart ST30 PLC 与模拟量模块 EM AM06（4AI/2AQ）组成系统，系统硬件组态如图 3-133 所示，应用要求向 VD0 中输入 5～50Hz 的实数，模拟量模块输出通道 0 对应输出 0～10V 的模拟电压，进而让模拟量控制下的变频器 MM420 运行在对应的频率，按要求编写应用程序。

图 3-133　PLC 系统硬件组态

(续) 图 3-133　PLC 系统硬件组态

编写 PLC 应用程序如图 3-134 所示。

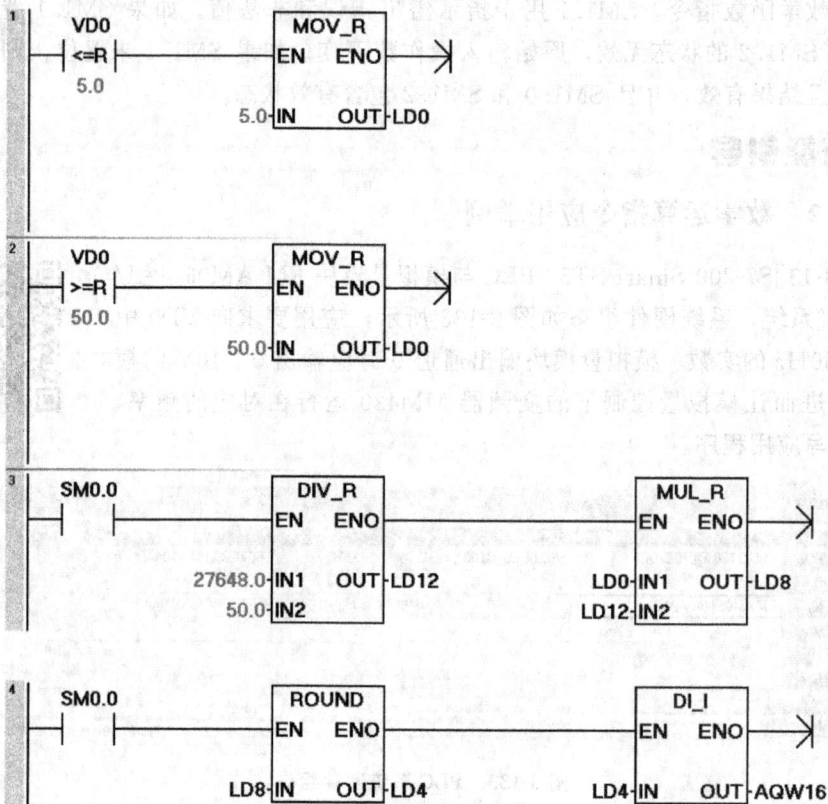

图 3-134　程序

如图 3-134 所示，第 1～2 段程序，处理输入给 VD0 中的实数范围，如果 VD0 中的实数小于等于 5 则给 LD0 赋值 5.0，如果 VD0 中的实数大于 50 则给 LD0 赋值 50.0；第 3 段程序，把 LD0 存放的实数 0～50.0 转换成实数 0～27648.0，并存放在内部变量 LD8 中；第 4 段程序，把 LD8 存放的实数取整，并把取整后的双字整型数据 0～27648 转换成双字节整数，从模拟量模块输出通道 0（地址 AQW16）输出（0～27648 对应模拟输出电压 0～10V）。

技能训练

3.6.3　数学运算指令应用实训

1. 实训目的

(1) 掌握数学运算指令的应用技能。

(2) 掌握 PLC 编程设计和调试方法。

2. 任务要求

S7-200 Smart ST30 PLC 与模拟量模块 EM AM06(4AI/2AQ) 组成系统，系统硬件组态如图 3-135 所示，要求把从模拟输入通道 0 中输入的 0～10V 电压，转换处理后存放在变量 VD100 中，存放电压值的范围对应为 0～10000mV，按要求编写应用程序。

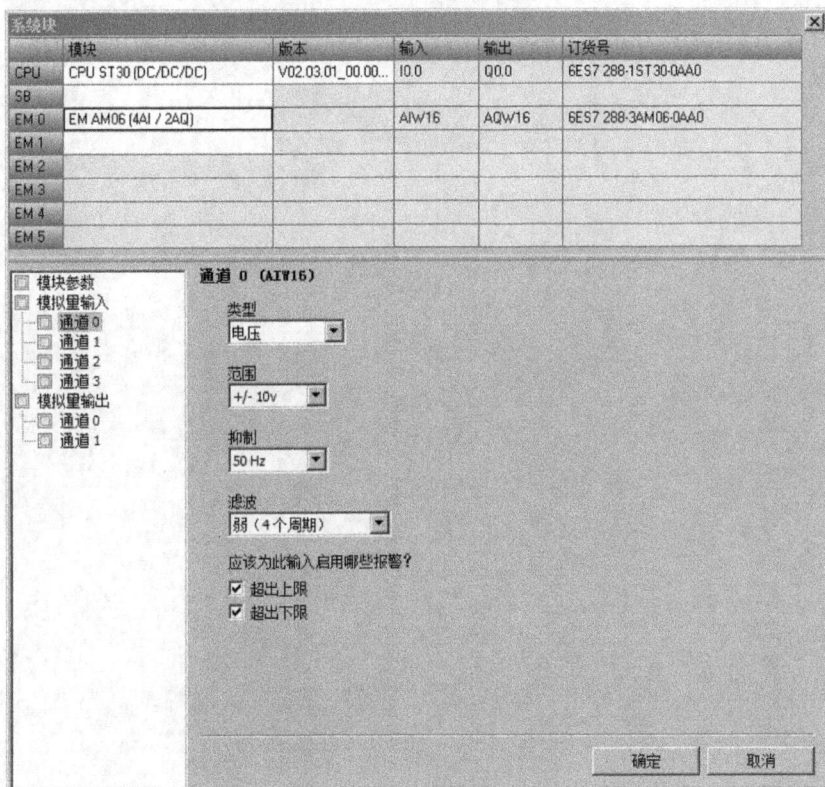

图 3-135　PLC 系统硬件组态

3. 任务实施

(1)按照系统要求组建 PLC 控制系统硬件。

(2)按照任务要求设计 PLC 程序。

编程提示：模拟输入通道 0 中输入的 0~10V 电压，对应的转换数值 0~27648，存放在模拟输入通道 0 对应的地址 AIW16 中；编程需要将 AIW16 的整型数据变成实型后再做处理计算，以确保计算结果的精度。

(3)将程序下载到 PLC 中运行，并采用监控模式观察运行结果情况。

第 4 单元　步进顺控指令及其应用

步进顺控指令是 PLC 最重要的程序控制指令，本单元以西门子 S7-200 Smart 系列 PLC 的步进指令为例，详细阐述指令功能和使用的基本知识，结合典型 PLC 应用编程案例分析步进指令应用的基本方法和技巧，精心设计实训任务训练巩固步进指令的基本应用技能，适合"教、学、做"一体化教学。

本单元包括内容有：步进顺控指令认知、单流程的程序设计举例、选择性流程的程序设计举例、并行性流程的程序设计举例和步进顺控指令应用实训。通过对本单元内容的学习，达到灵活运用步进指令的目标，为进一步学习 PLC 编程打下坚实的基础。

学习导航

学习目标	知识目标	掌握单流程的程序设计； 掌握选择性流程的程序设计； 掌握并行性流程的程序设计； 掌握步进顺控指令应用
	技能目标	培养 PLC 控制系统程序调试和程序设计的基本能力
	素养目标	培养团结协作和创新思维能力，及求真务实的工作态度。
	思政目标	弘扬劳模精神、劳动精神、工匠精神。
教学引导	知识准备	步进顺控指令认知
	技能准备	单流程的程序设计举例； 选择性流程的程序设计举例； 并行性流程的程序设计举例
	技能训练	步进顺控指令应用实训
	建议学时	6 学时

知识引导

▶ 4.1　步进顺控指令

步进顺控指令为 PLC 程序提供简单但强大的状态控制编程技术。PLC 应用程序包含一系列必须重复执行的操作时，可以使用步进指令来结构化程序，使其直接与应用程序相对应，快速轻松地设计和调试应用程序。西门子 S7-200 Smart 系列 PLC 的步进指令，包含 SCR(顺控继电器)指令[图 4-1(a)]、SCRT 指令[图 4-1(b)]和 SCRE 指令[图 4-1(c)]。其梯形图 LAD 指令如图 4-1 所示。

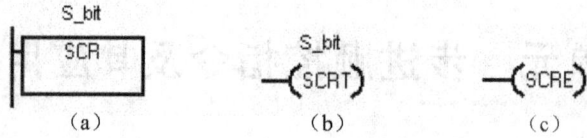

图 4-1　步进顺控指令

SCR 指令将该指令所引用的 S 位的值装载到 SCR 和逻辑堆栈，即步进启动；SCRT 指令标识要启用的 SCR 位(要设置的下一个 S _ bit)，即步进转移；SCRE 指令终止执行 SCR 段，即步进结束。

一个包含 5 段程序的典型步进顺控编程示例分析。

第 1 段程序：在 PLC 启动的第一个扫描周期，初始化状态变量 S0.1 为 1。

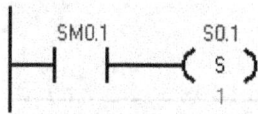

图 4-2　第 1 段程序

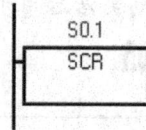

图 4-3　第 2 段程序

第 2 段程序：S0.1 状态为 1 时，SCR 指令启动第一个状态 S0.1 对应的步，该步对应的程序(第 2 段至第 5 段)才能被扫描执行。

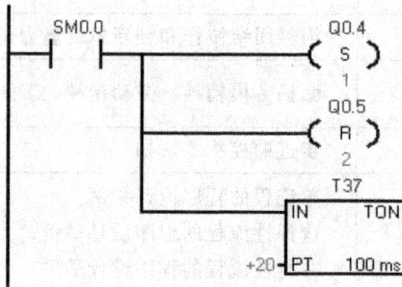

图 4-4　第 3 段程序

第 3 段程序：步进程序进入第一个状态 S0.1 时，执行的任务。

第 4 段程序：步进程序在条件 T37 满足时，SCRT 指令完成由第一个状态 S0.1 向第二个状态 S0.2 转移。

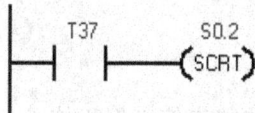

图 4-5　第 4 段程序

图 4-6　第 5 段程序

第 5 段程序：SCRE 指令，步进程序的第一个状态 S0.1 结束。

以上 5 段程序构成步进顺控编程的一个典型的"步"，包含 SCR(顺控继电器)指令、SCRT 指令和 SCRE 指令的典型应用方法。

技能引导

▶ 4.2　单流程的程序设计举例

使用步进指令来结构化程序设计时，程序的流程按照单一顺序执行，这种结构的程序即单流程程序。单流程程序是 PLC 应用编程常用的程序结构，下面举例说明使用步进指令完成单流程程序设计方法和技巧。

[例 4-1]PLC 控制电路如图 4-7 所示，接线端口信号端子的分配详见表 4-1，控制要求如下：

(1)按下按钮 SB0，指示灯 HL0—HL1—HL2—HL3—HL0⋯间隔 1s 轮流点亮，并循环；

(2)按下按钮 SB1，指示灯 HL0～HL3 全部立即熄灭。

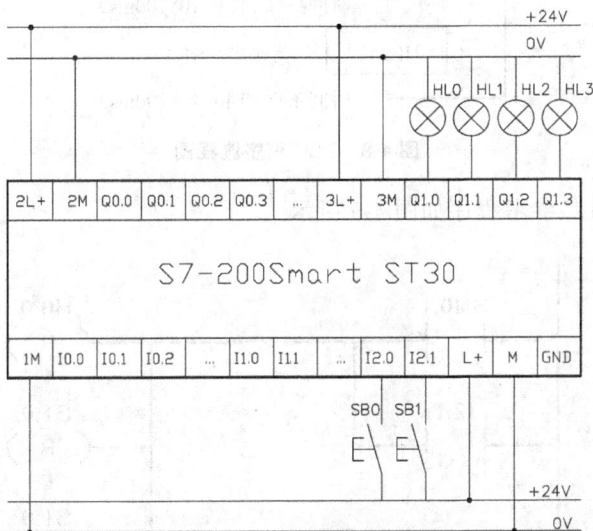

图 4-7　PLC 控制电路

表 4-1　控制元件及接线端子分配表

输　入			输　出		
PLC 输入点	信号名称	备注	PLC 输出点	信号名称	备注
I2.0	按钮 SB0	灯启动	Q1.0	指示灯 HL0	DC24V 指示灯
I2.1	按钮 SB1	灯熄灭	Q1.1	指示灯 HL1	DC24V 指示灯
			Q1.2	指示灯 HL2	DC24V 指示灯
			Q1.3	指示灯 HL3	DC24V 指示灯

设计 PLC 程序流程图如图 4-8 所示。

```
            开始
             │
             ▼
  ┌──────► 待命状态      第0步: S1.0
  │          │ 启动条件（M0.0）
  │          ▼
  │        HL0 亮        第1步: S1.1
  │          │ 时间条件（T37=10*100ms）
  │          ▼
  │        HL1 亮        第2步: S1.2
  │          │ 时间条件（T38=10*100ms）
  │          ▼
  │        HL2 亮        第3步: S1.3
  │          │ 时间条件（T39=10*100ms）
  │          ▼
  │        HL3 亮        第4步: S1.4
  │          │ 时间条件（T40=10*100ms）
  └──────────┘
```

图 4-8　PLC 程序流程图

编写单流程 PLC 参考程序如图 4-9 所示。

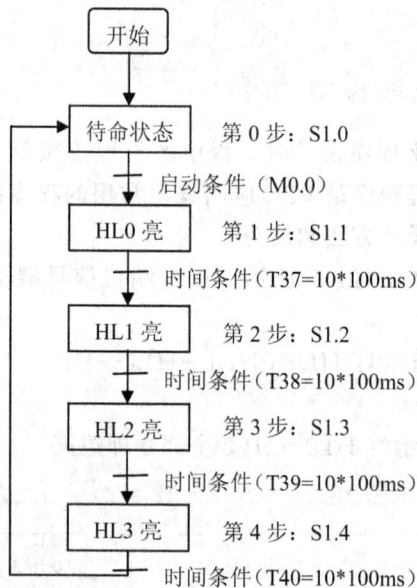

图 4-9　参考程序

4 | 输入注释

```
    M0.0            S1.1
  ──┤├──          ─(SCRT)
```

5 | 输入注释

```
  ─(SCRE)
```

6 | 输入注释

```
      S1.1
  ┌──────────┐
  │  SCR     │
  └──────────┘
```

7 | 输入注释

```
    S1.1            Q1.0
  ──┤├──          ─(    )
                │
                │           T37
                │        ┌─────────┐
                └────────┤IN    TON│
                         │         │
                    10 ──┤PT 100 ms│
                         └─────────┘
```

8 | 输入注释

```
    T37             S1.2
  ──┤├──          ─(SCRT)
```

9 | 输入注释

```
  ─(SCRE)
```

10 | 输入注释

```
      S1.2
  ┌──────────┐
  │  SCR     │
  └──────────┘
```

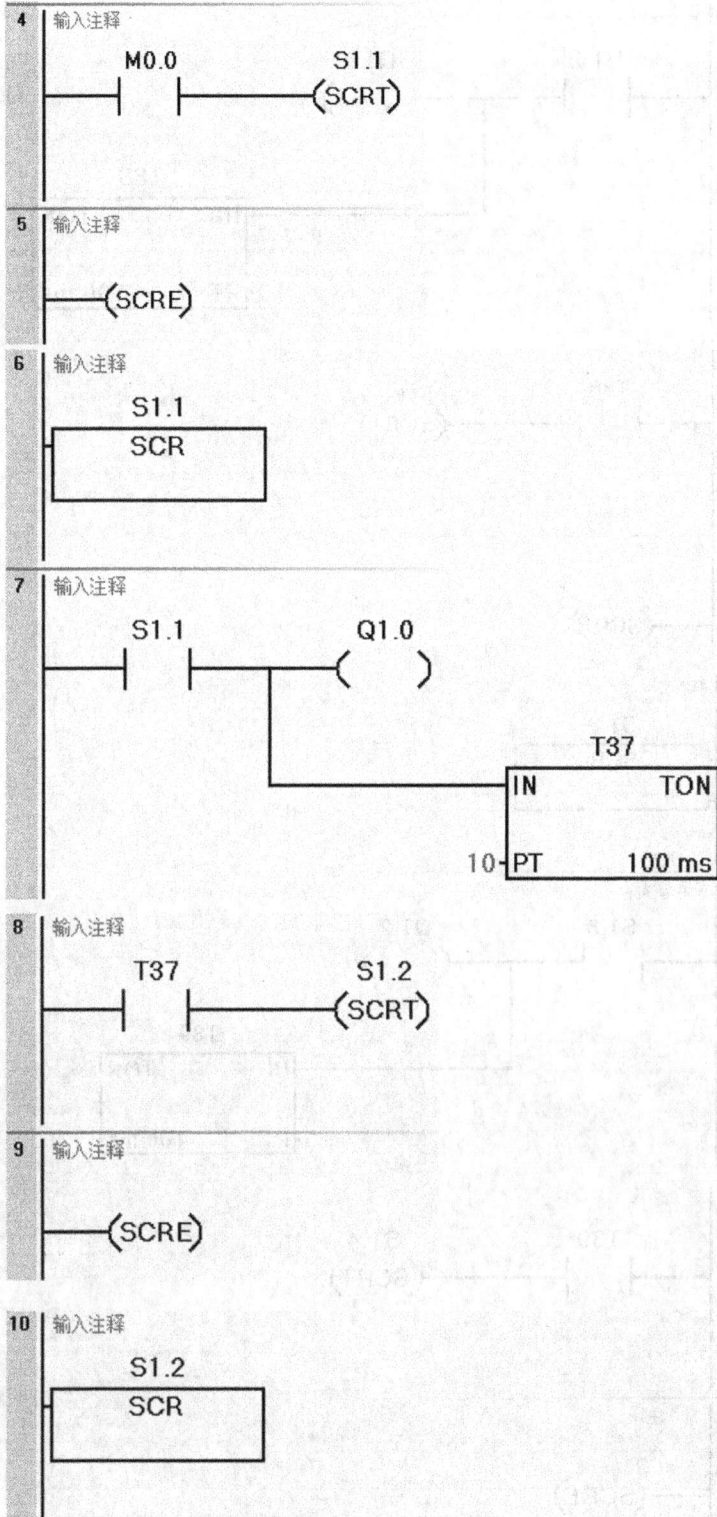

(续)图 4-9　参考程序

11 输入注释

S1.2 Q1.1

T38
IN TON
10—PT 100 ms

12 输入注释

T38 S1.3
(SCRT)

13 输入注释

(SCRE)

14 输入注释

S1.3
SCR

15 输入注释

S1.3 Q1.2

T39
IN TON
10—PT 100 ms

16 输入注释

T39 S1.4
(SCRT)

17 输入注释

(SCRE)

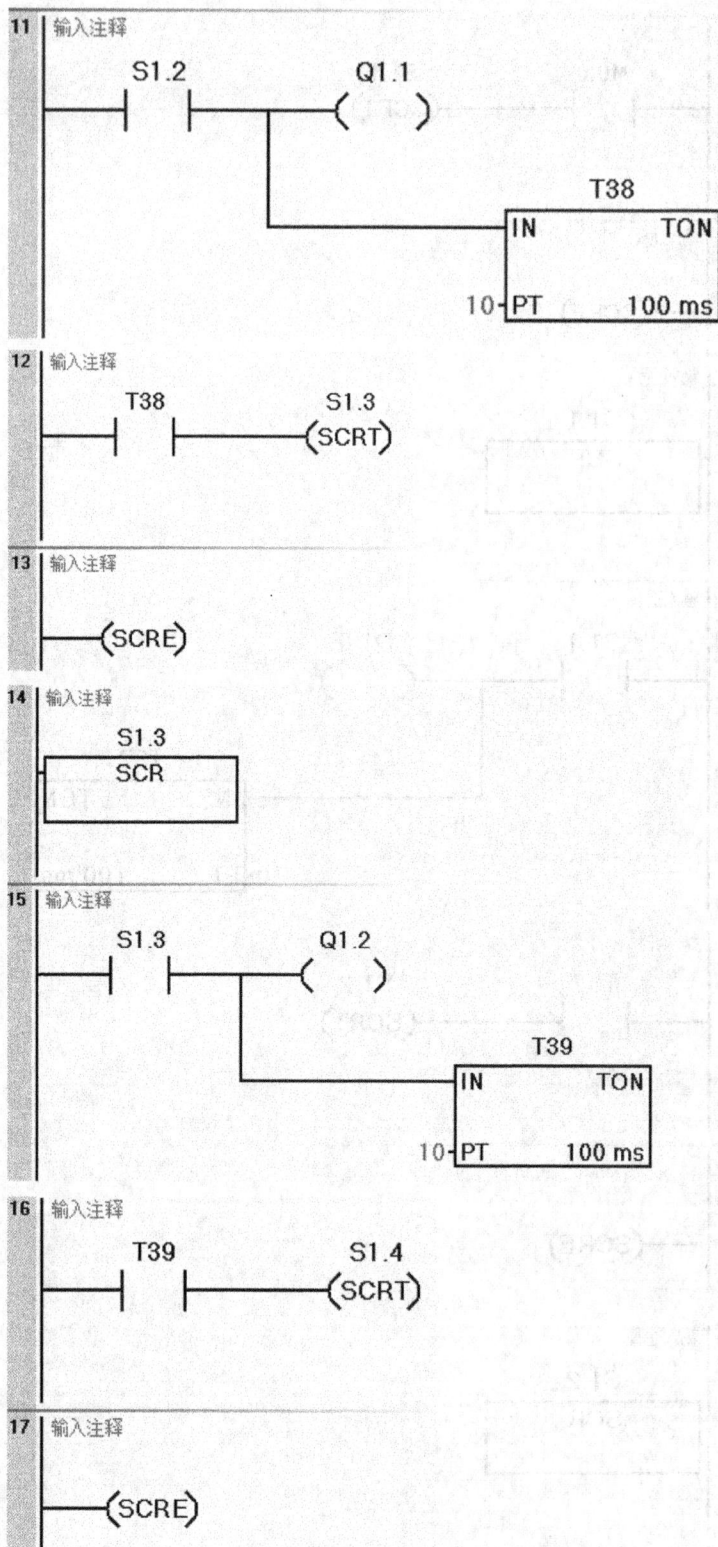

(续)图 4-9　参考程序

18 输入注释

```
        S1.4
        SCR
```

19 输入注释

```
        S1.4              Q1.3
        | |              (   )

                              T40
                         IN       TON

                      10-PT      100 ms
```

20 输入注释

```
        T40              S1.0
        | |             (SCRT)
```

21 输入注释

```
        (SCRE)
```

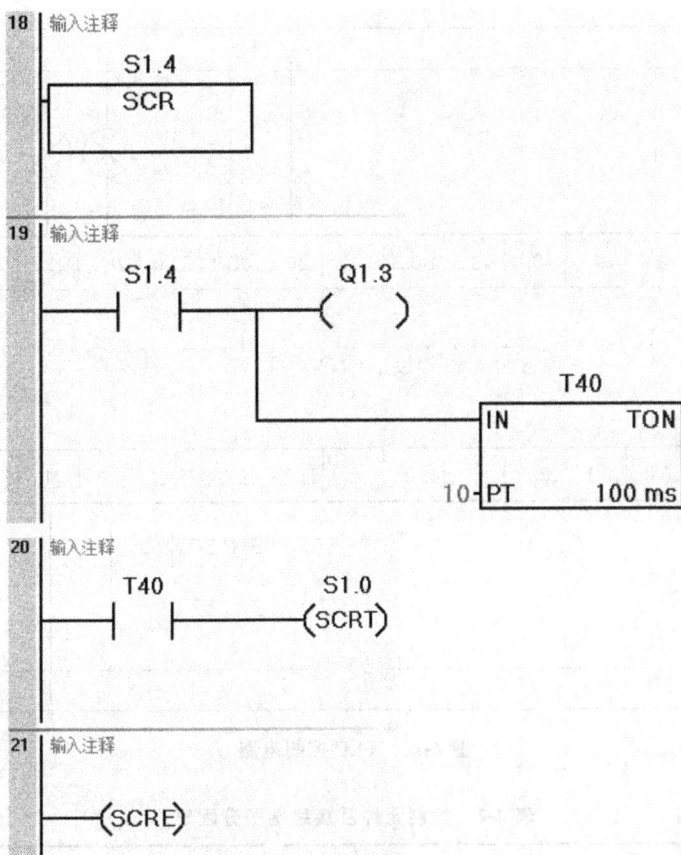

(续)图 4-9　参考程序

4.3　选择性流程的程序设计举例

使用步进指令来结构化程序设计时，程序的流程具有多个可选择执行的分支，这种结构的程序即选择性流程程序。选择性流程是 PLC 应用编程常用的程序结构，下面举例说明使用步进指令完成选择性流程程序设计方法和技巧。

[例 4-2]电动机正反转控制程序设计，PLC 控制电路如图 4-10 所示，接线端口信号端子的分配详见表 4-2，灯 HL1 代表电动机正转接触器 KM1，灯 HL2 代表电动机反转接触器 KM2，控制要求如下：

(1)按下正转按钮 SB1，电动机正转，即指示灯 HL1 点亮；

(2)按下反转按钮 SB2，电动机反转，即指示灯 HL2 点亮；

(3)按下停止按钮 SB0，电动机立即停转；

(4)电动机正/反转时，只能接受停止按钮 SB0 的命令，即直接切换正/反转运行状态无效。

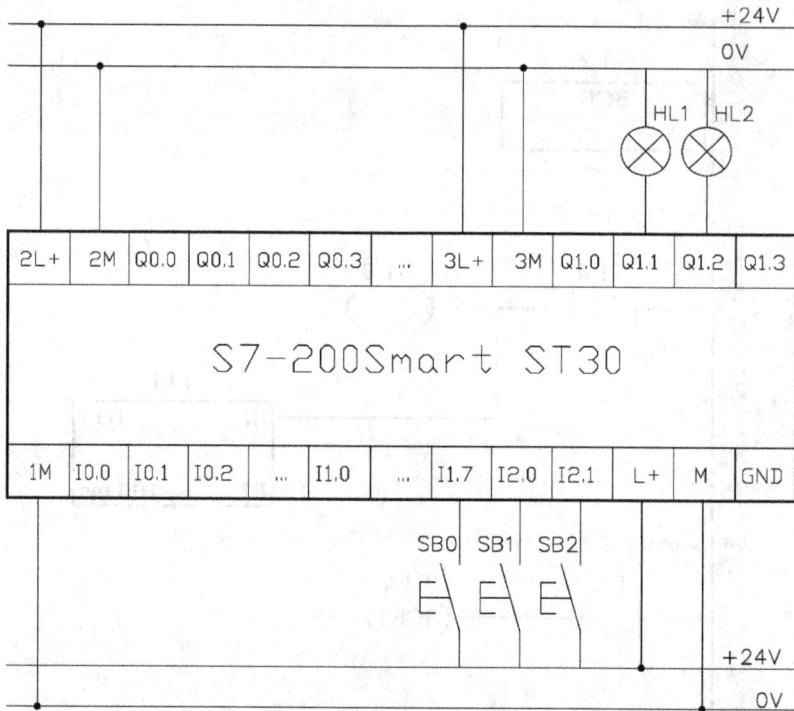

图 4-10 PLC 控制电路

表 4-2 控制元件及接线端子分配表

输 入			输 出		
PLC 输入点	信号名称	备注	PLC 输出点	信号名称	备注
I1.7	按钮 SB0	停止	Q1.1	指示灯 HL1	代表正转 KM1
I2.0	按钮 SB1	正转	Q1.2	指示灯 HL2	代表反转 KM2
I2.1	按钮 SB2	反转			

设计 PLC 程序流程图如图 4-11 所示。

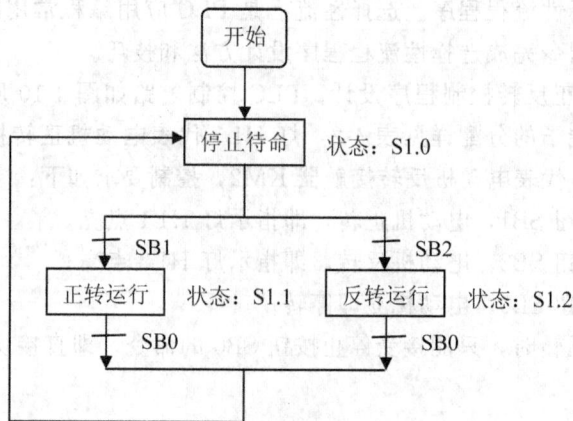

图 4-11 选择性流程 PLC 程序流程图

按要求编写选择性流程 PLC 参考程序如图 4-12 所示。

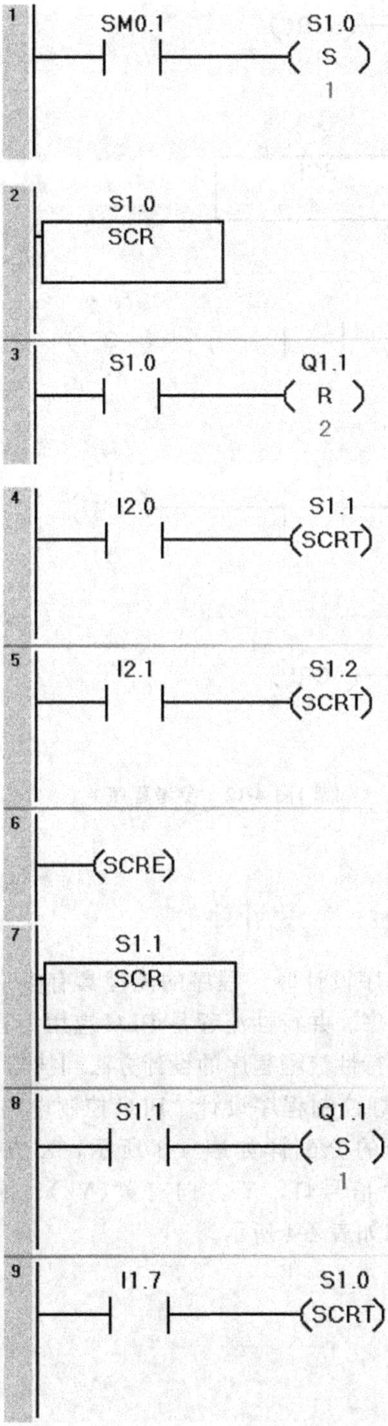

```
1 │   SM0.1           S1.0
  ├───┤ ├─────────────( S )
  │                      1

2 │   S1.0
  ├──┌──────────┐
  │  │  SCR     │
  │  └──────────┘

3 │   S1.0            Q1.1
  ├───┤ ├─────────────( R )
  │                      2

4 │   I2.0            S1.1
  ├───┤ ├─────────────(SCRT)

5 │   I2.1            S1.2
  ├───┤ ├─────────────(SCRT)

6 │
  ├───────────────────(SCRE)

7 │   S1.1
  ├──┌──────────┐
  │  │  SCR     │
  │  └──────────┘

8 │   S1.1            Q1.1
  ├───┤ ├─────────────( S )
  │                      1

9 │   I1.7            S1.0
  ├───┤ ├─────────────(SCRT)
```

图 4-12　参考程序

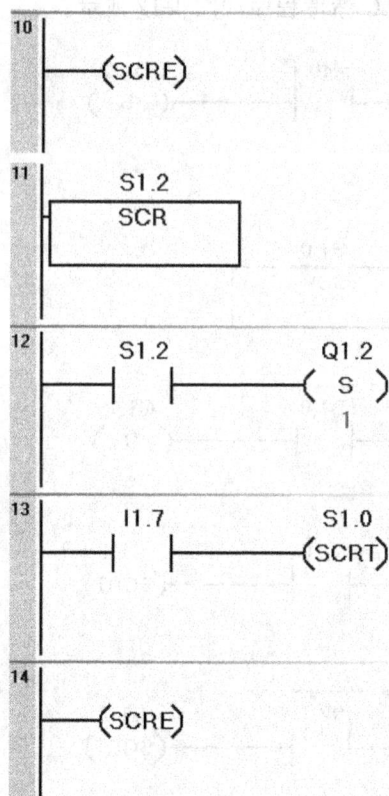

(续)图 4-12　参考程序

▶ 4.4　并行性流程的程序设计举例

使用步进指令来结构化程序设计时，程序的流程具有多个同时执行的分支，这种结构的程序即为并行性流程程序。并行性流程是 PLC 应用编程常用的程序结构，下面举例说明使用步进指令完成并行性流程程序的设计方法和技巧。

[例 4-3]某十字路口交通灯控制程序设计，PLC 控制电路如图 4-13 所示，接线端口信号端子的分配详如表 4-3 所示，X 方向有黄（Y1）、绿（G1）、红（R1）三色信号灯，Y 方向有黄（Y2）、绿（G2）、红（R2）三色信号灯，控制要求如表 4-4 所示。

表 4-3　控制元件及接线端子分配表

输　入			输　出		
PLC 输入点	信号名称	备注	PLC 输出点	信号名称	备注
I2.0	按钮 SB1	启动	Q0.4	X 方向红灯 R1	本例简化各方向三色信号灯仅接 1 个，如有 2 个可并联在输出点上。
I2.1	按钮 SB2	停止	Q0.5	Y 方向红灯 R2	
			Q0.6	X 方向绿灯 G1	
			Q0.7	Y 方向绿灯 G2	
			Q1.2	X 方向黄灯 Y1	
			Q1.3	Y 方向黄灯 Y2	

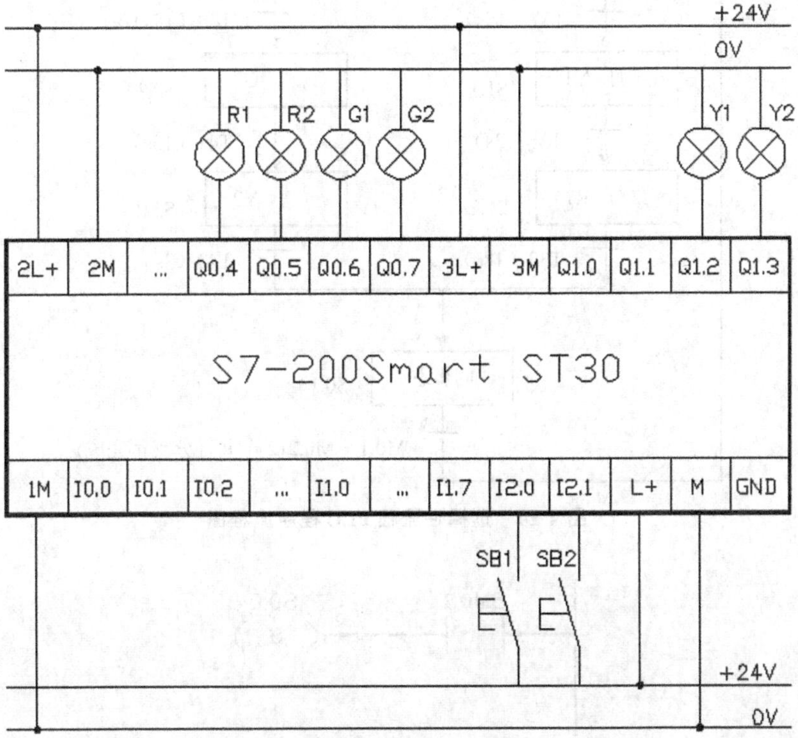

图 4-13　PLC 控制电路

表 4-4　控制要求

状态	X 方向信号灯循环控制	状态	Y 方向信号灯循环控制
S1.0	绿灯 G1 亮 15s，其他灯灭	S2.0	红灯 R2 亮 18s，其他灯灭
S1.1	黄灯 Y1 亮 3s，其他灯灭		
S1.2	红灯 R1 亮 18s，其他灯灭	S2.1	绿灯 G2 亮 15s，其他灯灭
		S2.2	黄灯 Y2 亮 3s，其他灯灭

十字路口交通灯 PLC 控制程序流程图如图 4-14 所示。

按某十字路口交通灯的控制要求，编写并行性流程 PLC 程序如图 4-15 所示。

图 4-14 选择性流程 PLC 程序流程图

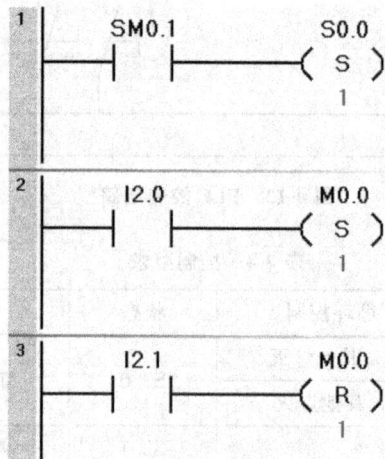

图 4-15 参考程序

4
S0.0
SCR

5
S0.0   M0.1
─┤ ├──────(R)
              2

6
M0.0   S1.0
─┤ ├──────(SCRT)

         S2.0
         (SCRT)

7
─(SCRE)

8
S1.0
SCR

9
S1.0   Q0.6
─┤ ├──────( )

              T37
              IN   TON

        150─PT   100 ms

10
T37   S1.1
─┤ ├──────(SCRT)

11
─(SCRE)

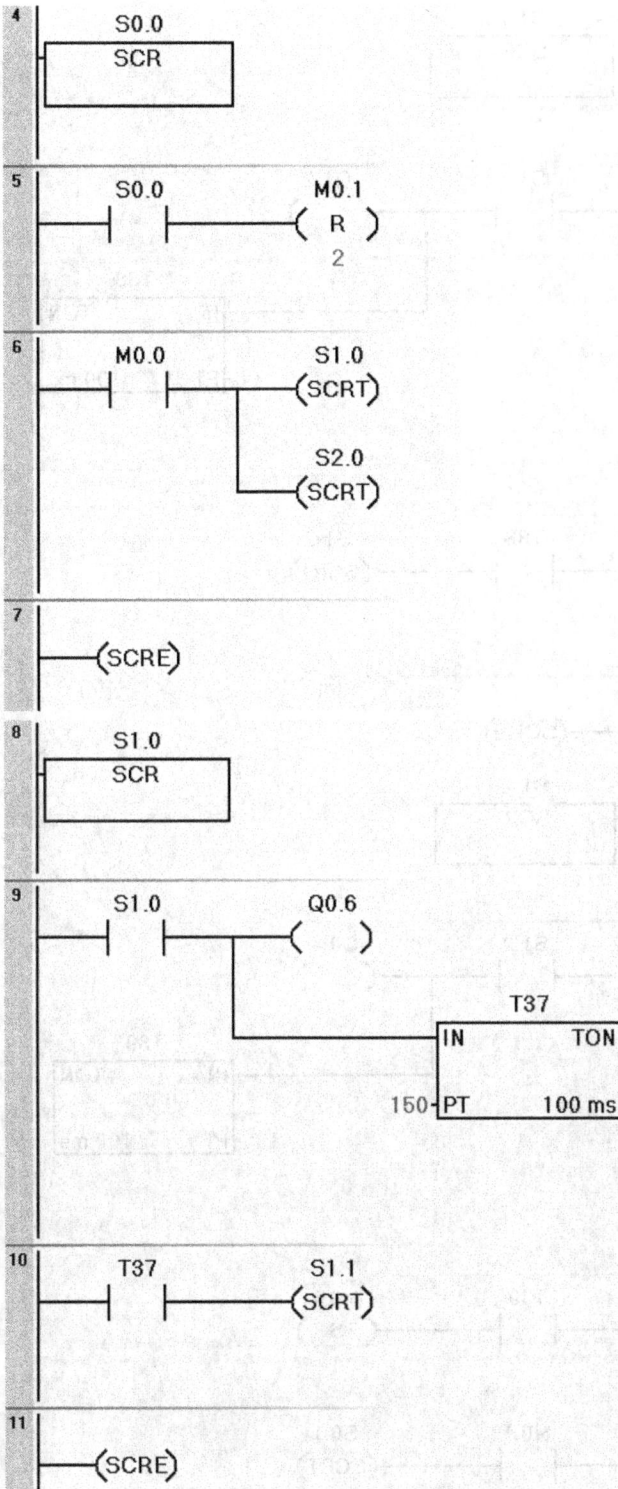

(续)图 4-15　参考程序

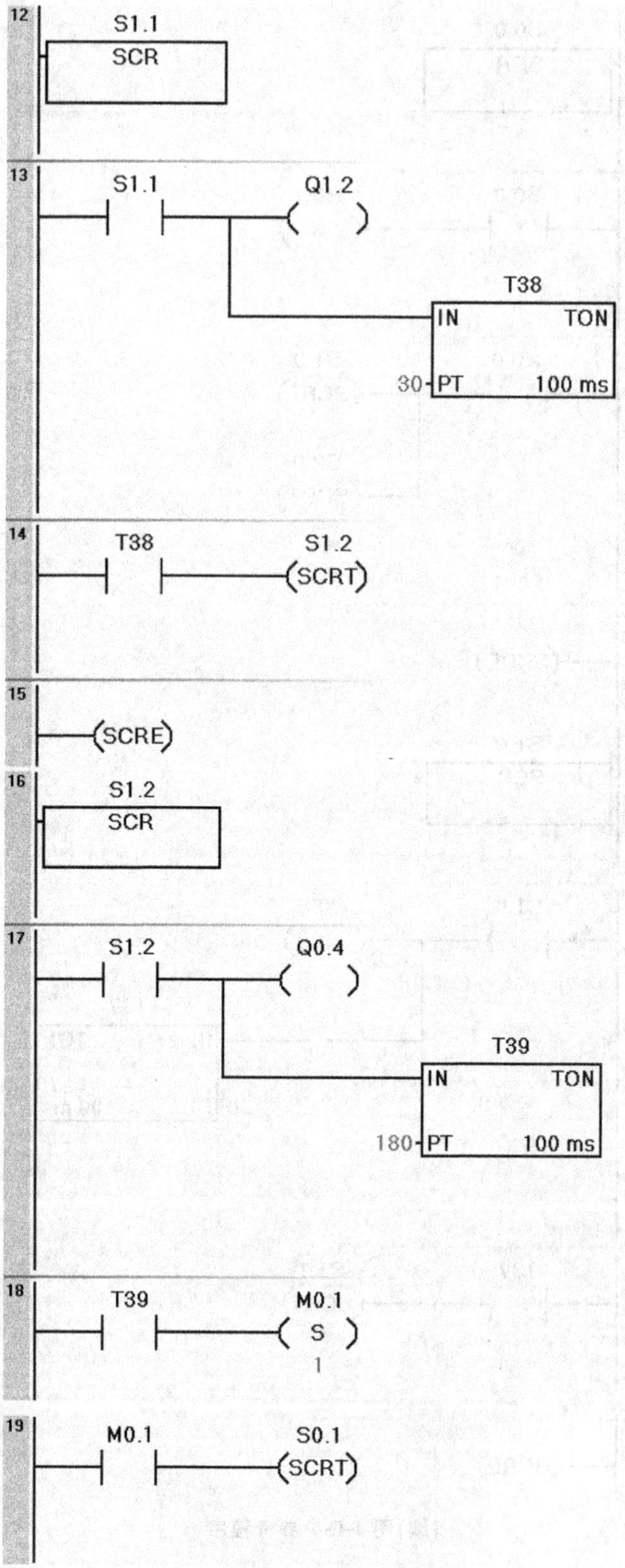

12 S1.1
SCR

13 S1.1 ── Q1.2 ─( )
T38
IN TON
30─PT 100 ms

14 T38 ── S1.2 (SCRT)

15 (SCRE)

16 S1.2
SCR

17 S1.2 ── Q0.4 ─( )
T39
IN TON
180─PT 100 ms

18 T39 ── M0.1 ─(S) 1

19 M0.1 ── S0.1 (SCRT)

(续)图 4-15 参考程序

20

（SCRE）

21

S2.0
SCR

22

S2.0　　　　　　Q0.5
—| |—　　　　　—( )

T40
IN　　　TON
180—PT　　100 ms

23

T40　　　　　　S2.1
—| |—　　—| |—（SCRT）

24

（SCRE）

25

S2.1
SCR

26

S2.1　　　　　　Q0.7
—| |—　　　　　—( )

T41
IN　　　TON
150—PT　　100 ms

27

T41　　　　　　S2.2
—| |—　　—| |—（SCRT）

28

（SCRE）

（续）图 4-15　参考程序

(续)图 4-15　参考程序

技能训练

4.5　步进顺控指令应用实训

1. 实训目的

(1)掌握 SCR 指令、SCRT 指令和 SCRE 指令的使用方法。

(2)掌握使用步进指令来结构化程序设计方法。

2. 任务要求

有 3 台三相感应电动机 M1、M2、M3，分别由 KM1、KM2、KM3 三个接触器控制启停，设有启动按钮 SB1、停止按钮 SB2、急停按钮 SB0，PLC 控制系统如图 4-16 所示(用 3 个指示灯 HL1～HL3 模拟 3 个接触器 KM1～KM3 的线圈)，需要顺序起动逆序停车，具体控制要求如下：

(1)启动按钮 SB1 按下时，M1—M2—M3 顺序启动，间隔时间 5s；

(2)停止按钮 SB2 按下时，M3—M2—M1 逆序停车，间隔时间 5s；

(3)急停按钮 SB0 按下时，M1、M2、M3 无论是什么状态立即停车。

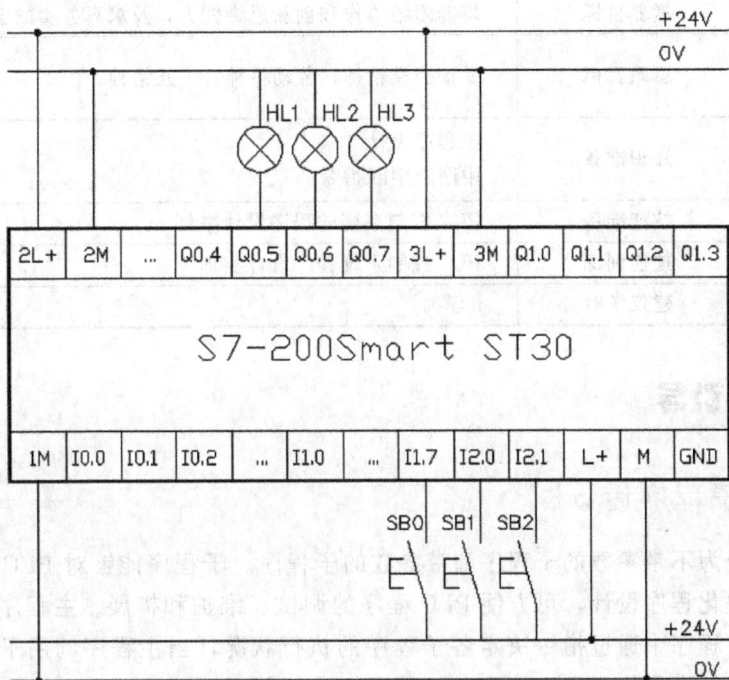

图 4-16　PLC 控制系统接线图

3. 任务实施

(1)按照图 4-16 完成 PLC 控制系统接线。

(2)按照任务具体控制要求，使用步进顺控指令设计结构化 PLC 控制程序。

(3)将程序下载到 PLC 中，采用监控模式调试程序，直至所有功能全部正确实现。

第 5 单元　PLC 控制系统的程序设计

本单元将学习基于西门子 S7-200 Smart 系列 PLC 的控制系统程序设计的一般方法，包括不带参数的子程序设计、带参数的子程序设计、中断程序设计和 PLC 控制系统应用程序一般框架等内容。通过本单元学习，掌握子程序设计和中断程序的设计方法，熟悉 PLC 控制系统应用程序的一般框架，培养 PLC 控制系统程序调试和程序设计的基本能力。

学习导航

学习目标	知识目标	熟悉 PLC 控制系统应用程序一般框架； 掌握不带参数的子程序设计； 掌握带参数的子程序设计； 掌握中断程序设计
	技能目标	培养 PLC 控制系统程序调试和程序设计的基本能力
	素养目标	培养团结协作和创新思维能力，及求真务实的工作态度。
	思政目标	弘扬劳模精神、劳动精神、工匠精神。
教学引导	知识准备	子程序设计； 中断及中断指令
	技能准备	PLC 控制系统的程序设计举例
	技能训练	PLC 控制系统程序设计实训
	建议学时	6 学时

知识引导

▶5.1　子程序设计

子程序分为不带参数的子程序和带参数的子程序。子程序能够对 PLC 程序进行分块，实现模块化程序设计，可方便 PLC 程序的调试、维护和扩展。主程序可被分为若干子程序，主程序中通过指令决定各子程序的执行状况，当主程序调用子程序并执行时，子程序执行全部指令直至结束，然后系统将控制返回至调用子程序的程序段所在的程序。所以，在 PLC 控制系统应用程序设计的实践中，一般把主程序分成若干子程序，然后在主程序中调用各子程序，这即是 PLC 应用程序的一般框架。

1. 不带参数的子程序

（1）创建不带参数的子程序

创建一个不带参数的流水灯控制子程序，如图 5-1 所示。操作步骤：在左侧程序块上单击右键，然后选择插入→子程序，这样一个子程序被创建。可在被创建的子程序标签上单击右键，然后选择属性，并在随后出现的属性界面修改子程序的名称为流水灯；然后在子程序中编写流水灯控制子程序。

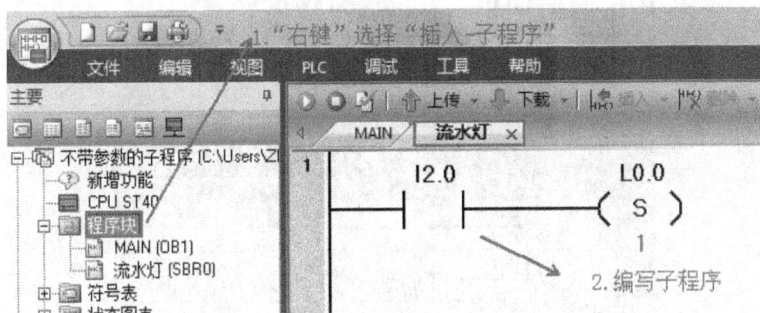

图 5-1　流水灯子程序

（2）从主程序（另一子程序或中断程序）调用子程序

主程序调用不带参数的流水灯子程序，如图 5-2 所示。操作步骤：按住左键并拖动流水灯程序块到第 2 个程序段对应的位置，即完成在主程序中调用流水灯控制子程序。

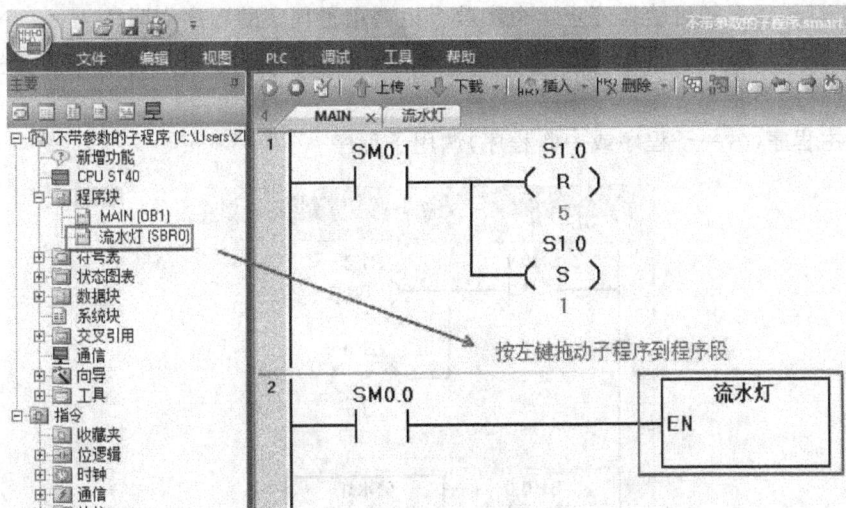

图 5-2　主程序调用不带参数的子程序

2. 带参数的子程序

（1）创建带参数的子程序

创建一个带参数的流水灯控制子程序，操作步骤同创建不带参数的子程序相同，如图 5-1 所示。

（2）在子程序的变量表中定义其参数

打开带参数的流水灯子程序的变量表，并在变量表中设置子程序的参数，设置启动和停止 2 个 BOOL 类型输入参数，设置 HL0～HL3 四个 BOOL 类型输出参数，如

图 5-3 所示。

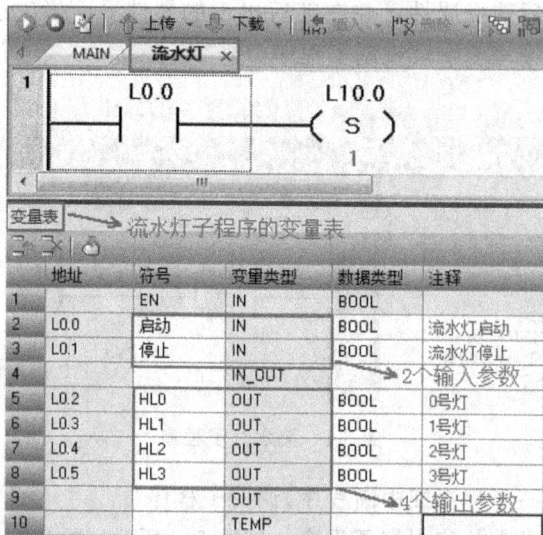

图 5-3　流水灯子程序的参数设置

　　流水灯子程序的启动和停止 2 个参数，由调用子程序的程序实际输入；4 个输出参数 HL0～HL3，由调用子程序的程序分配给实际的输出端口。子程序参数设置完成后，按照流水灯的控制要求编写子程序。

　　(3)主程序(另一子程序或中断程序)调用子程序

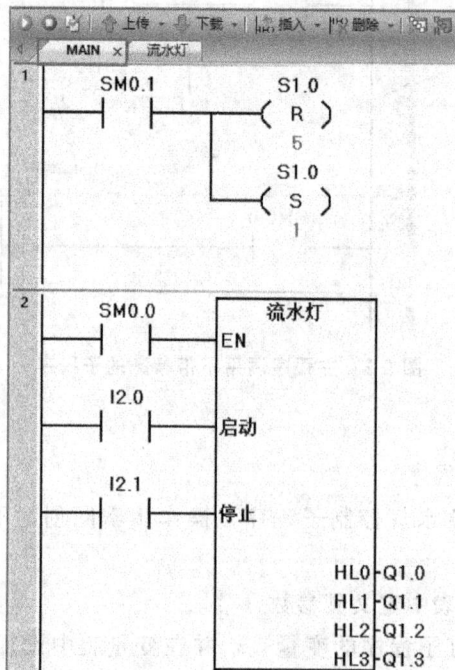

图 5-4　主程序调用带参数的子程序

主程序调用带参数的流水灯子程序，如图 5-4 所示。其中，流水灯子程序的启动和停止 2 个参数实际值是 I2.0 和 I2.1 传递的，4 个流水灯子程序输出参数 HL0～HL3 的值传递给 PLC 实际输出端口 Q1.0、Q1.1、Q1.2、Q1.3。

若子程序仅引用其参数和局部存储器，则可移植子程序。为了使子程序可移植，应避免使用任何全局变量/符号(I、Q、M、SM、AI、AQ、V、T、C、S、AC 存储器中的绝对地址)。如果子程序无调用参数(IN、OUT 或 IN_OUT)或仅在 L 存储器中使用局部变量，则可以导出子程序并将其导入另一个项目。

▶ 5.2 中断及中断指令

1. PLC 的中断概述

S7-200 Smart CPU 支持的中断事件类型，包括通信端口中断、I/O 中断和基于时间的中断。中断处理可快速响应特殊内部或外部事件，使用中断之前，必须使用中断连接指令将中断事件(由中断事件编号指定)与程序段(由中断例程编号指定)相关联。可以将多个中断事件连接到一个中断程序，但一个事件不能同时连接到多个中断程序。关联事件和中断程序后，仅当全局中断启用(ENI 指令已执行)且中断事件处理处于激活状态时，新出现此事件才会执行所关联的中断程序。执行了中断程序的最后一个指令之后，控制会在中断时返回到扫描周期的断点。

S7-200 Smart CPU 支持的中断事件及优先级顺序，如表 5-1 所示。

表 5-1 中断事件及优先级顺序

优先级组	中断事件编号	中断事件说明
通信 最高优先级	8	端口 0 接收字符
	9	端口 0 发送完成
	23	端口 0 接收消息完成
	24	端口 1 接收消息完成
	25	端口 1 接收字符
	26	端口 1 发送完成
离散 中等优先级	0	I0.0 上升沿
	2	I0.1 上升沿
	4	I0.2 上升沿
	6	I0.3 上升沿
	35	I7.0 上升沿(信号板)
	37	I7.1 上升沿(信号板)
	1	I0.0 下降沿
	3	I0.1 下降沿

续表

优先级组	中断事件编号	中断事件说明
离散 中等优先级	5	I0.2 下降沿
	7	I0.3 下降沿
	36	I7.0 下降沿(信号板)
	38	I7.1 下降沿(信号板)
	12	HSC0 CV=PV(当前值=预设值)
	27	HSC0 方向改变
	28	HSC0 外部复位
	13	HSC1 CV=PV(当前值=预设值)
	16	HSC2 CV=PV(当前值=预设值)
	17	HSC2 方向改变
	18	HSC2 外部复位
	32	HSC3 CV=PV(当前值=预设值)
定时 最低优先级	10	定时中断 0 SMB34
	11	定时中断 1 SMB35
	21	定时器 T32 CT=PT 中断
	22	定时器 T96 CT=PT 中断

2. 中断指令

(1)ENI 指令

$$—(\text{ENI})$$

图 5-5 ENI 指令

ENI 指令：中断启用指令全局性启用对所有连接的中断事件的处理。

(2)DISI 指令

$$—(\text{DISI})$$

图 5-6 DISI 指令

DISI 指令：中断禁止指令全局性禁止对所有中断事件的处理。

(3)CRETI 指令

$$—(\text{CRETI})$$

图 5-7 CRETI 指令

CRETI 指令：从中断有条件返回指令可用于根据前面的程序逻辑的条件从中断返回。

（4）ATCH 指令

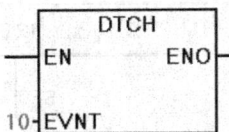

图 5-8　ATCH 指令

ATCH 指令：中断连接指令将中断事件 EVNT 与中断例程编号 INT 相关联，并启用中断事件。

（5）DTCH 指令

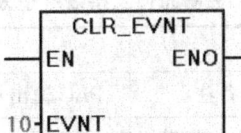

图 5-9　DTCH 指令

DTCH 指令：中断分离指令解除中断事件 EVNT 与所有中断例程的关联，并禁用中断事件。

（6）CEVENT 指令

图 5-10　CEVENT 指令

CEVENT 指令：清除中断事件指令从中断队列中移除所有类型为 EVNT 的中断事件，使用该指令可将不需要的中断事件从中断队列中清除，如果该指令用于清除假中断事件，则应在从队列中清除事件之前分离事件，否则在执行清除事件指令后将向队列中添加新事件。

技能引导

▶ 5.3　PLC 控制系统的程序设计举例

[例 5-1]流水灯控制系统如图 5-11 所示，接线端口信号端子的分配详见表 5-2。流水灯控制系统要求：按下按钮 SB1，指示灯 HL0—

HL1—HL2—HL3—HL0 间隔 1s 轮流点亮，并循环；按下按钮 SB2，指示灯 HL0～
HL3 熄灭。试设计流水灯控制系统主程序和带参数的流水灯子程序。

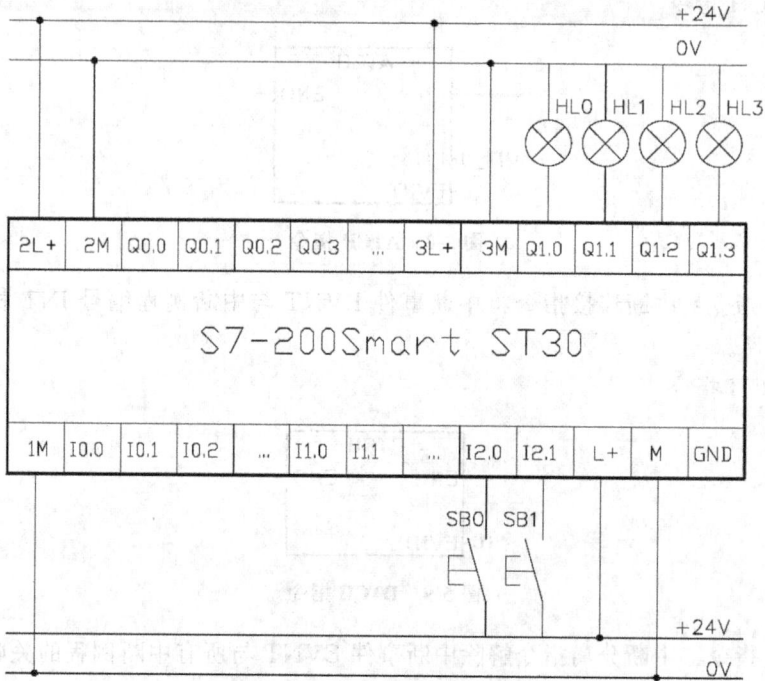

图 5-11　流水灯控制系统

表 5-2　控制元件及接线端子分配表

输　入			输　出		
PLC 输入点	信号名称	备注	PLC 输出点	信号名称	备注
I2.0	按钮 SB1	流水灯启动	Q1.0	指示灯 HL0	DC24V 指示灯
I2.1	按钮 SB2	流水灯熄灭	Q1.1	指示灯 HL1	DC24V 指示灯
			Q1.2	指示灯 HL2	DC24V 指示灯
			Q1.3	指示灯 HL3	DC24V 指示灯

（1）设计流水灯子程序流程图
子程序流程图如图 5-12 所示。
（2）设计流水灯子程序
创建流水灯子程序，并设计子程序参数，子程序变量表如图 5-13 所示。
流水灯子程序编程如图 5-14 所示。

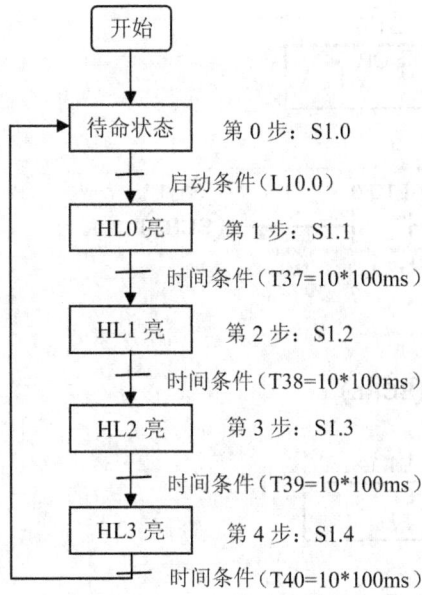

图 5-12　流水灯子程序流程图

图 5-13　流水灯子程序的变量表

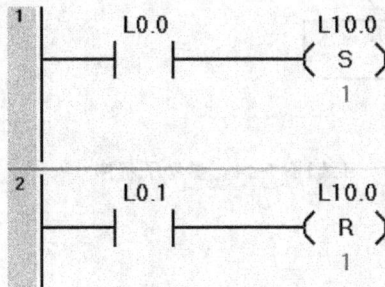

图 5-14　参考子程序

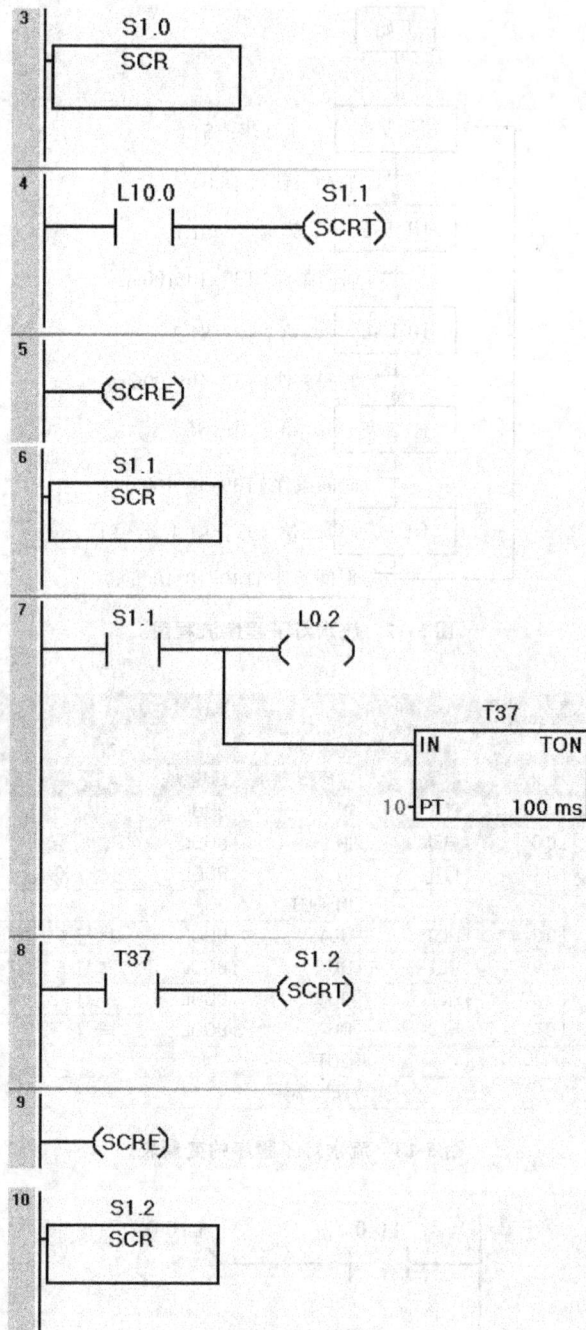

(续)图 5-14　参考子程序

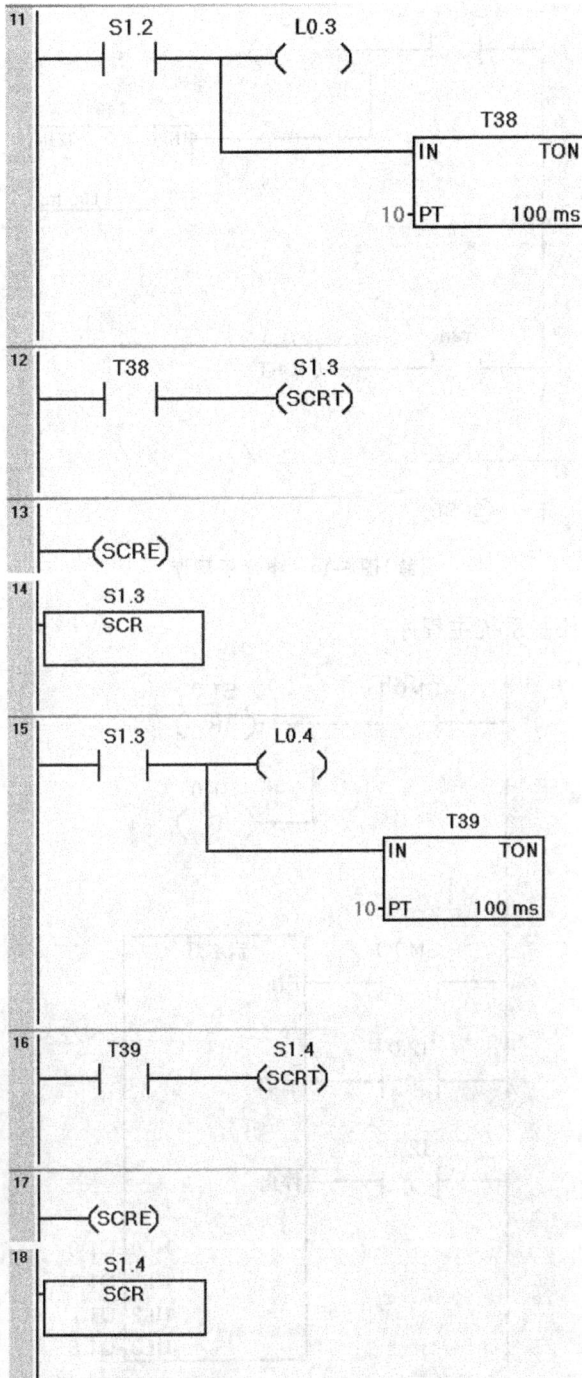

(续)图 5-14　参考子程序

141

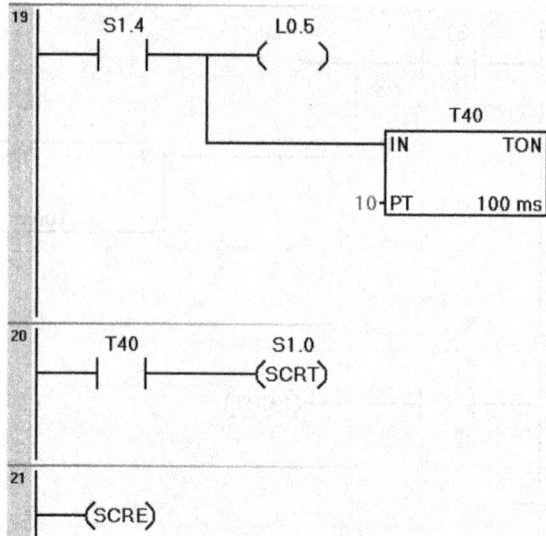

(续)图 5-14　参考子程序

(3)设计流水灯控制系统主程序

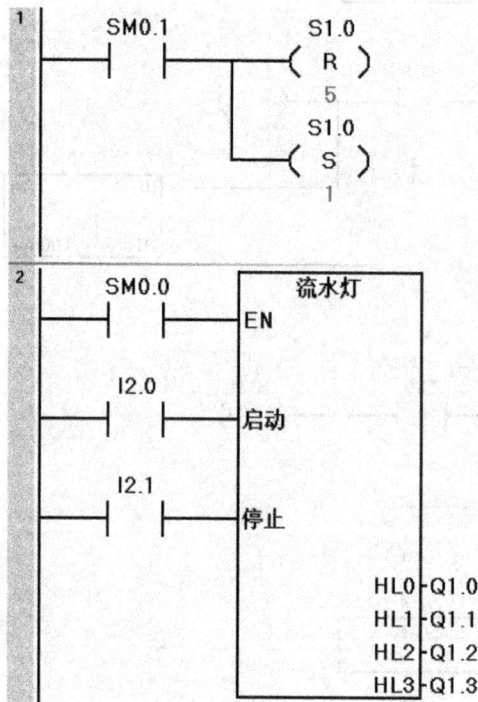

图 5-15　参考主程序

[例 5-2]设计用于读取模拟量输入值的定时中断程序，要求以 0.1s 周期读取模拟量模块 EM AM06 的输入通道 0(AIW16)的值，并存放在变量 VW100 中。

（1）PLC 控制系统硬件组态

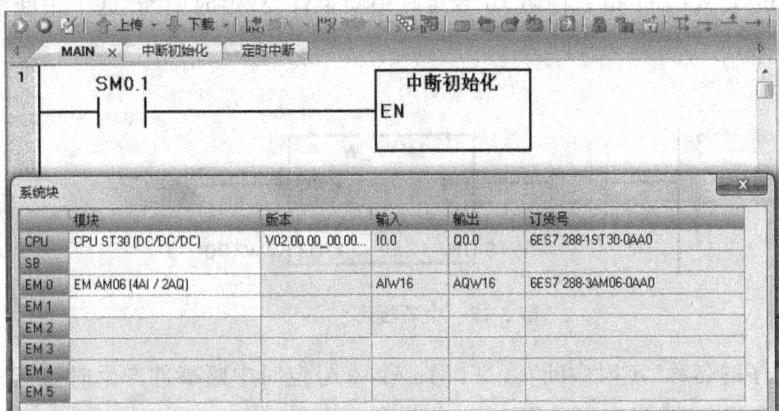

图 5-16　PLC 控制系统硬件组态

PLC 控制系统硬件由 S7-200 Smart ST30 和模拟量模块 EM AM06 组成，模块化程序设计包含主程序、中断初始化子程序和定时中断中断程序。

（2）主程序（MAIN）

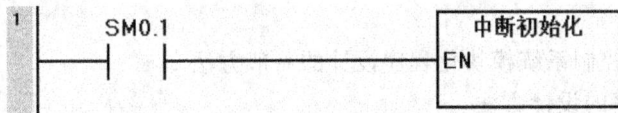

图 5-17　主程序

中断编程主程序在 PLC 首次扫描时，调用中断初始化子程序，对 0.1s 周期的定时中断初始化处理。

（3）中断初始化程序

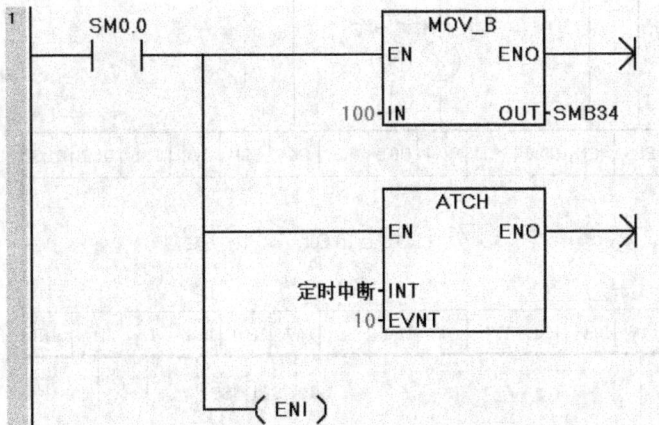

图 5-18　中断初始化程序

中断初始化处理由"中断初始化"子程序完成，MOV_B 指令将定时中断 0 的时间间隔设置为 100ms，ATCH 指令将第 10 号定时中断事件与"定时中断"这个中断程序相关联，最后执行 ENI 指令开启中断。

(4) 中断程序

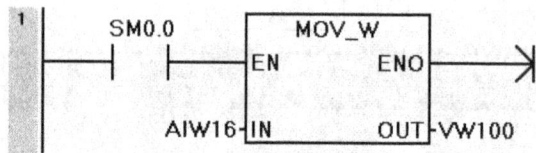

图 5-19　中断程序

定时中断程序的名称"定时中断"，每 0.1s 第 10 号定时中断事件产生时执行该中断程序一次，即每 100ms 读取一次 AIW16 的值送到 VW100。

技能训练

▶5.4　PLC 控制系统程序设计实训

1. 实训目的

(1) 掌握 PLC 控制系统模块化程序设计的一般方法。

(2) 掌握子程序的设计方法。

2. 任务要求

PLC 控制电动机正反转系统，如图 5-20 所示（灯 HL1 模拟电动机正转接触器 KM1，灯 HL2 模拟电动机反转接触器 KM2），接线端口信号端子的分配详见表 5-3。

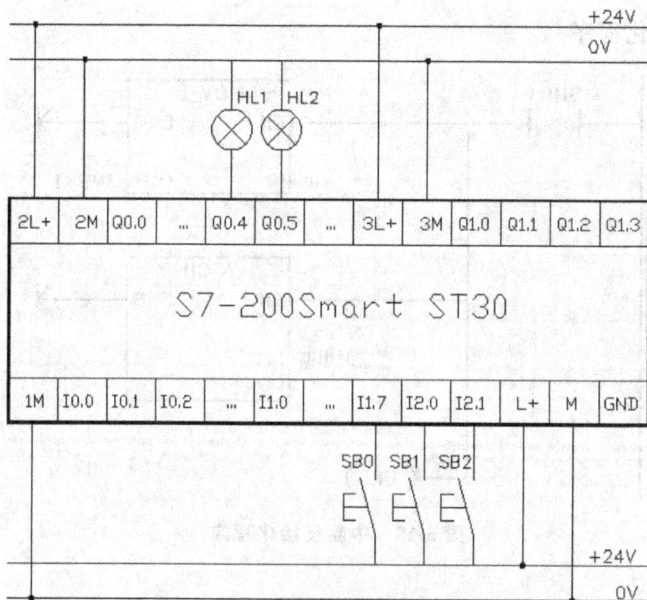

图 5-20　PLC 控制电动机正反转系统

表 5-3　控制元件及接线端子分配表

输 入			输 出		
PLC 输入点	信号名称	备注	PLC 输出点	信号名称	备注
I1.7	按钮 SB0	停止	Q0.4	指示灯 HL1	代表正转 KM1
I2.0	按钮 SB1	正转	Q0.5	指示灯 HL2	代表反转 KM2
I2.1	按钮 SB2	反转			

　　PLC 控制电动机正反转系统的控制要求：按下正转按钮 SB1，电动机正转，即指示灯 HL1 点亮；按下反转按钮 SB2，电动机反转，即指示灯 HL2 点亮；按下停止按钮 SB0，电动机立即停转；电动机正/反转时，只能接受停止按钮 SB0 的命令，即直接切换正/反转运行状态无效。系统模块化主程序如图 5-21 所示（供参考），试设计电机控制子程序块。

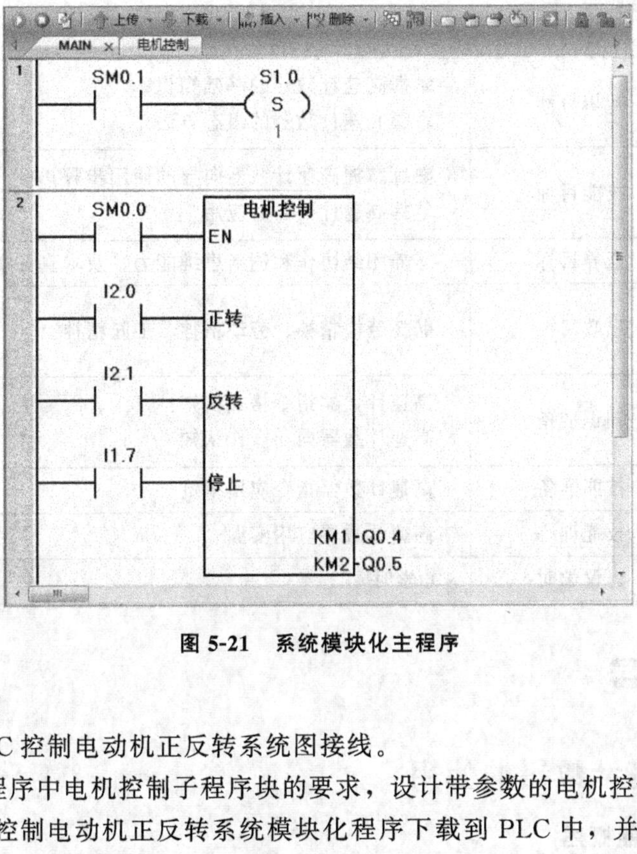

图 5-21　系统模块化主程序

3. 任务实施

（1）按照 PLC 控制电动机正反转系统图接线。

（2）按照主程序中电机控制子程序块的要求，设计带参数的电机控制子程序块。

（3）将 PLC 控制电动机正反转系统模块化程序下载到 PLC 中，并采用监控模式调试程序，直至完全符合系统的控制要求。

第6单元　高速计数器的应用编程

电机或旋转机构的转动角度通常采用旋转编码器转换成高频脉冲进行输入，S7-200 Smart PLC 的普通计数指令无法正确输入这种高频脉冲，必须采用专用的高速计数器指令才能进行输入。本单元详细阐述高速计数器相关指令和向导的基本知识，运用典型案例分析指令应用的基本方法和技巧，精心设计实训任务训练指令应用的基本技能，适合"教、学、做"一体化教学。

本单元包括内容有：高速计数器指令使用，高速计数器向导的使用、高速计数器的应用举例和高速计数器实训举例。通过对本单元内容的学习，能用高速计数器指令或向导实现高频脉冲输入。

学习导航

学习目标	知识目标	掌握高速计数器的基础知识； 掌握高速计数器的组态方法
	技能目标	熟练掌握高速计数器向导的使用步骤； 掌握高速计数器的应用
	素养目标	培养团结协作和创新思维能力，及求真务实的工作态度。
	思政目标	弘扬劳模精神、劳动精神、工匠精神。
教学引导	知识准备	高速计数器指令格式认知； 高速计数器向导操作认知
	技能准备	高速计数器指令应用举例
	技能训练	高速计数器应用实训
	建议学时	6 学时

知识引导

▶ 6.1　高速计数器的使用

1. 高速计数器概述

(1)高速计数器特性

S7-200 系列 PLC 具有高速脉冲计数输入功能，能够以脉冲＋方向输入、加减脉冲输入和正交脉冲输入三种方式，对最高频率 400kHz 的高速脉冲(4 倍正交输入方式)进行计数输入。不同型号的 PLC 能够输入高速脉冲数量不一样，经济型的 PLC 可以同时输入 4 路高速脉冲(HSC0～HSC3)，标准型的 PLC 可以同时输入 6 路高速脉冲(HSC0～HSC5)。表 6-1 为高速计数器特性汇总。

表 6-1　高速计数器特性

高速计数器编号	脉冲输入加计数脉冲正交脉冲 A 相	方向输入减计数脉冲正交脉冲 B 相	复位	最高脉冲输入频率	
HSC0	I0.0	I0.1	I0.4	经济型	单相/双相输入最高 100kHz 1 倍计数速率正交输入最高 50kHz 4 倍计数速率正交输入最高 100kHz
				标准型	单相/双相输入最高 200kHz 1 倍计数速率正交输入最高 10kHz 4 倍计数速率正交输入最高 400kHz
HSC1	I0.1	—	—	经济型	单相/双相输入最高 100kHz
				标准型	单相/双相输入最高 200kHz
HSC2	I0.2	I0.3	I0.5	经济型	单相/双相输入最高 100kHz 1 倍计数速率正交输入最高 50kHz 4 倍计数速率正交输入最高 100kHz
				标准型	单相/双相输入最高 200kHz 1 倍计数速率正交输入最高 10kHz 4 倍计数速率正交输入最高 400kHz
HSC3	I0.3	—	—	经济型	单相/双相输入最高 100kHz
				标准型	单相/双相输入最高 200kHz
HSC4	I0.6	I0.7	I1.2	经济型	单相/双相输入最高 100kHz 1 倍计数速率正交输入最高 50kHz 4 倍计数速率正交输入最高 100kHz
				标准型	单相/双相输入最高 200kHz 1 倍计数速率正交输入最高 10kHz 4 倍计数速率正交输入最高 400kHz
HSC5	I1.0	I1.1	I1.3	经济型	单相/双相输入最高 100kHz 1 倍计数速率正交输入最高 50kHz 4 倍计数速率正交输入最高 100kHz
				标准型	单相/双相输入最高 200kHz 1 倍计数速率正交输入最高 10kHz 4 倍计数速率正交输入最高 400kHz

（2）高速计数器的工作模式

高速计数器可以通过指令或向导设置工作模式，对脉冲输入方式、计数方向、复位信号等进行配置，其中 HSC0、HSC2、HSC4 和 HSC 支持全部 8 种工作模式，而 HSC1、HSC3 和 HSC5 只支持模式 0。表 6-2 为工作模式汇总。

表 6-2　工作模式

工作模式	脉冲输入方式	计数方向控制	复位信号
模式 0	单相脉冲输入	内部指令控制	内部指令复位
模式 1			具有外部复位信号
模式 3		外部方向信号控制	内部指令复位
模式 4			具有外部复位信号
模式 6	加减脉冲输入	外部信号控制	内部指令复位
模式 7			具有外部复位信号
模式 9	正交脉冲输入	外部信号控制	内部指令复位
模式 10			具有外部复位信号

（3）脉冲输入组态

高速计数器的脉冲输入会受到 PLC 内部输入滤波电路的影响，S7-200 PLC 默认的输入滤波时间为 6.4ms，此时允许的最高脉冲输入频率只有 78Hz。要输入频率更高的脉冲必须对相应的输入触点进行滤波时间组态，组态方法如下。

①首先单击边栏中的系统块按钮，图 6-1 为边栏按钮。

图 6-1　边栏按钮

②在弹出的系统块对话框中选择要组态的输入触点，选择合适的滤波时间并勾选脉冲捕捉选项，如图 6-2 所示。

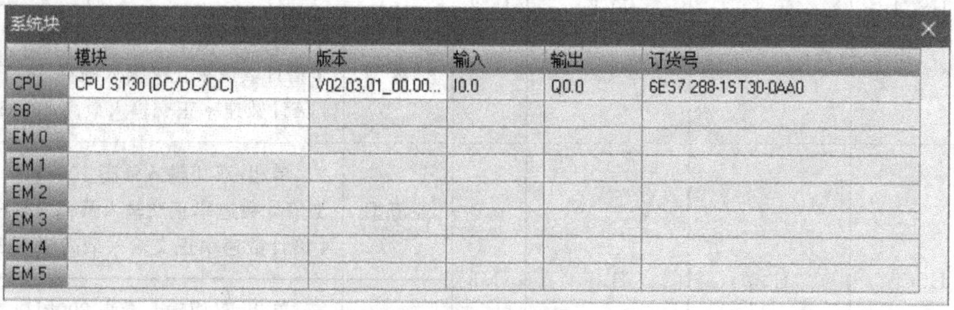

图 6-2　输入触点组态

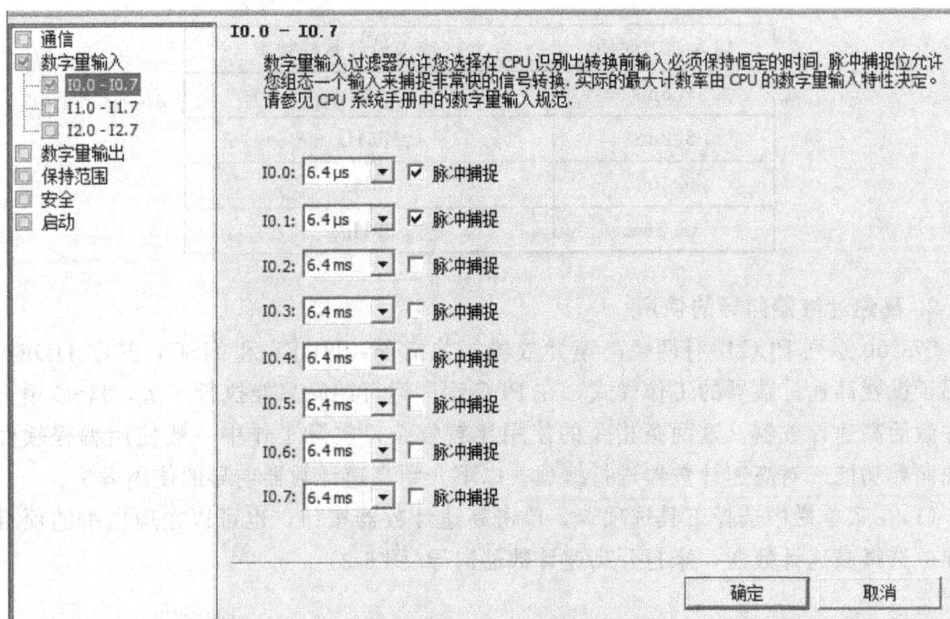

(续)图 6-2　输入触点组态

滤波时间和允许输入的最高脉冲频率关系如表 6-3 所示。

表 6-3　滤波时间与脉冲频率

输入滤波时间	允许输入最高脉冲频率
0.2μs	200kHz(标准型 PLC) 100kHz(经济型 PLC)
0.4μs	200kHz(标准型 PLC) 100kHz(经济型 PLC)
0.8μs	200kHz(标准型 PLC) 100kHz(经济型 PLC)
1.6μs	200kHz(标准型 PLC) 100kHz(经济型 PLC)
3.2μs	156kHz(标准型 PLC) 100kHz(经济型 PLC)
6.4μs	78kHz
12.8μs	39kHz
0.2ms	2.5kHz
0.4ms	1.25kHz
0.8ms	625Hz

续表

输入滤波时间	允许输入最高脉冲频率
1.6ms	312Hz
3.2ms	156Hz
6.4ms	78Hz
12.8ms	39Hz

2. 高速计数器向导的使用

S7-200 系列 PLC 中有两条高速计数器相关指令：HDEF 和 HSC，其中 HDEF 指令用于设置高速计数器的工作模式，在 PLC 程序运行期间只能执行一次，HSC 用于组态并激活高速计数器。这两条指令的使用比较复杂，实际工作中一般使用编程软件提供的向导功能来对高速计数器进行编程。以下介绍高速计数器向导的使用方法。

(1)在菜单栏中选择工具选项卡，单击高速计数器按钮，也可以在边栏中的项目→向导中选择高速计数器，来打开高速计数器向导(图 6-3)。

图 6-3　打开高速计数器向导

(2)在弹出的向导窗口中，选择要使用的高速计数器，然后单击"下一个"(图 6-4)。

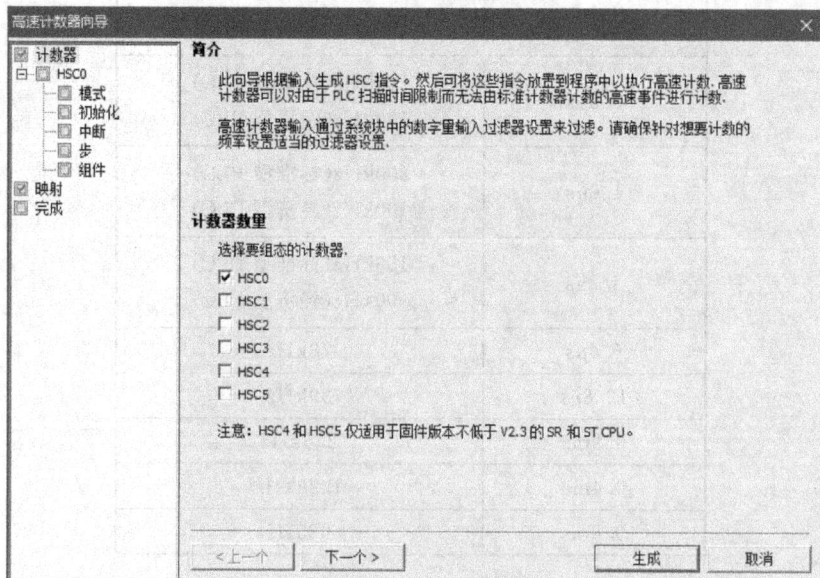

图 6-4　选择高速计数器

（3）为要使用的高速计数器命名，这个名字将会作为向导生成的初始化程序名的前缀（图 6-5）。

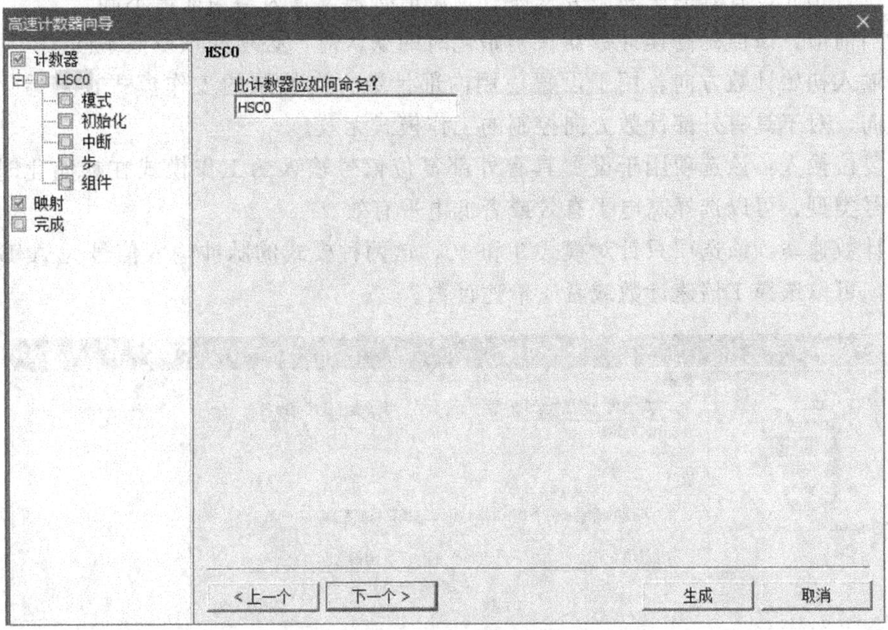

图 6-5 命名高速计数器

（4）选择高速计数器的工作模式，根据要使用的高速计数器的不同，最多有 8 种工作模式可供选择，每种工作模式的功能及信号输入引脚可参考前面的介绍（图 6-6）。

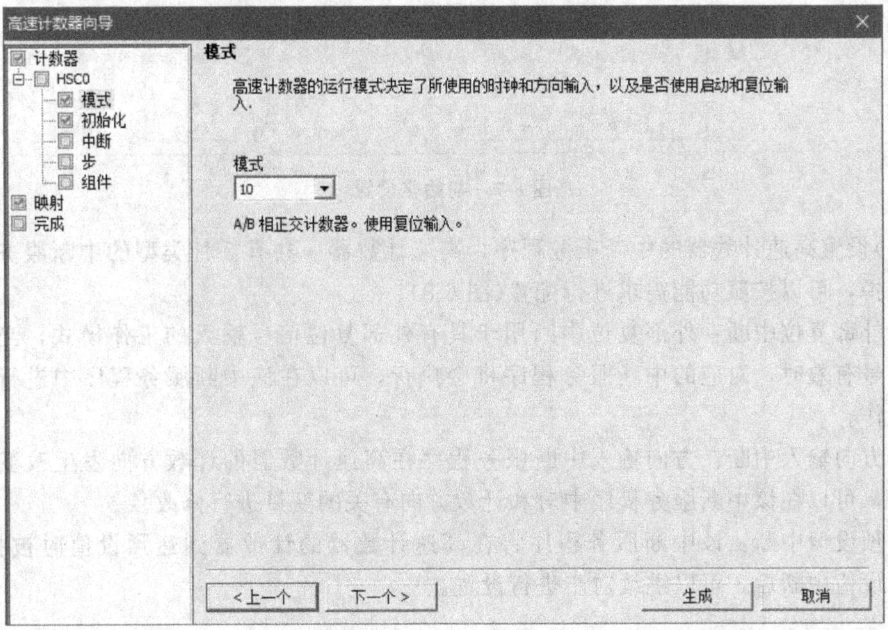

图 6-6 选择工作模式

(5)设置高速计数器的初始化程序，可以设置的内容包括以下几方面(图 6-7)。

①预设值：该值是高速计数器的计数目标值，当高速计数器的计数器到达预设值时，会执行预先设置好的中断服务程序。预设值必须设置为与当前值不同。

②当前值：该值是高速计数器在初始化时的默认值，必须和预设值不同。

③输入初始计数方向：用于设置使用内部计数方向控制的工作模式在初始化时的计数方向，对于具有外部计数方向控制的工作模式无效。

④复位输入：该选项用于设置具有外部复位信号输入的工作模式在初始化时采用复位信号类型，可以选择高电平有效或者低电平有效。

⑤计数速率：该选项只针对模式 9 和 10，这两种模式的脉冲输入信号为 A/B 相正交类型，可以选择 1 倍速计数或者 4 倍速计数。

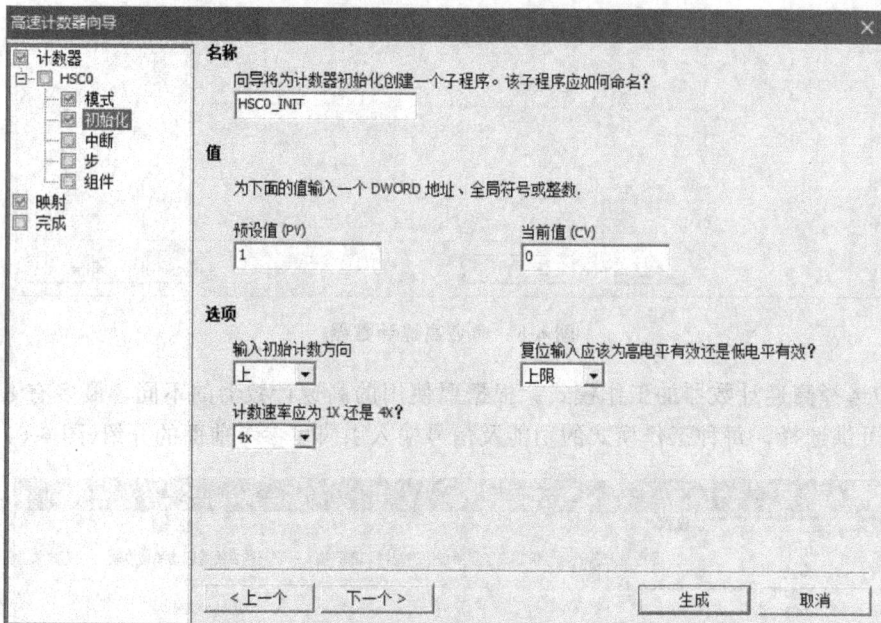

图 6-7　初始化设置

(6)设置高速计数器的中断服务程序，高速计数器一共有 3 种类型的中断服务程序可供选择，可以按照功能需求进行配置(图 6-8)。

①外部复位中断：外部复位中断用于具有外部复位信号输入的工作模式，当外部复位信号有效时，对应的中断服务程序将会执行，可以在该中断服务程序中进行系统复位操作。

②方向输入中断：方向输入中断服务程序在高速计数器的计数方向发生改变时会被调用，可以在该中断服务程序中对和计数方向有关的变量进行修改。

③预设值中断：该中断服务程序将在高速计数器的计数器到达预设值时被执行，选择预设值中断后，可以继续对步进行设置。

图 6-8　中断设置

（7）对步进行设置，如果在之前中断服务程序设置中没有选择预设值中断的话，这一步可以跳过去（图 6-9）。

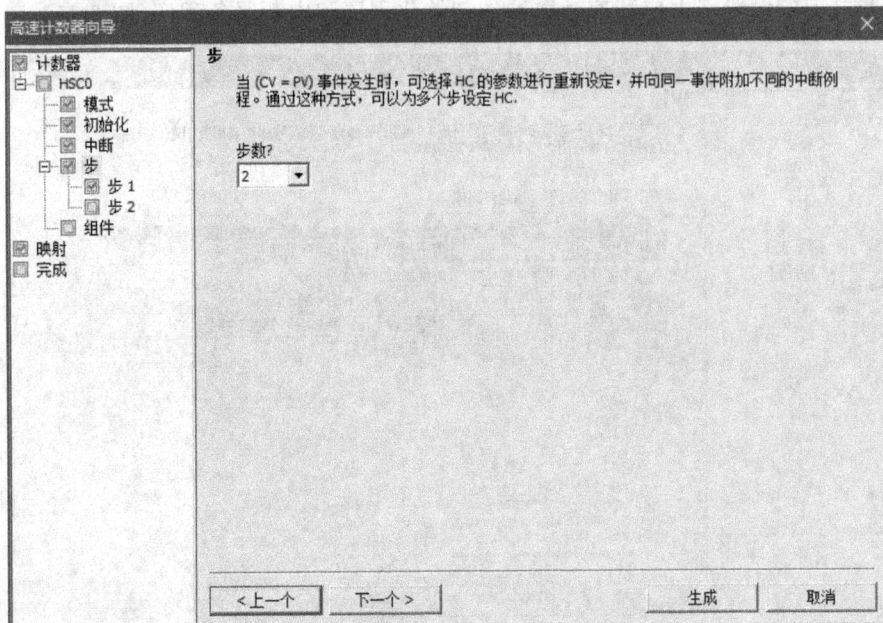

图 6-9　选择步数

在具体的某一步的设置中，可以高速计数器的参数进行更新，可以更新的参数有：

当前预设值中断服务程序、预设值、当前值和计数方向(图 6-10)。

图 6-10 步设置

所有组态都设置完毕后，会显示一览表，确认设置没有问题后单击生成按钮，向导会按照之前的设置来生成高速计数器的初始化程序和中断服务程序(图 6-11)。

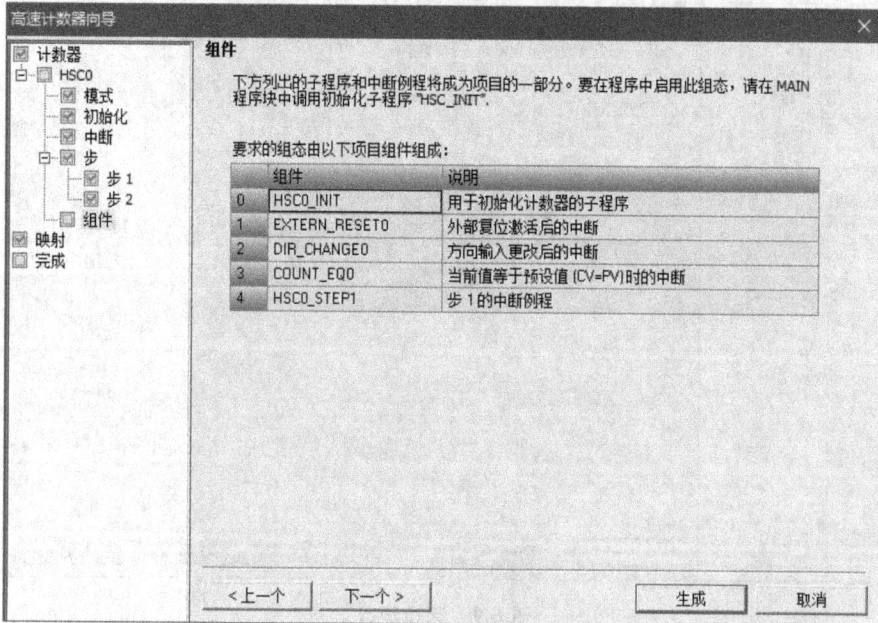

图 6-11 组件预览

技能引导

▶ 6.2　高速计数器应用编程举例

[例 6-1]采用 PLC 实现对液体自动灌注装置(图 6-12)进行控制，电路如图 6-13 所示。控制要求如下：

(1)启动按钮 SB1 按下后，电磁阀打开，开始灌注。

(2)灌注过程中流量传感器不断产生脉冲信号，当脉冲信号数达到 1000 时，自动停止灌注。

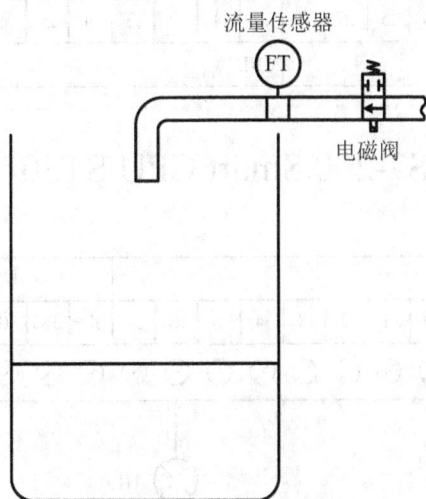

图 6-12　液体自动灌注装置

PLC 与外部器件连接关系如表 6-4 所示。

表 6-4　液体自动灌注 I/O 分配表

输　入			输　出		
PLC 输入点	信号名称	命令功能	PLC 输出点	信号名称	备注
I1.7	按钮 SB1	启动灌注	Q0.6	电磁阀(指示灯 HL0 代替)	控制灌注过程
	流量传感器(编码器 A 相代替)	脉冲输入			

根据控制要求，采用高速计数器对流量传感器产生的脉冲信号进行计数，向导设置过程如下：

(1)在首页选择使用 HSC0，单击"下一个"；

(2)保持命名框中默认的高速计数器名称不变，单击"下一个"；

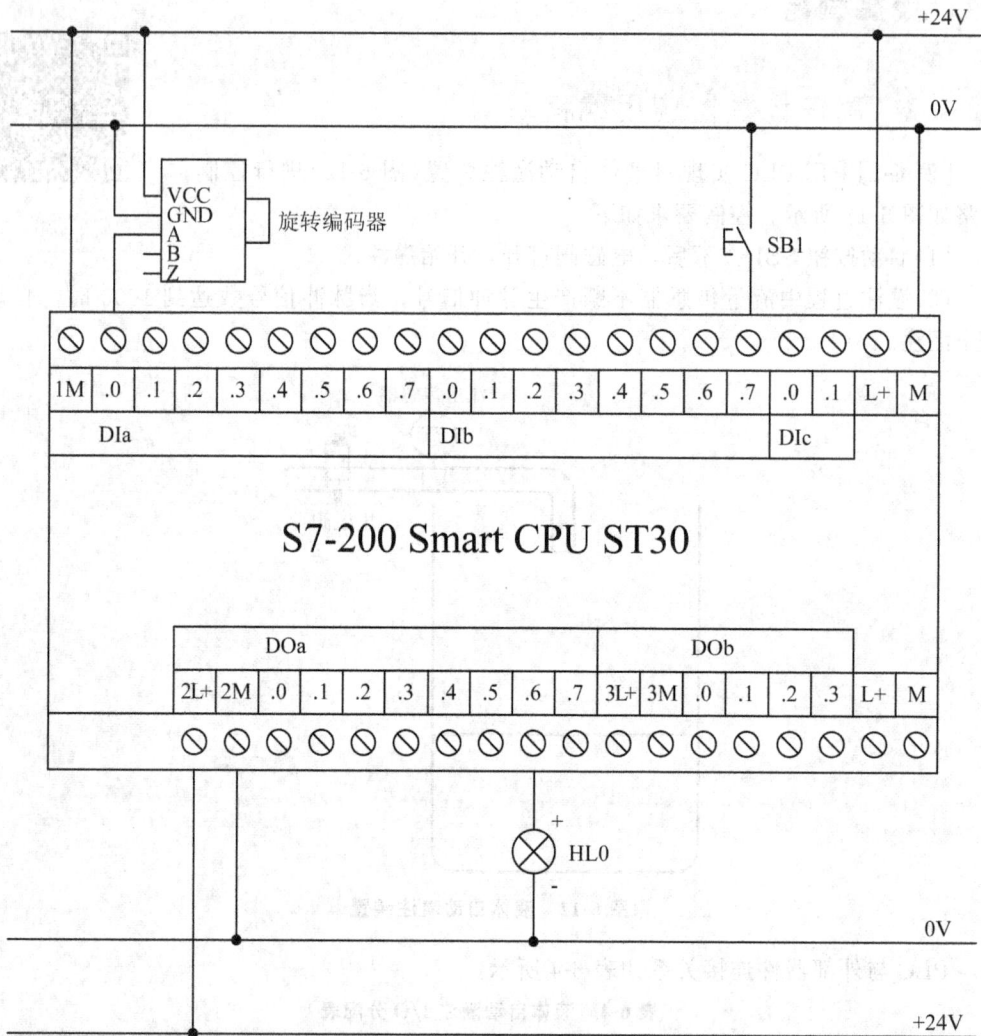

图 6-13　液体灌注装置控制电路

(3)选择模式 0，单击"下一个"；

(4)将预设值修改为 1000，单击"下一个"；

(5)勾选预设值中断，单击"下一个"；

(6)选择步数 1，单击"下一个"；

(7)勾选更新当前值，设置更新当前值为 0，单击"下一个"；

(8)确认一览表无误，单击"生成"。

向导运行完毕后，将会按照设置自动生成高速计数器初始化程序和中断服务程序(图 6-14)，这些程序可以在边栏中的项目→程序块中找到。

图 6-14　初始化和中断程序

其中 HSC0＿INIT(SBR1)为高速计数器初始化程序，COUNT＿EQ0(INT1)为预设值中断服务程序，接下来开始编写控制程序。

在主程序中，输入图 6-15 主程序梯形图。

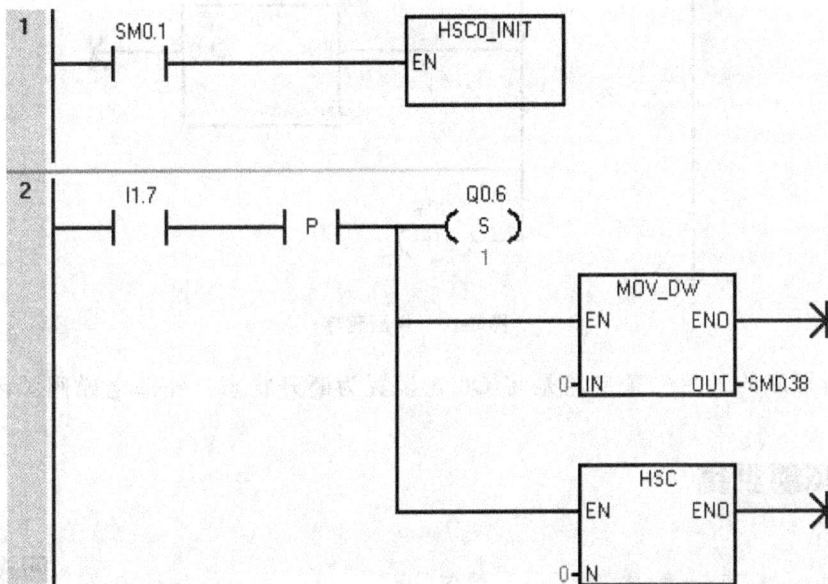

图 6-15　主程序

程序段 1 为高速计数器初始化程序，当 PLC 程序开始运行时，SM0.1 会接通一个扫描周期，受其控制的 HSC0＿INIT 执行，完成高速计数器的初始化。

程序段 2 作用是启动灌注，当启动按钮按下时，I1.7 接通，Q0.6 被设置为接通状态，外部电磁阀导通，开始灌注。

电磁阀关闭后，灌注过程就会停止，但流量传感器可能会继续产生脉冲，所以需要通过程序段 2 在启动灌注时，将高速计数器的计数值清零。

灌注过程中，流量传感器会不停地产生脉冲，脉冲信号通过 I0.0 输入到高速计数器中，当高速计数器的计数器达到 1000 时，中断服务程序将会执行，将高速计数器的当前值重新设置为 0，同时还需要将电磁阀关闭，所以对 COUNT＿EQ0 中断服务程序进行修改：

图 6-16　中断程序

中断程序的最后一条支路是将 Q0.6 设置为断开状态，外部电磁阀关闭，灌注停止。

技能训练

▶ **6.3　高速计数器应用编程实训**

1. 实训目的

(1)掌握高速计数器的应用。

(2)掌握 PLC 和外部输入输出设备的接口电路连接。

(3)掌握利用编程软件进行程序编写、下载运行和监控调试。

2. 任务要求

采用 S7-200 Smart PLC 实现电镀加工过程模拟装置进行控制，模拟装置由工作台、丝杆、步进电机、旋转编码器、夹具升降电动机(用两盏 LED 指示灯代替表示正反转状态)、升降电动机上下限位行程开关 SQ1 和 SQ2(用两只船型开关代替)。

控制要求如下：

当启动按钮按下时，步进电机带动丝杆正转，夹持着工件的工作台在丝杆的带动下，从原点开始往右运动，运动过程中，丝杆另一端的旋转编码器不断产生 A/B 相正交脉冲信号。

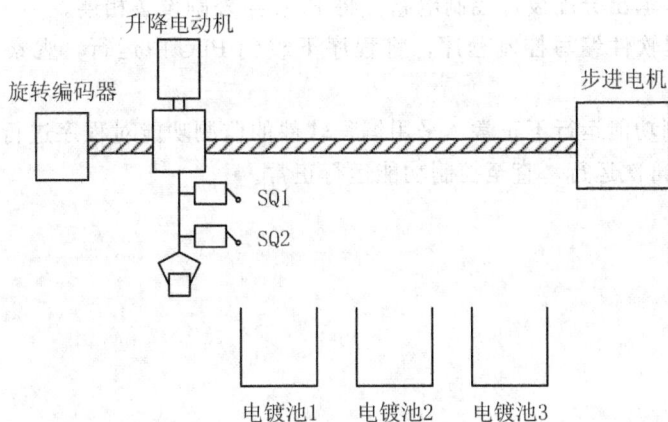

升降电动机

旋转编码器

步进电机

SQ1

SQ2

电镀池1　　电镀池2　　电镀池3

图 6-17　电镀加工过程模拟装置

当脉冲计数为 10000 时，工作台到达第一个电镀池上方，工作台上的升降电动机开始正转到 SQ2 被触动，将工件下放到电镀池中，停留 10s，然后升降电动机反转到 SQ1 被触动，将工件从电镀池中吊起。

接下来工作台在步进电机带动下继续向右运动，直至脉冲计数为 20000，到达第二个电镀池上方，然后与之前的动作过程相同，工件被下放到电镀池中，停留 10s 后被吊起，然后工作台向第三个电镀池的方向运动，直至脉冲计数为 30000。

当工件在第三个电镀池中的加工完毕后，工作台开始向左运动，返回原点后自动停止。

3. 任务实施

(1)分析任务要求，规划程序输入输出分配，填写表 6-5 I/O 分配表。

表 6-5　电镀加工 I/O 分配表

输　入			输　出		
PLC 输入点	信号名称	命令功能	PLC 输出点	信号名称	控制功能
	行程开关 SQ1（开关 SW1 代替）	夹具升降上限位		夹具升降电动机正转接触器（指示灯 HL0 代替）	控制夹具升降电动机正转
	行程开关 SQ2（开关 SW2 代替）	夹具升降下限位		夹具升降电动机反转接触器（指示灯 HL0 代替）	控制夹具升降电动机反转
	旋转编码器 A 相	检测工作台位置		步进电机脉冲输入	控制步进电机转动角度
	旋转编码器 B 相	检测工作台位置		步进电机方向输入	控制步进电机转动方向
	启动按钮	启动加工			

(2)按照输入输出分配设计控制电路，将 PLC 与外围设备相连。

(3)使用编程软件编写控制程序，将程序下载到 PLC 中运行，观察控制功能运行情况。

(4)如果控制功能运行不正常，采用编程软件的监测功能对程序进行调试，找出错误原因，修正后再次运行，直至控制功能运行正常。

第 7 单元　运动控制的应用编程

运动控制系统是对机械运动部件的位置、速度等进行实时控制的系统，一般由控制器、伺服驱动器、伺服电动机、传感器等组成，广泛应用于工业自动化领域。本单元将熟悉运动控制系统的基础知识，学习基于西门子 S7-200 Smart 系列 PLC 的运动控制编程方法，培养运动控制系统的程序设计能力。

学习导航

学习目标	知识目标	熟悉运动控制系统的基础知识； 掌握运动控制向导的使用； 掌握运动控制的编程方法与技能
	技能目标	培养运动控制系统的应用编程能力
	素养目标	培养爱岗敬业和吃苦耐劳精神，及求真务实的工作态度。
	思政目标	弘扬劳模精神、劳动精神、工匠精神。
教学引导	知识准备	运动控制系统； 运动控制向导的使用
	技能准备	运动控制的应用编程举例
	技能训练	运动控制的应用编程实训
	建议学时	10 学时

知识引导

▶ 7.1　运动控制系统

西门子 S7-200 Smart 系列 PLC 硬件集成运动控制功能，能够满足一般的运动控制需求。基于西门子 S7-200 Smart 系列 PLC 控制器的运动控制系统，常用交流伺服电机或步进电机驱动，虽然系统驱动电机不同，但 PLC 控制器的电气接线和编程方法相同，所以下面以步进电机驱动的运动控制系统为例，介绍运动控制系统的组成、电气接线及程序设计方法。

1. 运动控制系统的组成

基于西门子 S7-200 Smart 系列 PLC 控制器的运动控制系统组成，如图 7-1 所示。运动控制系统，核心是 PLC 控制器，除此还包含：丝杆与滑块套件、步进电机及其驱动器、编码器、接近开关（系统原点开关）、限位开关 1（系统正向限位开关）、限位开关 2（系统负向限位开关）。

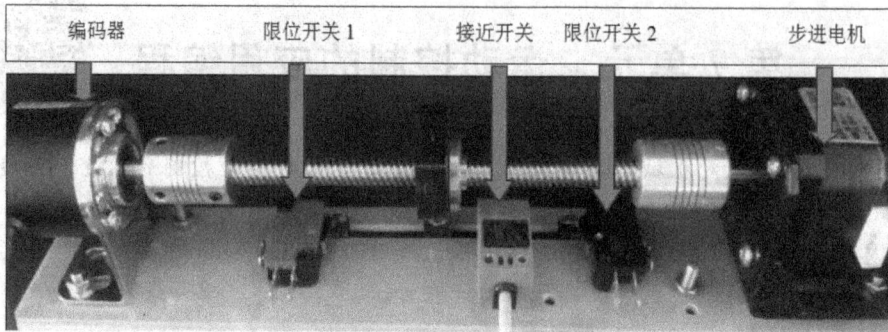

图 7-1　运动控制系统组成

PLC 控制器：运动控制系统的核心，执行系统的程序，接收来自编码器和各种开关传感器的信号，依据运动控制任务的要求发出控制指令给步进电机驱动器，步进电机驱动系统按照控制指令自动完成运动。

丝杆与滑块套件：丝杆通过两端的联轴器分别连接电机和编码器，电机和丝杆联轴一起转动，电机带动丝杆转动一圈，套在丝杆上的滑块就滑行一个丝杆的螺纹间距（如丝杆螺距为 2mm，电机正转 2 圈，则滑块向前滑行 4mm）。

步进电机及其驱动器：步进电机及其驱动器构成步进电机驱动系统，步进电机驱动器需用码盘设置电流和每转一圈对应脉冲数，步进电机驱动器与 PLC 电气连接，接收来自 PLC 的运动指令，然后自动按指令完成运动。

编码器：可测量滑块的位置和运动速度。

各种开关传感器：接近开关，即运动控制系统的原点开关，PLC 的运动控制程序将以此开关信号查找原点并设置原点坐标；限位开关 1，即系统正向限位开关，PLC 的运动控制程序将以此开关信号判断滑块正向超限并停止；限位开关 2，即系统负向限位开关，PLC 的运动控制程序将以此开关信号判断滑块负向超限并停止。

2. 运动控制系统的电气接线

图 7-1 对应的运动控制系统，其电气接线如图 7-2 所示。运动控制系统电气接线与运动控制向导参数设置要匹配，本单元"7.2 运动控制向导的使用"中的运动控制向导的参数设置与图 7-2 电气接线相匹配。

S7-200 Smart ST30 PLC 的输入接线：接近开关 SQ0（系统原点开关）连接 I0.7，对应图 7-8 运动控制向导的输入参数 RPS 设置；限位开关 SQ1（系统正向限位开关）连接 I0.5，对应图 7-6 运动控制向导的输入参数 LMT＋设置；限位开关 SQ2（系统负向限位开关）连接 I0.6，对应图 7-7 运动控制向导的输入参数 LMT-设置。

限位开关与 PLC 的接线提示：限位开关共有 3 个管脚，其中 2 个在正面，1 个在侧面，侧面的为公共端，正面的两个一个为常开，另一个为常闭，可用万用表测出常开与常闭对应的管脚，通常将公共端接到 0V，常闭接到 PLC 输入点上。

S7-200 Smart ST30 PLC 的输出接线：PLC 输出 2 个信号给步进电机驱动器，脉冲信号 Q0.0 连接步进电机驱动器的 PUL＋，方向信号 Q0.2 连接步进电机驱动器的 DIR＋，

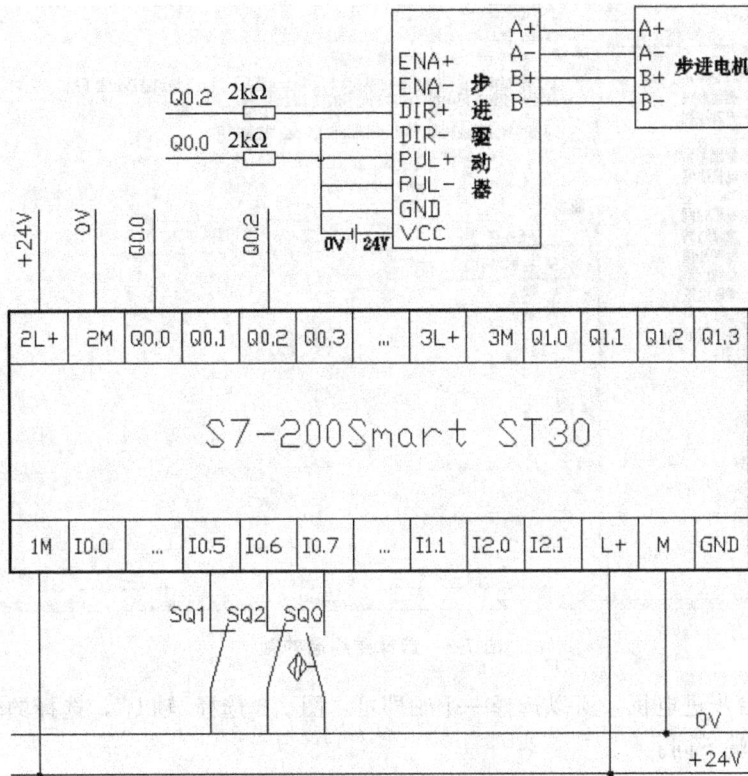

图 7-2　运动控制系统电气接线图

对应图 7-16 运动控制向导的 I/O 映射表。

PLC 与步进电机驱动器的接线提示：连接线需要加 2kΩ 的限流电阻。

▶ 7.2　运动控制向导的使用

STEP 7-MicroWIN SMART 编程软件，带有运动控制向导，打开运动控制向导设置有关参数，就能生成若干运动控制子例程，利用这些子例程就能够帮助用户快速完成运动控制应用程序设计。

打开运动控制向导的方法：在"工具"(Tools)菜单功能区的"向导"(Wizards)区域单击"运动"(Motion)按钮；或在项目树中打开"向导"(Wizards)文件夹，然后双击"运动控制"(Motion)。

1. 运动控制向导的参数设置

运动控制向导的参数设置，需要运动控制系统的硬件信息和运动要求。系统硬件信息：电机转一圈要多少个脉冲、丝杆螺距、原点开关与 PLC 的接线、限位开关与 PLC 的接线等。

按照图 7-1 和图 7-2 所示的运动控制系统，设置运动控制向导参数如图 7-3 所示。

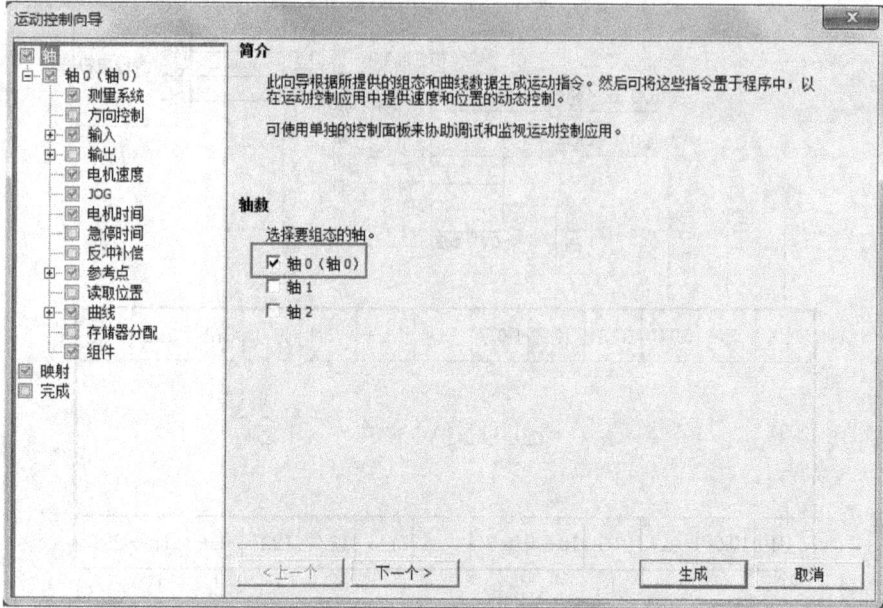

图 7-3　选择要组态的轴

　　只有一台步进电机，所以选择一个轴即可，图 7-3 选择"轴 0"，选择的轴不同对应的 PLC 输出端不同。

　　测量系统一般选择工程单位。图 7-4 中，设置步进电机转一圈 PLC 所需要发送的脉冲个数 1600 个，电机转一圈滑块运动 1 个螺距 2.0mm。

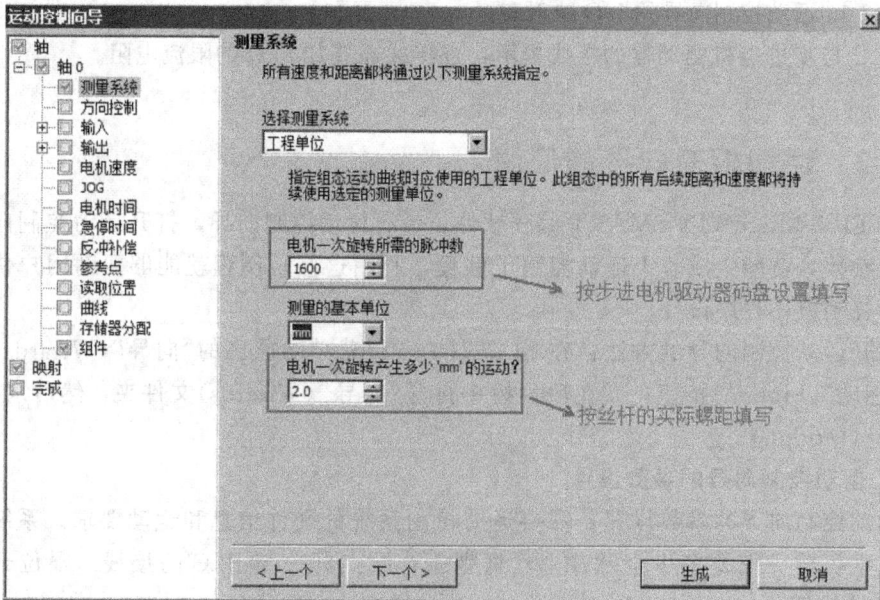

图 7-4　设置轴的测量系统

图 7-5 中，设置运动控制的方式是"脉冲＋方向"信号，即 PLC 输出脉冲和方向信号给步进电机驱动器，来控制步进电机的运动。

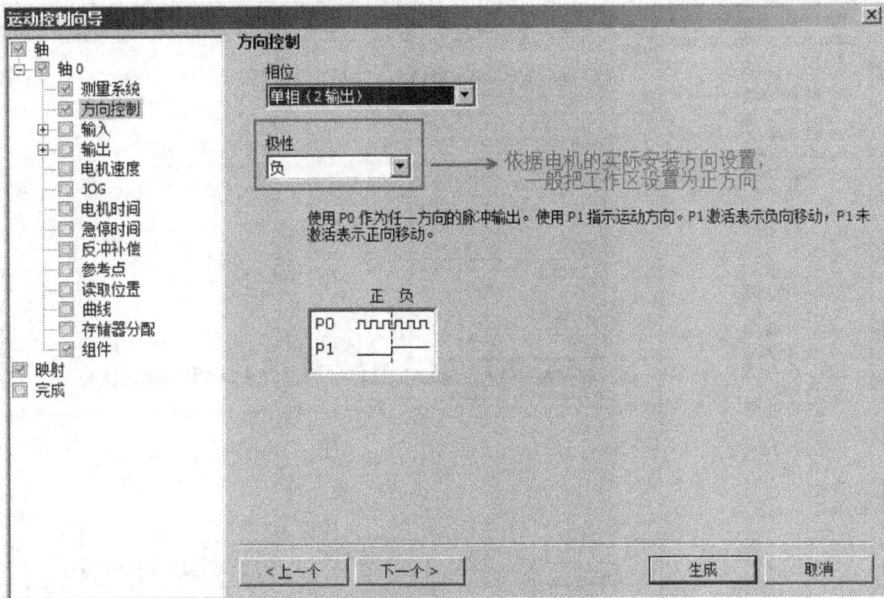

图 7-5　运动控制的方式设置

图 7-6 中，设置运动控制系统的正向限位开关连接 I0.5，正向限位信号产生时轴 0 立即停止运动，正向限位开关断开时产生限位信号。

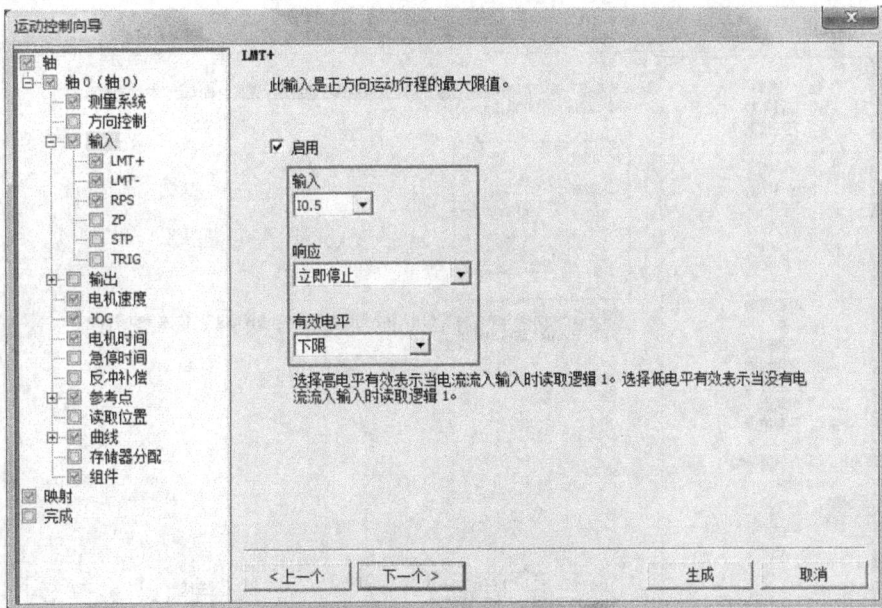

图 7-6　运动控制向导的输入参数 LMT＋设置

图 7-7 中，设置运动控制系统的负向限位开关连接 I0.6，负向限位信号产生时轴 0 立即停止运动，负向限位开关断开时产生限位信号。

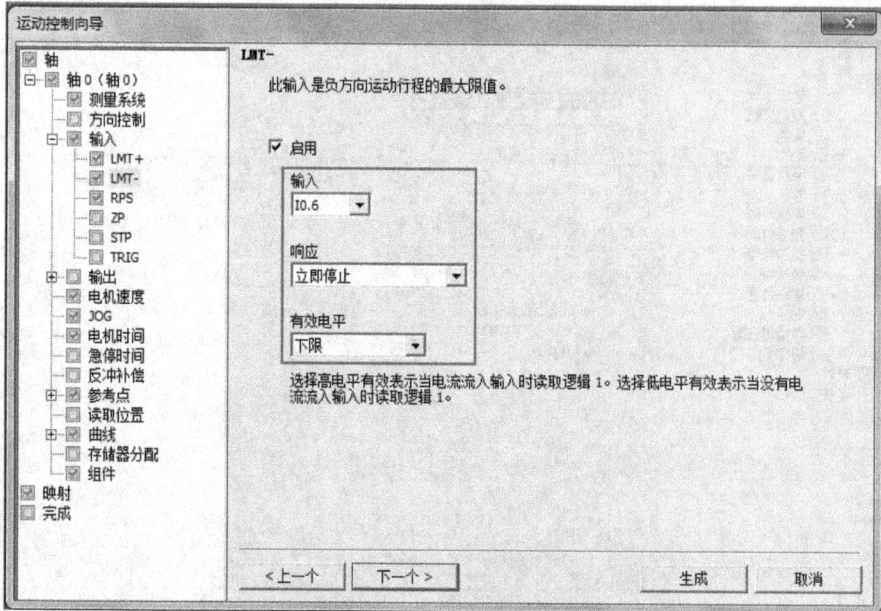

图 7-7 运动控制向导的输入参数 LMT－设置

图 7-8 中，设置运动控制系统的原点开关连接 I0.7，原点开关闭合时滑块到原点，该点是系统坐标系的 0 位置。

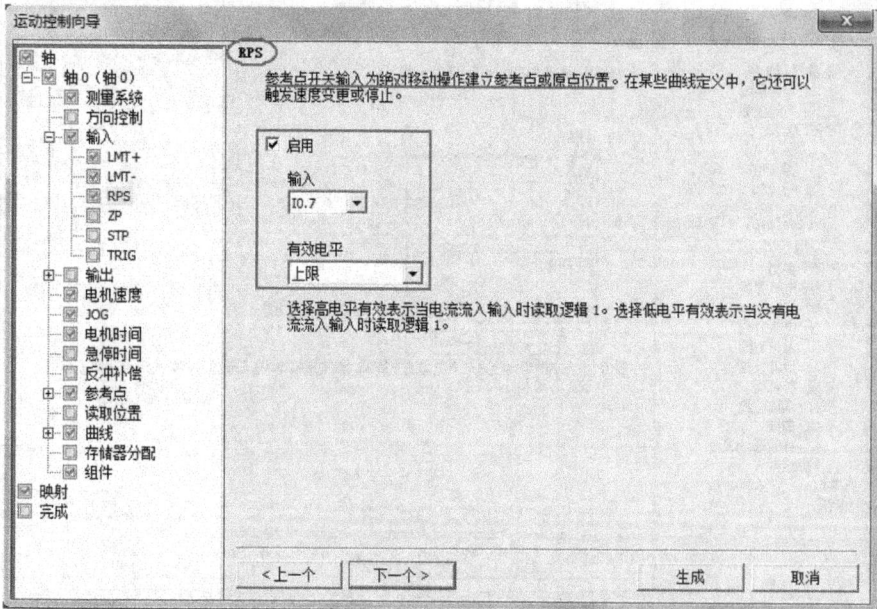

图 7-8 运动控制向导的输入参数 RPS 设置

图 7-9 中，设置步进电机的最大速度 20mm/s，最小速度 0.008mm/s 等，这些速度设置不当会造成电机过载。

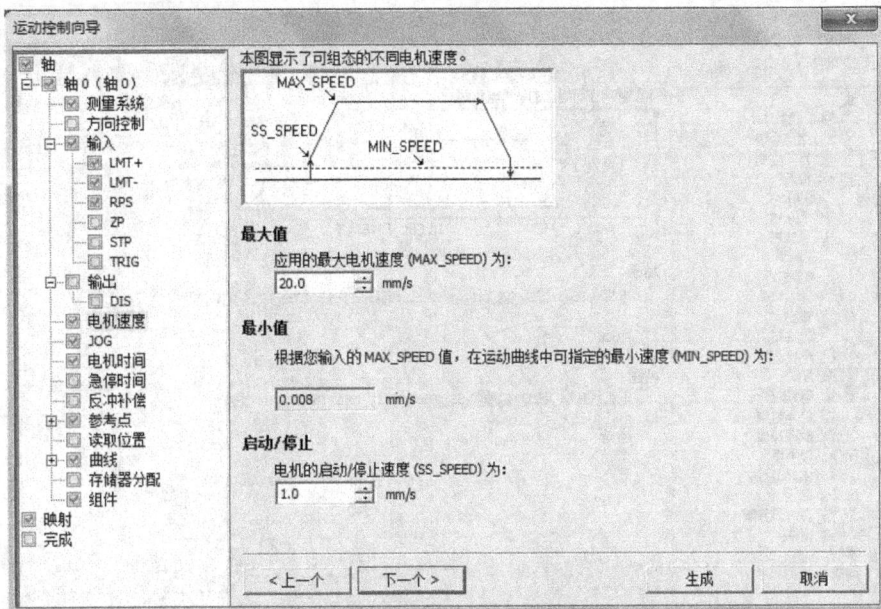

图 7-9　电机运行极限速度的设置

图 7-10 中，设置步进电机点动速度，这些速度设置不当会造成电机过载。

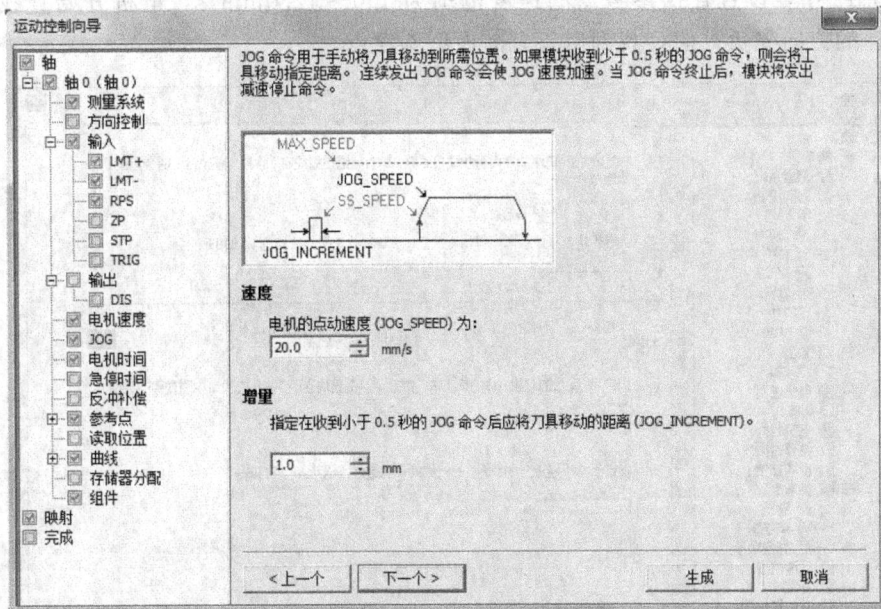

图 7-10　电机点动速度的设置

图 7-11 中，设置步进电机的加减速时间，加减速时间数值越大电机运行的加速度越小，加减速时间数值越小电机运行的加速度越大。加减速时间设置太小会造成电机过载。

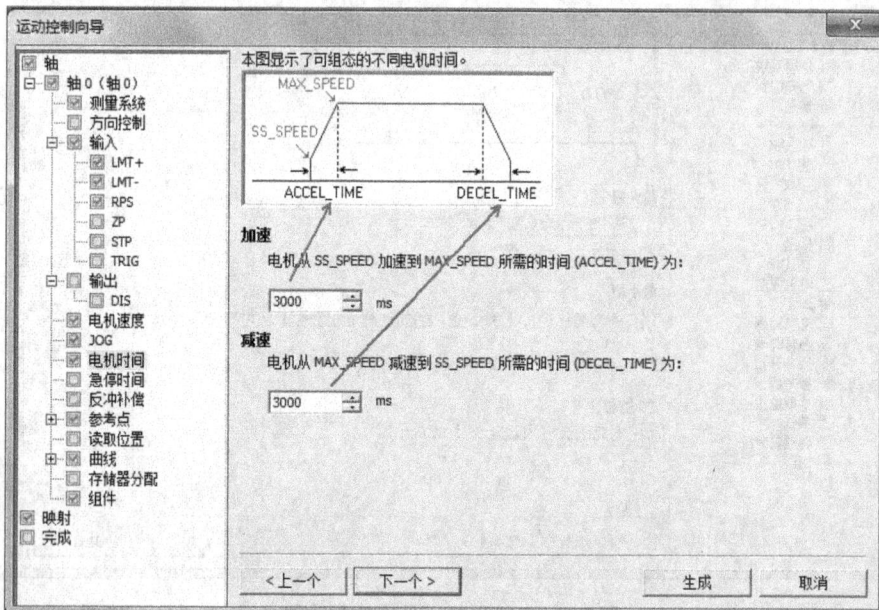

图 7-11　电机加减速时间设置

图 7-12 中，设置查找参考点的速度范围为 1.0～12.0mm/s，电机开始查找参考点（原点）的方向先负方向，找到后正方向逼近参考点。

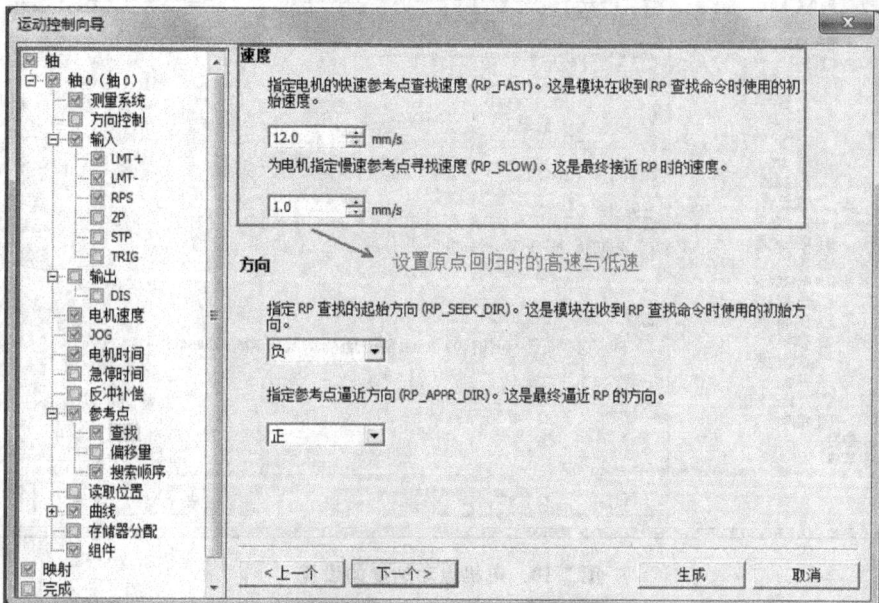

图 7-12　设置查找参考点的速度范围和方向

图 7-13 中，设置参考点搜索方式为"4"，收到指令后电机将按图 7-13 所示曲线查
找逼近参考点。

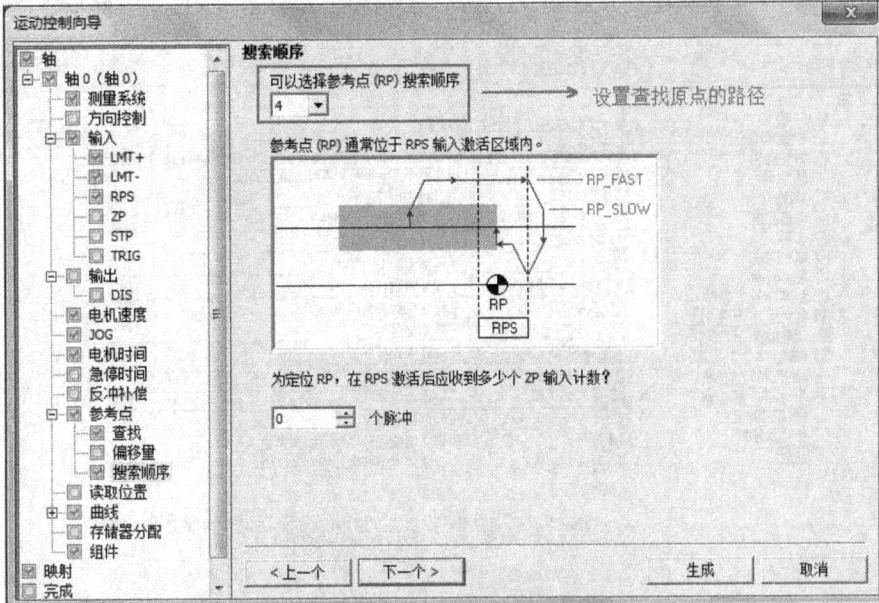

图 7-13　参考点搜索方式选择

图 7-14 中，设置运动控制向导需要的 V 存储器的起始地址及大小，单击"建议"按
钮分配未使用的 V 存储区间，这样可以避免 V 存储区使用冲突。

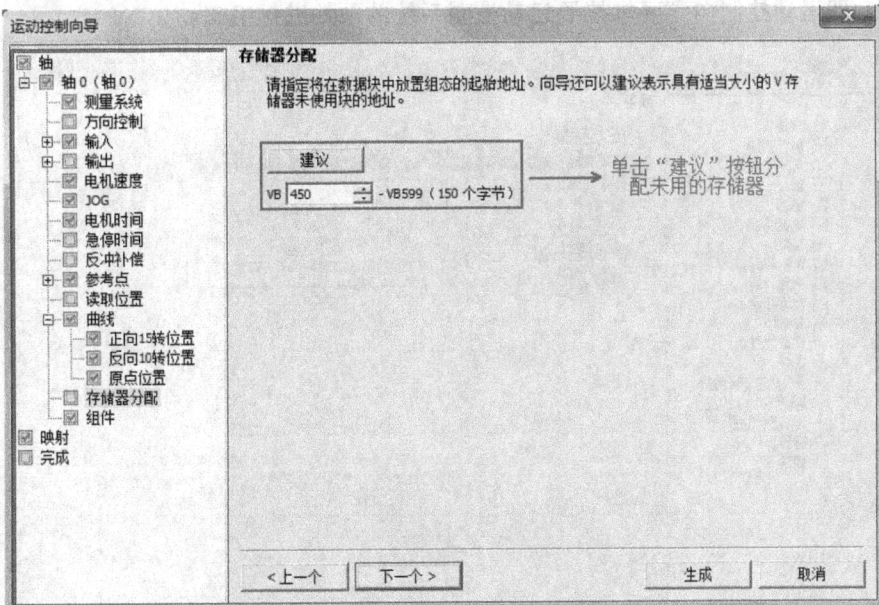

图 7-14　PWM 脉冲控制信号灯亮度变化电路

如图 7-15 所示，运动控制向导生成的组件，可根据运动控制系统程序设计的需要选择要生成的子例程。常用的子例程有 AXIS0 _ CTRL 子例程、AXIS0 _ RSEEK 子例程、AXIS0 _ MAN 子例程、AXIS0 _ GOTO 子例程、AXIS0 _ RUN 子例程。

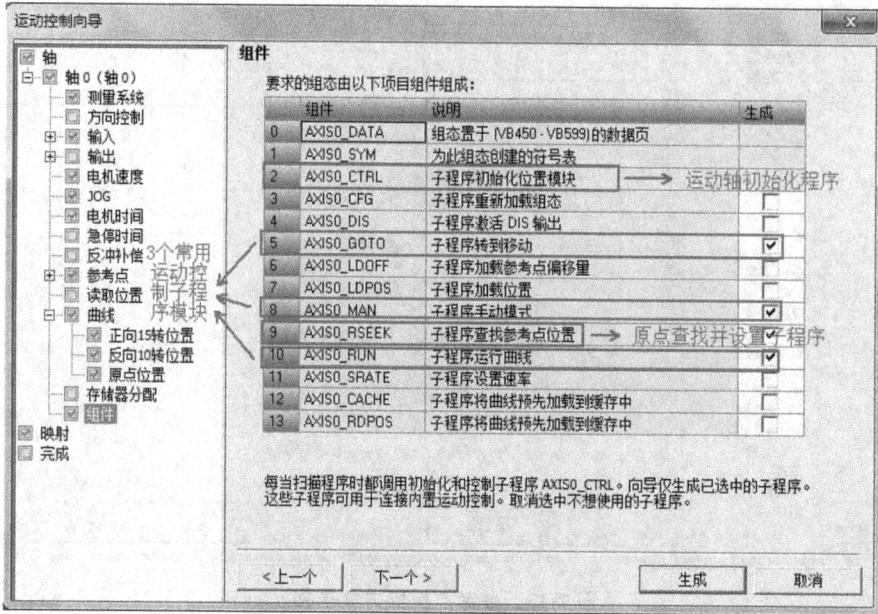

图 7-15　PWM 脉冲控制信号灯亮度变化电路

如图 7-16 所示，运动控制向导的 I/O 映射表，I/O 映射表与运动控制系统电气接线一致，即运动控制向导要求按照运动控制系统的硬件进行组态。

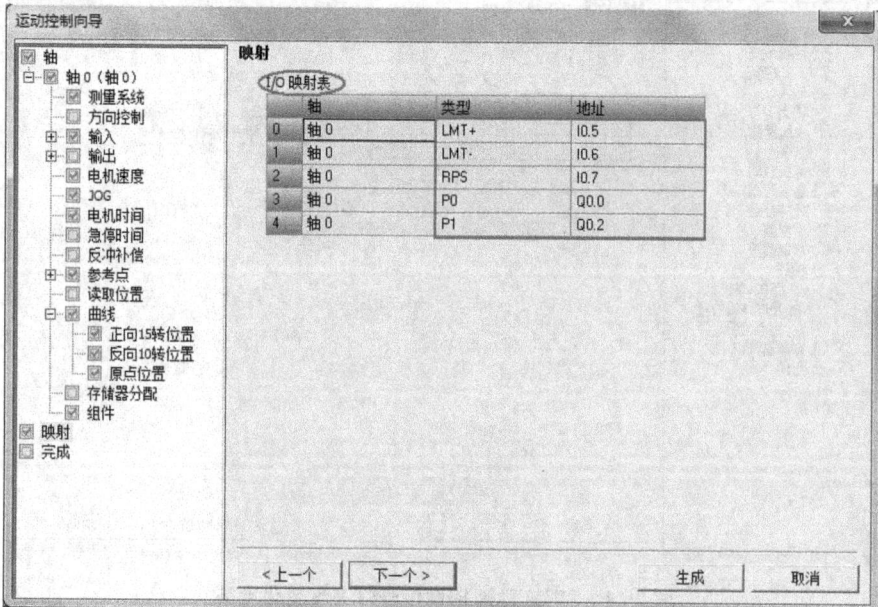

图 7-16　运动控制向导的 I/O 映射表

2. 运动控制向导生成的主要组件

（1）AXISx _ CTRL 子例程

AXISx _ CTRL 子例程（控制）启用和初始化运动轴，方法是自动命令运动轴每次 CPU 更改为 RUN 模式时加载组态/曲线表。在项目中只对每条运动轴使用此子例程一次，并确保程序会在每次扫描时调用此子例程，常使用 SM0.0（始终开启）作为 EN 参数的输入。

AXISx _ CTRL 子例程编程示例如图 7-17 所示。

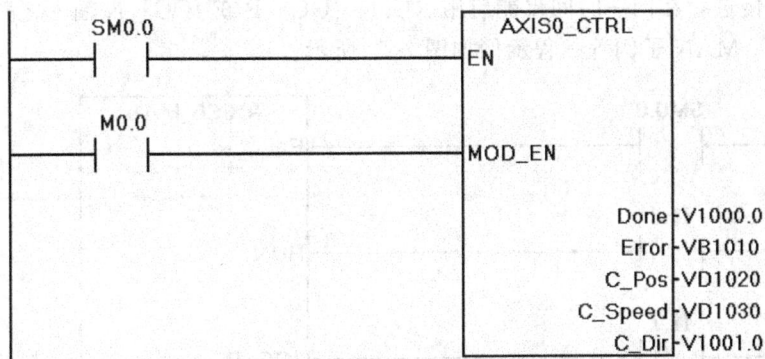

图 7-17　AXISx _ CTRL 子例程编程示例

MOD _ EN 参数必须开启，才能启用其他运动控制子例程向运动轴发送命令；如果 MOD _ EN 参数关闭，运动轴会中止所有正在进行的命令。AXISx _ CTRL 子例程的输出参数提供运动轴的当前状态，C _ Pos 参数表示运动轴的当前位置，C _ Speed 参数提供运动轴的当前速度，C _ Dir 参数表示电机的当前方向（信号状态 0 表示正向，信号状态 1 表示反向），当运动轴完成子例程时 Done 参数会开启。

（2）AXISx _ RSEEK 子例程

AXISx _ RSEEK 子例程使用运动控制向导图 7-12 中设置的搜索方法启动参考点搜索操作（即原点回归操作），运动轴找到参考点且运动停止后，运动轴将 RP _ OFFSET 参数值载入当前位置，偏移 RP _ OFFSET 参数值为 0 时运动轴将当前位置设为 0 位置（坐标原点）。

AXISx _ RSEEK 子例程编程示例如图 7-18 所示。

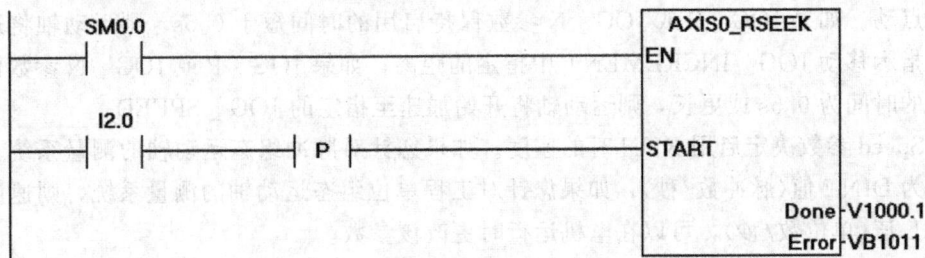

图 7-18　AXISx _ RSEEK 子例程编程示例

开启 EN 位会启用此子例程，确保 EN 位保持开启，直至 Done 位指示子例程执行已经完成。开启 START 参数将向运动轴发出 RSEEK 命令，对于在 START 参数开启且运动轴当前不繁忙时执行的每次扫描，该子例程向运动轴发送一个 RSEEK 命令，为了确保仅发送了一个命令，建议使用边沿检测元素用脉冲方式开启 START 参数。当运动轴完成此子例程时，Done 参数会开启。

(3)AXISx_MAN 子例程

AXISx_MAN 子例程将运动轴置为手动模式，允许电机按不同的速度运行，或沿正向或负向慢进，在同一时间仅能启用 RUN、JOG_P 或 JOG_N 输入之一。

AXISx_MAN 子例程编程示例如图 7-19 所示。

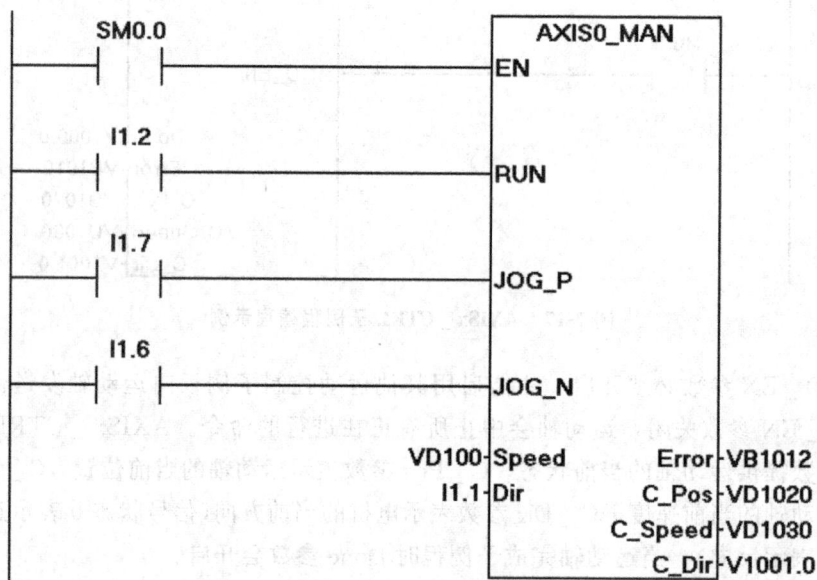

```
        SM0.0                              AXIS0_MAN
        ─┤├─────────────────────────────EN

         I1.2
        ─┤├─────────────────────────────RUN

         I1.7
        ─┤├─────────────────────────────JOG_P

         I1.6
        ─┤├─────────────────────────────JOG_N

                               VD100─Speed      Error─VB1012
                                 I1.1─Dir        C_Pos─VD1020
                                              C_Speed─VD1030
                                                C_Dir─V1001.0
```

图 7-19   AXISx_MAN 子例程编程示例

启用 RUN(运行/停止)参数命令运动轴加速至指定的速度(Speed 参数)和方向(Dir 参数)，可以在电机运行时更改 Speed 参数，但 Dir 参数必须保持为常数；禁用 RUN 参数会命令运动轴减速，直至电机停止。

启用 JOG_P(点动正向旋转)或 JOG_N(点动反向旋转)参数，命令运动轴正向或反向点动。如果 JOG_P 或 JOG_N 参数保持启用的时间短于 0.5s，则运动轴将通过脉冲指示移动 JOG_INCREMENT 中指定的距离；如果 JOG_P 或 JOG_N 参数保持启用的时间为 0.5s 或更长，则运动轴将开始加速至指定的 JOG_SPEED。

Speed 参数决定启用 RUN 时的速度。如果您针对脉冲组态运动轴的测量系统，则速度为 DINT 值(脉冲数/秒)；如果您针对工程单位组态运动轴的测量系统，则速度为 REAL 值(单位数/秒)，可以在电机运行时更改该参数。

(4)AXISx_GOTO 子例程

AXISx_GOTO 子例程命令运动轴转到所需位置。

AXISx_GOTO 子例程编程示例如图 7-20 所示。

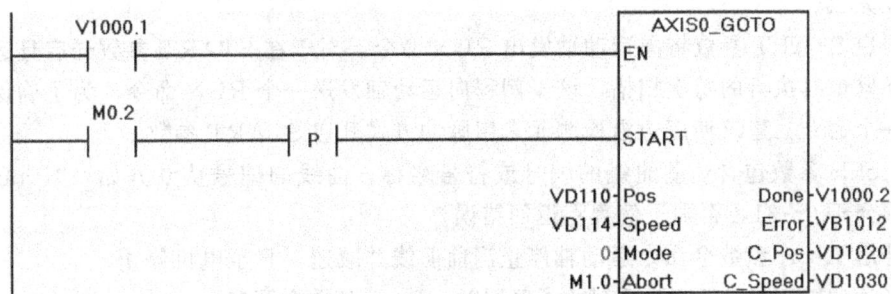

图 7-20　AXISx_GOTO 子例程编程示例

开启 EN 位会启用此子例程，需保持 EN 位保持开启，直至 DONE 位指示子例程执行已经完成。

开启 START 参数会向运动轴发出 GOTO 命令。对于在 START 参数开启且运动轴当前不繁忙时执行的每次扫描，该子例程向运动轴发送一个 GOTO 命令。为了确保仅发送了一个 GOTO 命令，建议使用边沿检测元素用脉冲方式开启 START 参数。

Pos 参数包含一个数值，指示要移动的位置（绝对移动）或要移动的距离（相对移动）。根据所选的测量单位，该值是脉冲数（DINT）或工程单位数（REAL）。

Speed 参数确定该移动的最高速度。根据所选的测量单位，该值是脉冲数/秒（DINT）或工程单位数/秒（REAL）。

Mode 参数选择移动的类型：0 是绝对位置、1 是相对位置、2 是单速连续正向旋转、3 是单速连续反向旋转。

开启 Abort 参数会命令运动轴停止执行此命令并减速，直至电机停止。

当运动轴完成 AXISx_GOTO 子例程时，Done 参数会开启。

(5)AXISx_RUN 子例程

AXISx_RUN 子例程，命令运动轴按照运动控制向导中存储在组态/曲线表的特定曲线执行运动操作，运动控制向导的曲线组态方法下一节学习。

AXISx_RUN 子例程编程示例如图 7-21 所示。

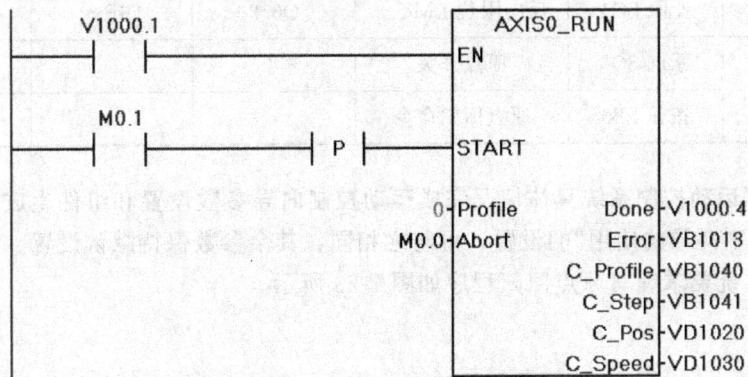

图 7-21　AXISx_RUN 子例程编程示例

开启 EN 位会启用此子例程，需保持 EN 位保持开启，直至 Done 位指示子例程执行已经完成。

开启 START 参数将向运动轴发出 RUN 命令。对于在 START 参数开启且运动轴当前不繁忙时执行的每次扫描，该子例程向运动轴发送一个 RUN 命令。为了确保仅发送了一个命令，建议使用边沿检测元素用脉冲方式开启 START 参数。

Profile 参数包含运动曲线的编号或符号名称，曲线的编号从 0 开始，"Profile"输入必须介于 0～31，否则子例程将返回错误。

开启 Abort 参数会命令运动轴停止当前曲线并减速，直至电机停止。

当运动轴完成 AXISx_RUN 子例程时，Done 参数会开启。

技能引导

7.3 运动控制的应用编程举例

AXIS0_CTRL 子例程、AXIS0_RSEEK 子例程、AXIS0_MAN 子例程、AXIS0_GOTO 子例程和 AXIS0_RUN 子例程，是运动控制编程常用的子程序块，其应用方法与技巧通过运动控制的应用编程举例来说明。

[例 7-1]原点回归编程：某运动控制系统（硬件参考图 7-1），电气接线图如图 7-22 所示，控制元件及接线端子分配如表 7-1，SQ0 为原点开关（即 I0.7 原点信号），利用运动控制向导生成的"AXIS0_RSEEK"子例程，编写原点回归程序。

原点回归程序功能：按下按钮 SB0，步进电机立即转动丝杆带动滑块回到原点开关 SQ0 位置，并设置原点开关位置为系统原点 0 位置。

表 7-1 控制元件及接线端子分配表

输　入			输　出		
PLC 输入点	信号名称	备注	PLC 输出点	信号名称	备注
I0.5	正限 SQ2	正向限位 LMT+	Q0.0	PUL+	P0 脉冲
I0.6	反限 SQ1	反向限位 LMT-	Q0.2	DIR+	P1 脉冲
I0.7	原点 SQ0	原点开关			
I2.0	按钮 SB0	原点回归命令			

（1）依据运动控制系统具体情况完成运动控制向导参数设置和组件生成，具体参见"7.2 运动控制向导的使用"的设置，可与之相同，其余参数保持默认设置。

（2）按系统要求编写原点回归程序如图 7-23 所示。

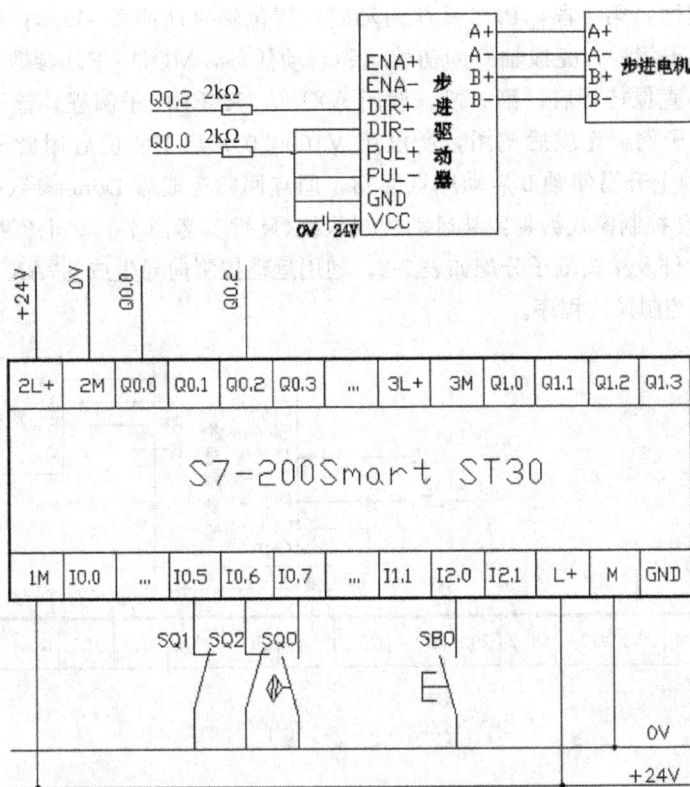

图 7-22　原点回归运动控制系统接线图

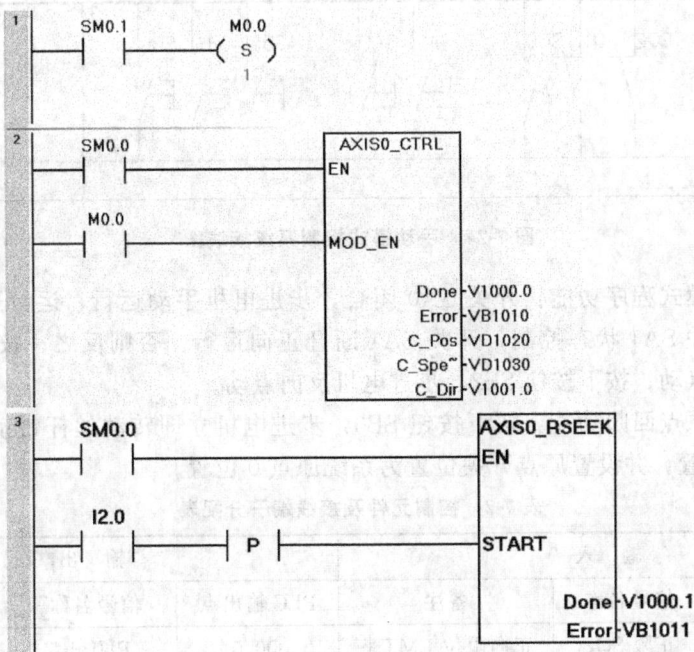

图 7-23　原点回归程序

175

原点回归程序：第 1 段，PLC 系统启动时，置位轴启动信号 M0.0；第 2 段，调用 AXIS0 _ CTRL 子例程，完成轴 0 的初始化和启动任务，MOD _ EN 参数 M0.0 需要在轴 0 运动期间一直保持开启；第 3 段，调用 AXIS0 _ RSEEK 子例程，该子例程需要在 AXIS0 _ CTRL 子例程完成后调用，所以用 V1000.0 开启 EN 位启用此子例程，按下 SB0 对应 I2.0 的上升沿使轴 0 启动原点回归，原点回归完成后 Done 参数会开启。

[例 7-2]手动控制模式编程：某运动控制系统（硬件参考图 7-1），电气接线图如图 7-24 所示，控制元件及接线端子分配如表 7-2，利用运动控制向导生成的"AXIS0 _ MAN"子例程，编写手动控制模式程序。

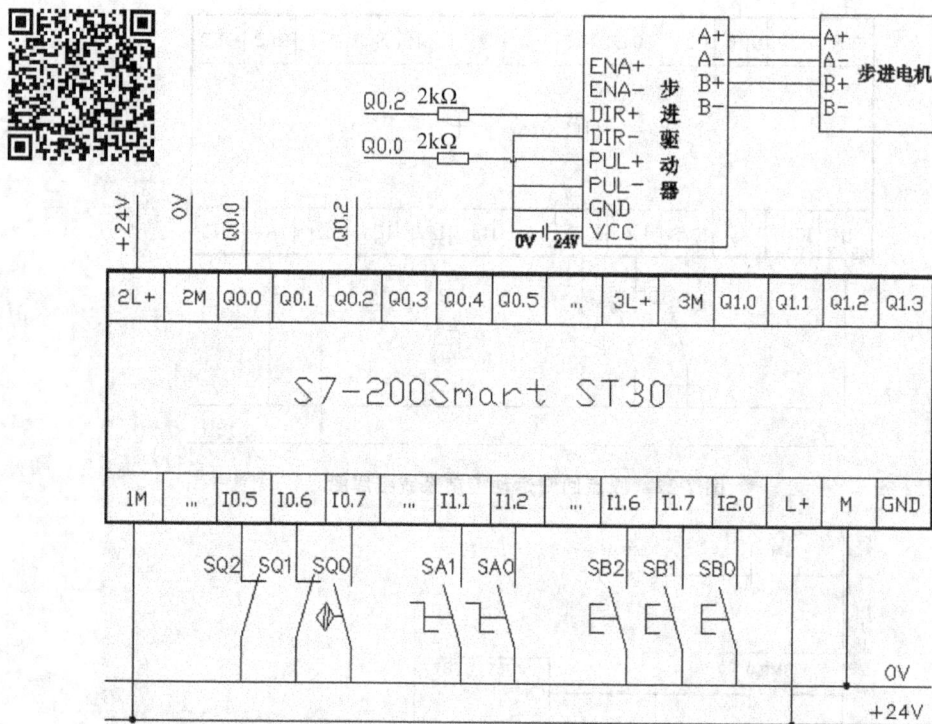

图 7-24　手动模式控制系统接线图

手动控制模式程序功能：开关 SA0 闭合，步进电机手动运行，运行速度 4mm/s，运行方向由开关 SA1 状态控制，开关 SA1 断开正向运行，否则反之；按下按钮 SB1，步进电机正向点动；按下按钮 SB2，步进电机反向点动。

系统具有原点回归功能：按下按钮 SB0，步进电机立即转动丝杆带动滑块回到原点开关 SQ0 位置，并设置原点开关位置为系统原点 0 位置。

表 7-2　控制元件及接线端子分配表

输　入			输　出		
PLC 输入点	信号名称	备注	PLC 输出点	信号名称	备注
I0.5	正限 SQ2	正向限位 LMT＋	Q0.0	PUL＋	P0 脉冲

续表

输　　入			输　　出		
PLC 输入点	信号名称	备注	PLC 输出点	信号名称	备注
I0.6	反限 SQ1	反向限位 LMT−	Q0.2	DIR＋	P1 脉冲
I0.7	原点 SQ0	原点开关			
I2.0	按钮 SB0	原点回归命令			
I1.1	开关 SA1	手动运行方向			
I1.2	开关 SA0	手动运行命令			
I1.6	按钮 SB2	反向点动命令			
I1.7	按钮 SB1	正向点动命令			

　　(1)依据运动控制系统具体情况完成运动控制向导参数设置和组件生成，具体参见"7.2 运动控制向导的使用"的设置，可与之相同，其余参数保持默认设置。

　　(2)按系统要求编写运动控制手动模式程序如图 7-25 所示。

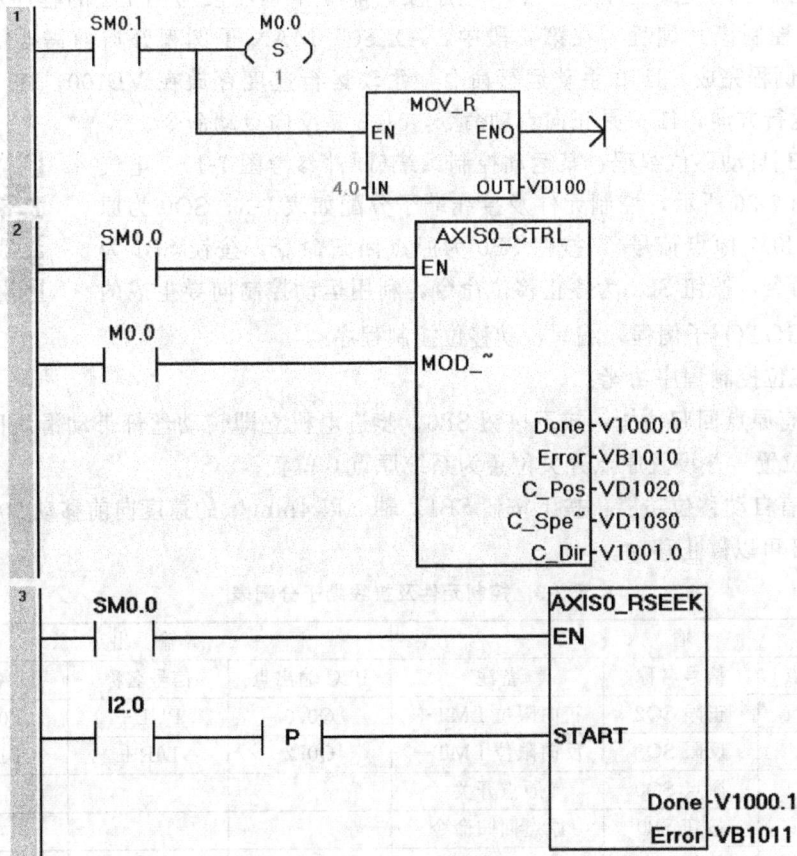

图 7-25　运动控制手动模式程序

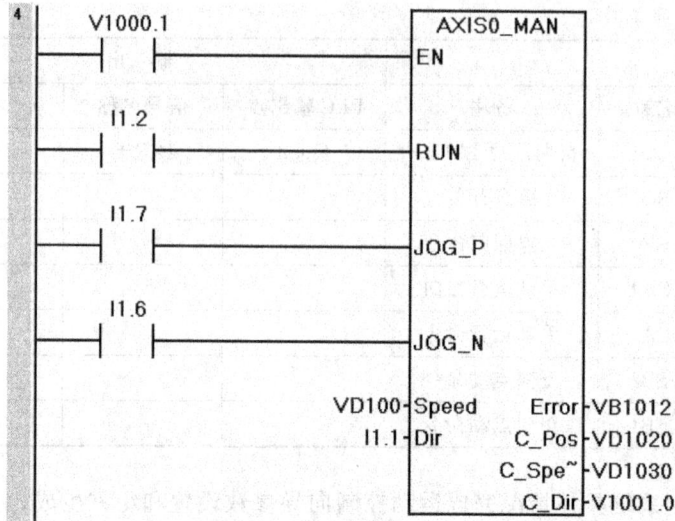

(续)图 7-25 运动控制手动模式程序

运动控制手动模式程序包含 4 个程序段，前 3 个程序段与例 7-1 的程序相同，第 4 段是手动控制模式编程。在第 4 段中，AXIS0_MAN 子例程开启前需要 AXIS0_RSEEK 子例程完成，I1.2 手动运行命令，手动运行速度存放在 VD100，I1.1 的状态控制手动运行方向，I1.7 是正向点动命令，I1.6 是反向点动命令。

[例 7-3]自动移位编程：某运动控制系统(硬件参考图 7-1)，电气接线图如图 7-26 所示，控制元件及接线端子分配如表 7-3，SQ0 为原点开关(即 I0.7 原点信号)，按钮 SB0 为原点回归命令，按钮 SB1 为自动移位命令，按钮 SB2 为停止移位命令，利用运动控制向导生成的"AXIS0_GOTO"子例程，编写自动移位控制程序。

自动移位控制程序功能：

(1)具有原点回归功能：按下按钮 SB0，步进电机立即转动丝杆带动滑块回到原点开关 SQ0 位置，并设置原点开关位置为系统原点 0 位置；

(2)具有自动移位功能：按下按钮 SB1，轴 0 以 4mm/s 的速度向前移动 20mm，按下按钮 SB2 可以停止移动。

表 7-3 控制元件及接线端子分配表

输　入			输　出		
PLC 输入点	信号名称	备注	PLC 输出点	信号名称	备注
I0.5	正限 SQ2	正向限位 LMT+	Q0.0	PUL+	P0 脉冲
I0.6	反限 SQ1	反向限位 LMT-	Q0.2	DIR+	P1 脉冲
I0.7	原点 SQ0	原点开关			
I2.0	按钮 SB0	原点回归命令			
I1.6	按钮 SB2	停止移位命令			
I1.7	按钮 SB1	自动移位命令			

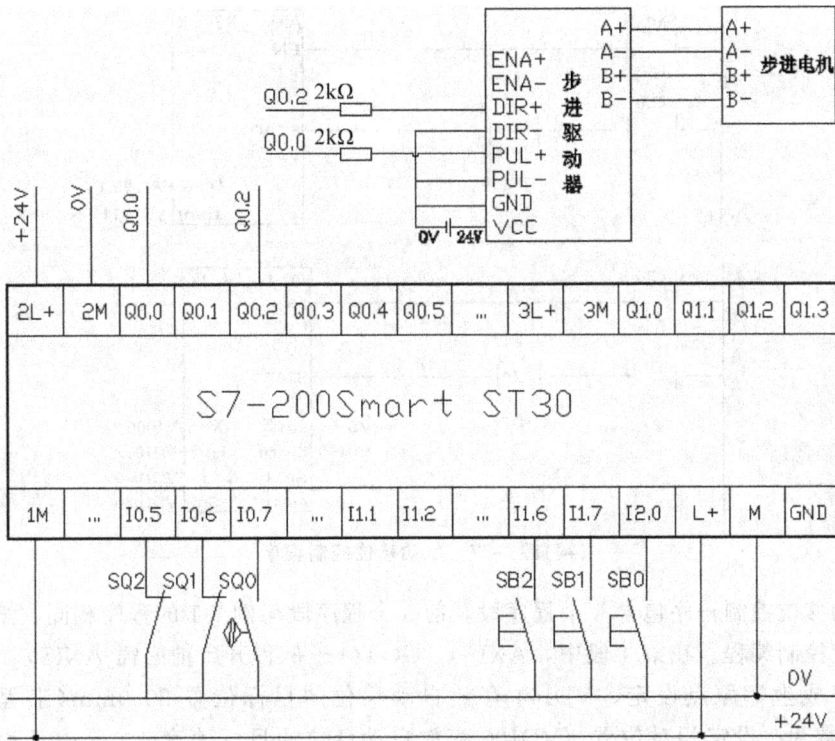

图 7-26　自动移位运动控制系统接线图

（1）依据运动控制系统具体情况完成运动控制向导参数设置和组件生成，具体参见"7.2 运动控制向导的使用"的设置，可与之相同，其余参数保持默认设置。

（2）按要求编写自动移位控制程序如图 7-27 所示。

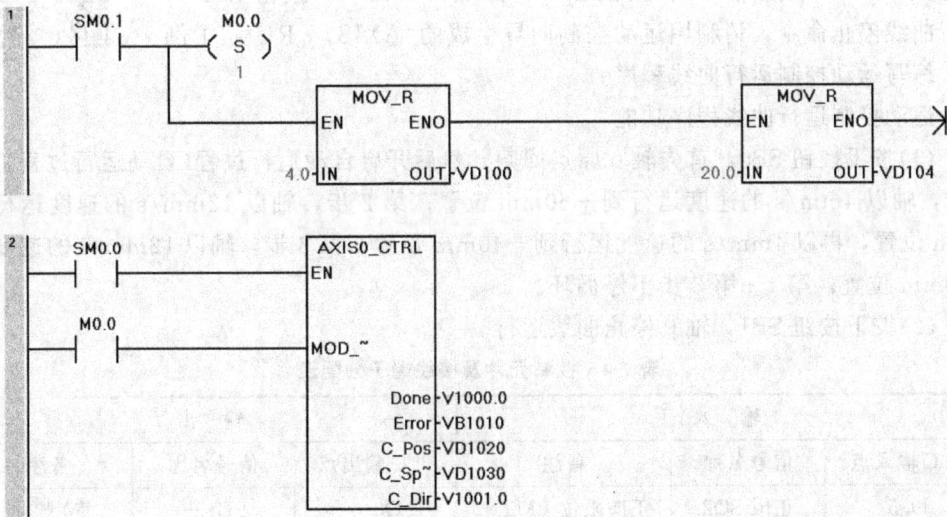

图 7-27　自动移位控制程序

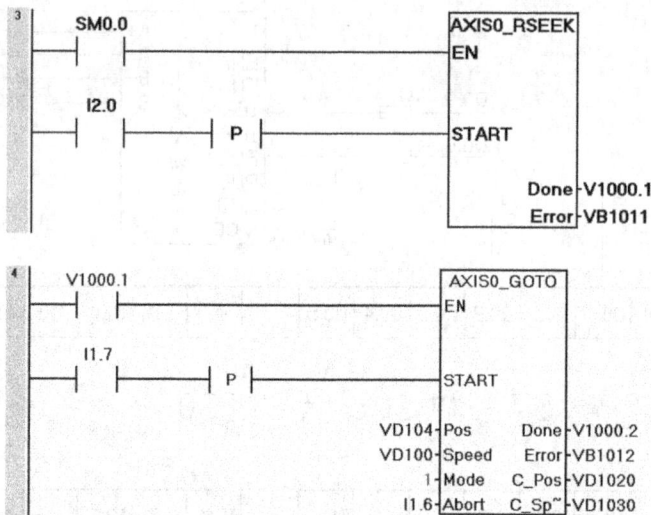

(续)图 7-27　自动移位控制程序

自动移位控制程序包含 4 个程序段，前 3 个程序段与例 7-1 的程序相同，第 4 段是自动移位控制编程。在第 4 段中，AXIS0 _ GOTO 子例程开启前必需 AXIS0 _ RSEEK子例程完成坐标原点设定，VD104 存放自动移位的目标位置 20.0mm（工程单位），Mode 参数为 1 设定相对位置，VD100 存放自动移位的目标速度 4.0mm（工程单位），自动移位启动信号 I1.7 的上升沿使轴 0 自动移位开始并自动移位到距离当前位置20.0mm 处，轴 0 自动移位过程中能够被 I1.6 信号停止。

[例 7-4]运行曲线编程：某运动控制系统（硬件参考图 7-1），电气接线图如图 7-28 所示，控制元件及接线端子分配如表 7-4，SQ0 为原点开关（即 I0.7 原点信号），按钮 SB0 为原点回归命令，按钮 SB1 为运行曲线停止命令，请利用运动控制向导生成的"AXIS0 _ RUN"子例程，编写运动控制运行曲线程序。

运动控制运行曲线程序功能：

（1）按下按钮 SB0，首先轴 0 原点回归，然后开启自动运行过程（自动运行过程：第1 步，轴以 4mm/s 的速度运行到＋60mm 位置；第 2 步，轴以 12mm/s 的速度运行到0mm 位置，再以 4mm/s 的速度运行到－40mm 位置；第 3 步，轴以 12mm/s 的速度回到 0mm 位置；第 1～第 3 步不停循环）；

（2）按下按钮 SB1，轴 0 停止曲线运行。

表 7-4　控制元件及接线端子分配表

输　入			输　出		
PLC 输入点	信号名称	备注	PLC 输出点	信号名称	备注
I0.5	正限 SQ2	正向限位 LMT＋	Q0.0	PUL＋	P0 脉冲
I0.6	反限 SQ1	反向限位 LMT－	Q0.2	DIR＋	P1 脉冲

续表

输　入			输　出		
PLC 输入点	信号名称	备注	PLC 输出点	信号名称	备注
I0.7	原点 SQ0	原点开关			
I2.0	按钮 SB0	原点回归命令			
I1.6	按钮 SB1	停止曲线命令			

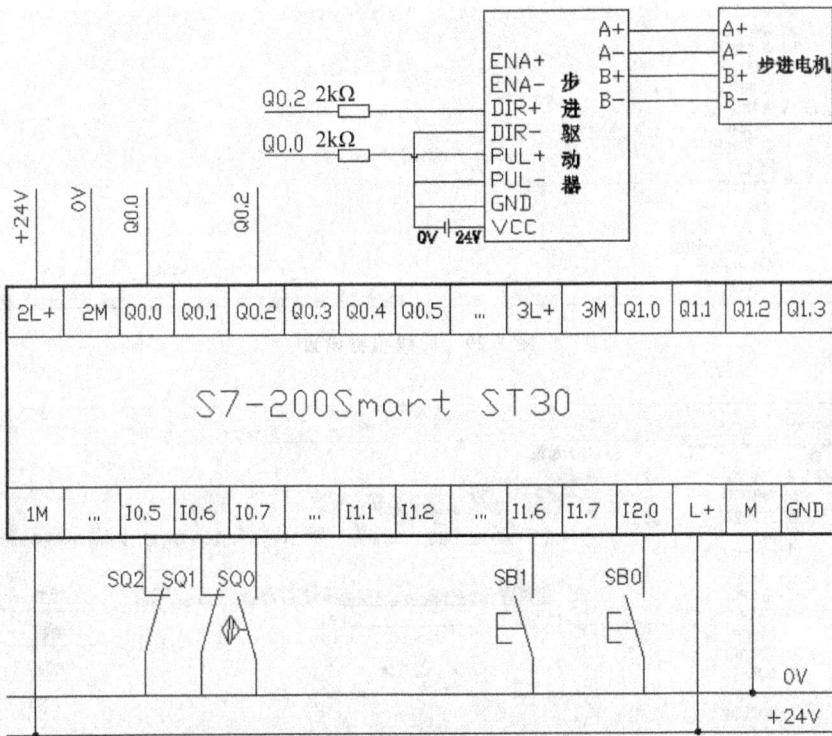

图 7-28　运行曲线运动控制系统接线图

(1)依据运动控制系统具体情况完成运动控制向导参数设置和组件生成，具体参见"7.2 运动控制向导的使用"的设置，可与之相同，按轴 0 运动要求添加 3 条曲线并设置参数如图 7-29～图 7-32 所示。

(2)按系统要求编写运动控制运行曲线程序

编写运动控制运行曲线主程序如图 7-33 所示。

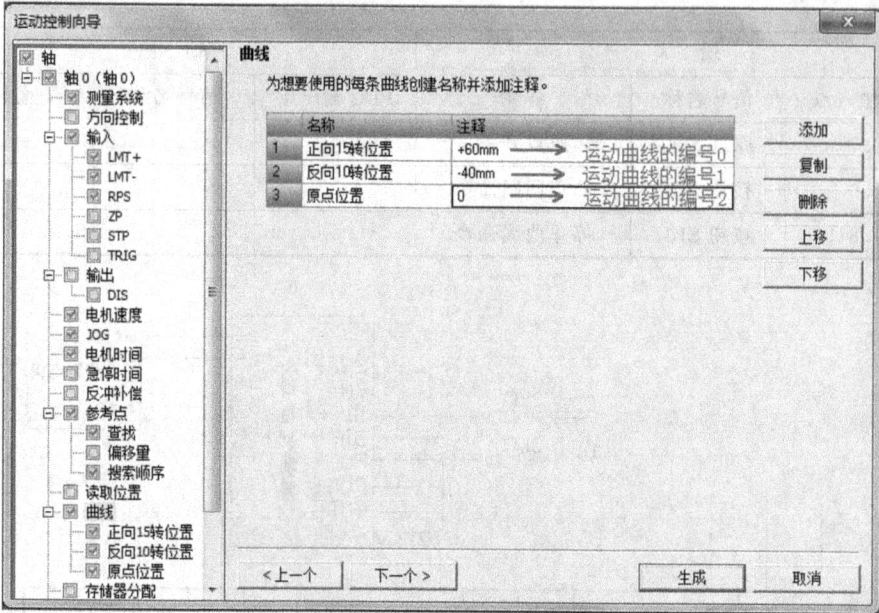

图 7-29　曲线名称设置

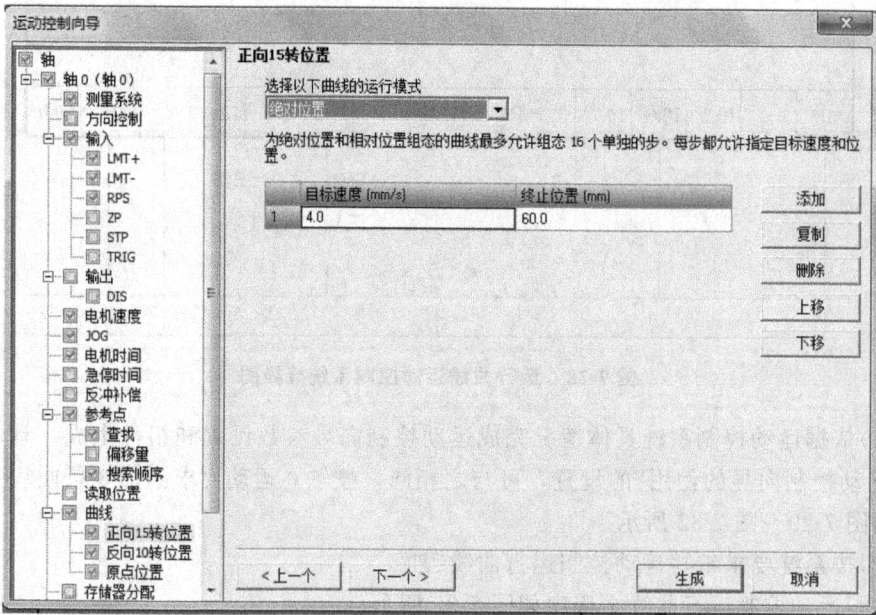

图 7-30　曲线 0 的速度与终止位置参数

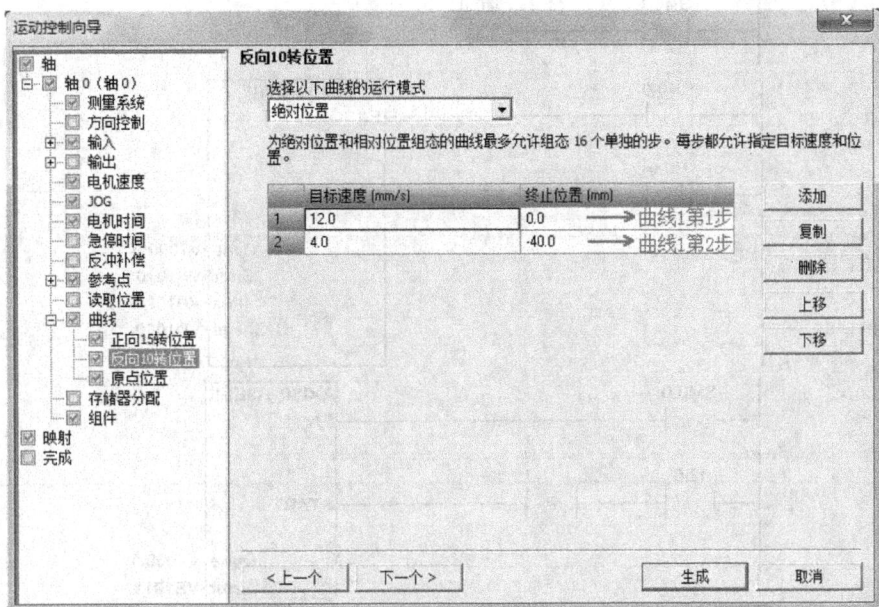

图 7-31　曲线 1 的速度与终止位置参数

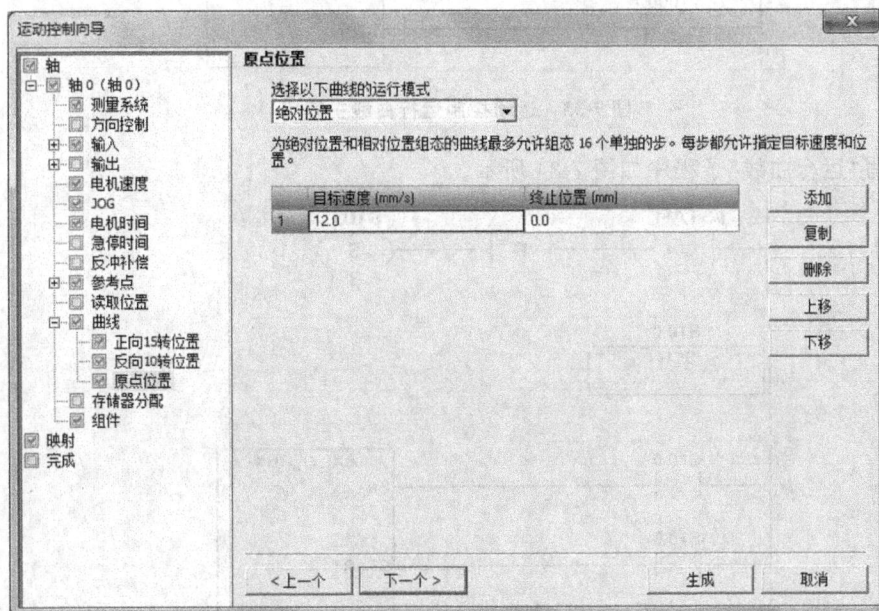

图 7-32　曲线 2 的速度与终止位置参数

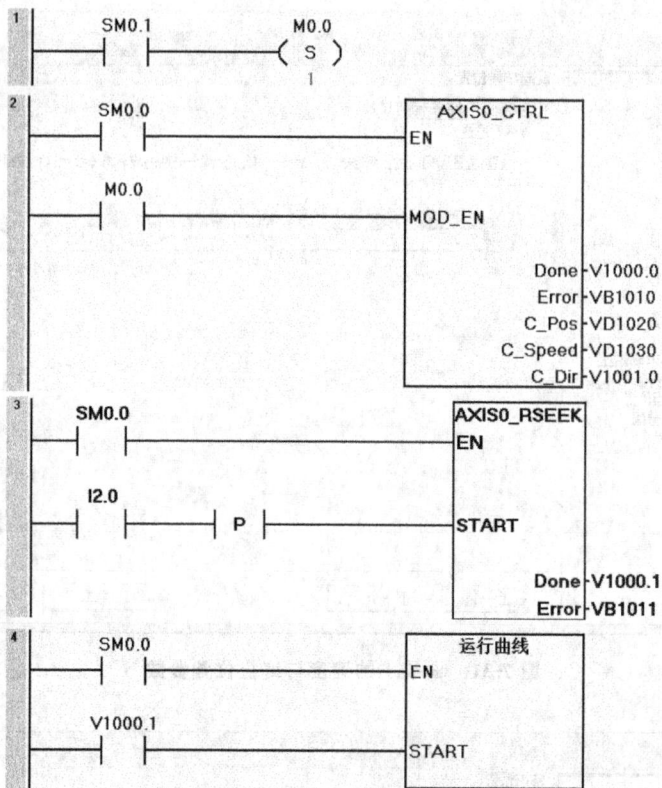

图 7-33　运动控制运行曲线主程序

编写"运行曲线"子程序如图 7-34 所示。

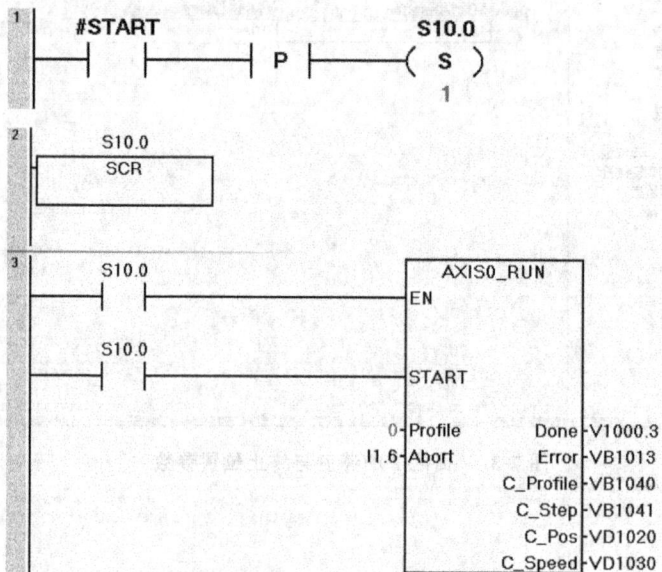

图 7-34　运动控制运行曲线子程序

```
4      V1000.3              S10.1
    ┤├──────┤├──────────(SCRT)

5
    ──(SCRE)

6      S10.1
    ┌─────────────┐
    │ SCR         │
    └─────────────┘

7      S10.1                        ┌──────────────────┐
    ┤├──────┤├────────────────────│ AXIS0_RUN        │
                                   │EN                │
       S10.1                       │                  │
    ┤├──────┤├────────────────────│START             │
                                   │                  │
                              1 ─  │Profile    Done ──│ V1000.4
                            I1.6 ─ │Abort     Error ──│ VB1013
                                   │       C_Profile ─│ VB1040
                                   │         C_Step ──│ VB1041
                                   │          C_Pos ──│ VD1020
                                   │        C_Speed ──│ VD1030
                                   └──────────────────┘

8      V1000.4             S10.2
    ┤├──────┤├──────────(SCRT)

9
    ──(SCRE)

10     S10.2
    ┌─────────────┐
    │ SCR         │
    └─────────────┘

11     S10.2                        ┌──────────────────┐
    ┤├──────┤├────────────────────│ AXIS0_RUN        │
                                   │EN                │
       S10.2                       │                  │
    ┤├──────┤├────────────────────│START             │
                                   │                  │
                              2 ─  │Profile    Done ──│ V1000.5
                            I1.6 ─ │Abort     Error ──│ VB1013
                                   │       C_Profile ─│ VB1040
                                   │         C_Step ──│ VB1041
                                   │          C_Pos ──│ VD1020
                                   │        C_Speed ──│ VD1030
                                   └──────────────────┘

12     V1000.5             S10.0
    ┤├──────┤├──────────(SCRT)

13
    ──(SCRE)
```

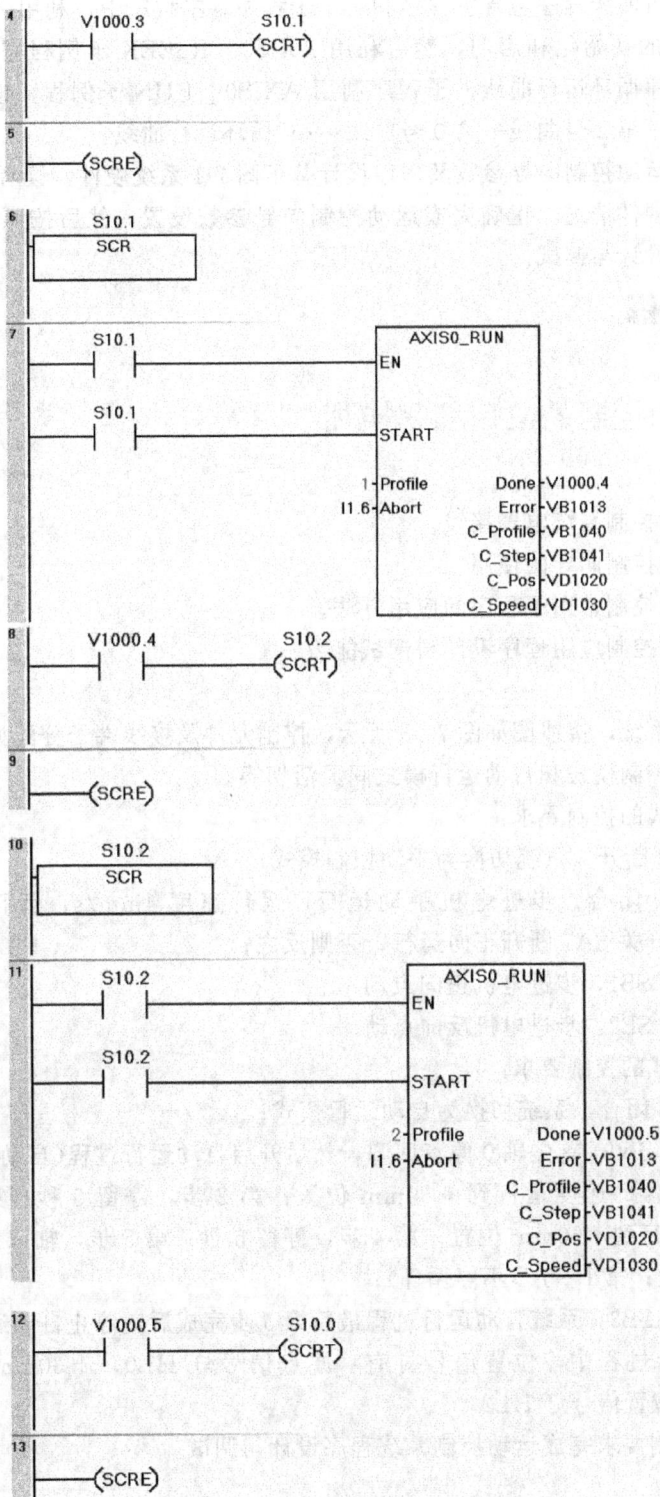

(续)图 7-34　运动控制运行曲线子程序

运动控制运行曲线程序包含主程序和一个子程序。主程序中，利用 AXIS0 _ CTRL 子例程完成轴 0 的初始化和启动，然后利用 AXIS0 _ RSEEK 子例程完成坐标原点设定，再调用子程序循环运行曲线。子程序利用 AXIS0 _ RUN 子例程，按照"第 0 号曲线—第 1 号曲线—第 2 号曲线—第 0 号曲线……"循环运行曲线。

以上例题的运动控制向导参数及程序设计基于图 7-1 系统硬件，读者可以依据不同的运动控制系统硬件情况，正确完成运动控制向导参数设置，然后按照例题要求并参考例程完成程序设计与调试。

技能训练

▶ 7.4 运动控制的应用编程实训

1. 实训目的

(1)熟悉运动控制系统电气接线。

(2)掌握运动控制向导的使用。

(3)掌握运动控制常用子程序的应用方法。

(4)提高运动控制应用程序设计与调试能力。

2. 任务要求

某运动控制系统，接线图如图 7-35 所示，控制元件及接线端子分配如表 7-5，系统要求能够在手动控制模式和自动运行模式间灵活切换。

手动控制模式的控制要求：

(1)开关 SA2 断开，系统切换为手动控制模式；

(2)开关 SA0 闭合，步进电机手动运行，运行速度 4mm/s，运行方向由开关 SA1 状态控制，开关 SA1 断开正向运行，否则反之；

(3)按下按钮 SB1，步进电机正向点动；

(4)按下按钮 SB2，步进电机反向点动。

自动运行模式的控制要求：

(1)开关 SA2 闭合，系统切换为自动运行模式；

(2)按下按钮 SB0，首先轴 0 原点回归，然后开启自动运行过程(自动运行过程：第 1 步，轴以 8mm/s 的速度运行到＋30mm 位置；第 2 步，停留 5 秒；第 3 步，轴以 4mm/s 的速度运行到＋60mm 位置；第 4 步，停留 5 秒；第 5 步，轴以 12mm/s 的速度回到 0mm 位置；第 1～5 步不停循环)；

(3)按下按钮 SB3，系统自动运行过程最后第 5 步完成后，停止自动运行过程；

(4)自动运行过程中，位置信号灯有：原点信号灯 HL0，＋30mm 位置信号灯 HL1，＋60mm 位置信号灯 HL2。

试按系统控制要求完成运动控制系统程序设计与调试。

表 7-5　控制元件及接线端子分配表

输　　入			输　　出		
PLC 输入点	信号名称	备注	PLC 输出点	信号名称	备注
I0.5	正限 SQ2	LMT+	Q0.0	PUL+	P0 脉冲
I0.6	反限 SQ1	LMT−	Q0.2	DIR+	P1 脉冲
I0.7	原点 SQ0	原点开关	Q1.0	信号灯 HL2	+60mm 位置
I1.1	开关 SA1	手动运行方向	Q1.1	信号灯 HL1	+30mm 位置
I1.2	开关 SA0	手动运行命令	Q1.2	信号灯 HL0	原点信号灯
I1.3	开关 SA2	自/手动模式切换			
I1.6	按钮 SB2	反向点动命令			
I1.7	按钮 SB1	正向点动命令			
I2.0	按钮 SB0	自动运行启动			
I2.1	按钮 SB3	自动运行停止			

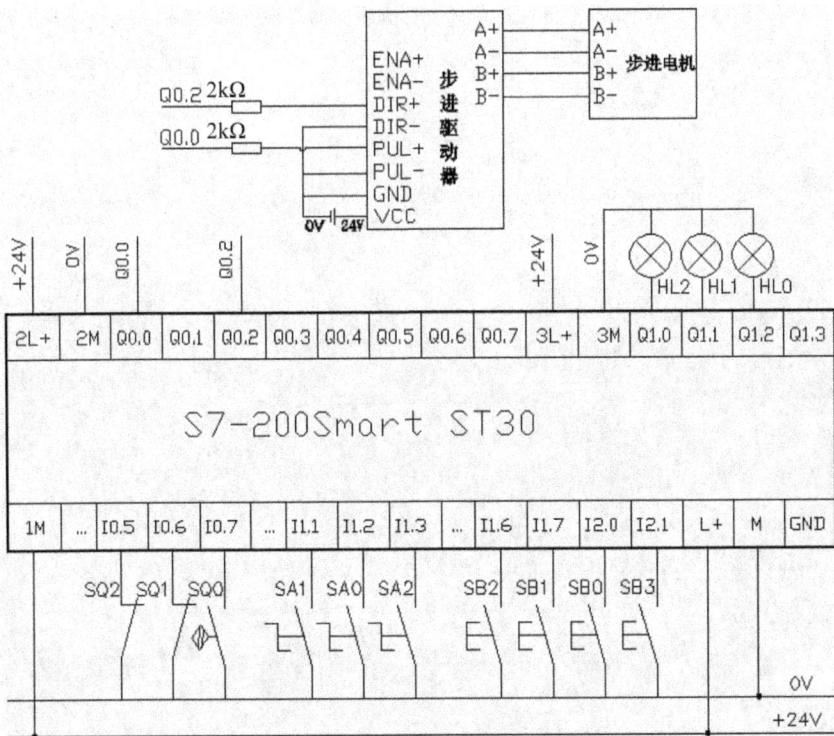

图 7-35　某运动控制系统接线图

3. 任务实施

(1)按照运动控制系统接线图完成电气接线。

(2)按照任务要求打开运动控制向导设置参数并生成所需运动控制子程序组件。

(3)按照任务及要求设计运动控制系统程序。

(4)将设计程序下载到 PLC，并采用监控模式调试程序，直至完全符合任务控制要求。

第 8 单元　GET/PUT 以太网通信编程

GET/PUT 可以使西门子 S7-200 Smart PLC 通过以太网进行通信，实现 S7-200 Smart PLC 与多种设备之间互联互通。本单元详细阐述以太网通信的基础知识和 GET/PUT 向导的使用，运用典型案例分析以太网通信的基本方法和技巧，精心设计实训任务训练以太网通信的基本技能，适合"教、学、做"一体化教学。

本单元内容包括：以太网通信基础、GET/PUT 向导的使用、以太网通信应用举例和以太网通信实训举例。通过本单元内容的学习，掌握使用 GET/PUT 向导实现 S7-200 Smart PLC 之间的以太网通信，完成人机界面和 S7-200 SmartPLC 主多从控制系统的设计实现。

学习导航

学习目标	知识目标	掌握以太网通信基础知识； 熟练掌握 GET/PUT 向导的使用步骤
	技能目标	培养 PLC 控制系统以太网通信的能力
	素养目标	培养爱岗敬业和吃苦耐劳精神，及求真务实的工作态度。
	思政目标	弘扬劳模精神、劳动精神、工匠精神。
教学引导	知识准备	以太网通信基础知识认知； GET/PUT 向导操作认知
	技能准备	以太网通信应用举例
	技能训练	以太网通信应用实训
	建议学时	4 学时

知识引导

▶ 8.1　GET/PUT 以太网通信编程

S7-200 Smart PLC 可以使用 GET/PUT 指令通过以太网通信连接实现通信。GET/PUT 指令可创建通信连接，控制并监视该连接。本节我们将学习以太网通信的基础知识，分析应用案例熟悉 GET/PUT 向导的使用方法和技巧，开展技能训练巩固 GET/PUT 应用的基本技能。

1. 以太网通信基础

以太网是一种基带局域网技术，以太网通信是一种使用同轴电缆作为网络媒体，采用载波多路访问和冲突检测机制的通信方式，数据传输速率达到 1Gbit/s，可满足非持续性网络数据传输的需要。以太网技术的发展，特别是高速以太网的出现，由于其提高了抗干扰能力，因而进入工业领域成为工业以太网。现在比较通用的以太网通信协议是 TCP/IP 协议，TCP/IP 协议与开放互联模型 ISO 相比，采用了更加开放的方式，并被广泛应用于实际工程。

S7-200 Smart PLC 集成了一个以太网端口，支持基于以太网的 TCP/IP 通信标准。通过该端口可以实现与编程设备、HMI(触摸屏)设备以及其他 PLC 之间的通信。

图 8-1 为通过 S7-200 Smart PLC 进行的点对点以太网通信，分别为：PLC 与编程设备通信[图 8-1(a)]、PLC 与 HMI 设备通信[图 8-1(b)]和两台 PLC 之间的通信[图 8-1(c)]。

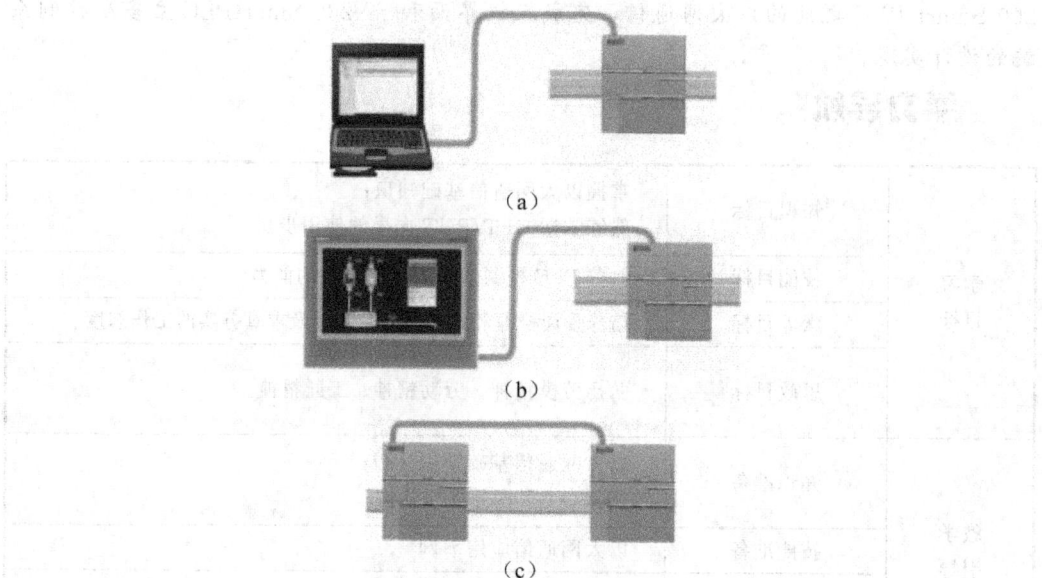

(a)

(b)

(c)

图 8-1　点对点的以太网通信

S7-200 Smart PLC 的以太网端口不包含交换设备，当编程设备或 HMI 与 PLC 直接连接时不需要交换机，但如果有两台以上的 PLC 或 HMI 设备相互连接时就需要交换机。图 8-2 为三台 PLC 和一台 HMI 设备通过交换机连接在一起，组成以太网通信网络。

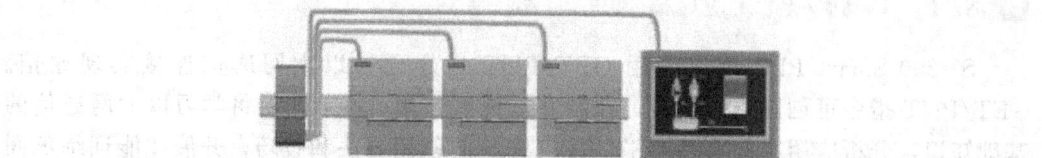

图 8-2　采用交换机组成以太网通信网络

通过采用交换机，S7-200 Smart PLC 以太网端口最多支持同时与 8 个专用 HIM/

OPC 设备、1 个编程设备相连，或者与 8 个 PLC 对等相连。其中 8 个 PLC 对等连接含有 8 个主动连接资源和 8 个被动连接资源。例如，PLC1 与 PLC2～PLC9 建立 8 个主动连接的同时，可以与 PLC10～PLC17 建立 8 个被动连接，即 PLC1 可以同时与 16 台 PLC 建立连接。

S7-200 Smart PLC 通过调用 GET/PUT 指令或使用 GET/PUT 向导建立以太网通信，在使用 GET/PUT 指令或者向导连接资源要注意以下事项。

（1）主动连接资源和被动连接资源

调用 GET/PUT 的 PLC 占用主动连接资源数，相应的远程 PLC 占用被动连接资源。

（2）8 个 GET/PUT 主动连接资源

S7-200 Smart PLC 的程序中可以使用任意数量的 GET 和 PUT，但同一时间最多只能激活 8 个 GET 和 PUT。例如，PLC 的程序中可同时激活 4 个 GET 和 4 个 PUT，或者同时激活 2 个 GET 和 6 个 PUT，GET 和 PUT 的总数不能超过 8。

同一时刻对同一个远程 PLC 的多个 GET/PUT 的调用，只会占用本地 PLC 的一个主动连接资源和远程 PLC 的一个被动连接资源。本地 PLC 与远程 PLC 之间只会建立一条连接通道，同一时刻触发的多个 GET/PUT 操作将会在这条连接通道上顺序执行。

同一时刻最多能对 8 个不同 IP 地址的远程 PLC 进行 GET/PUT 的调用，第 9 个远程 PLC 的 GET/PUT 调用将报错，无可用连接资源。已经成功建立的连接将被保持，直到远程 PLC 断电或者物理断开。

（3）8 个 GET/PUT 被动连接资源

当调用 PUT/GET 时，执行主动连接的同时也能被动地和其他远程 PLC 进行通信读写。

一个本地 PLC 最多可以和 8 个不同 IP 地址的远程 PLC 进行连接。已经成功建立的连接将被持续保持，直到远程 PLC 断电或物理断开为止。

2. GET/PUT 向导的使用

通过 GET/PUT 向导可以实现 S7-200 Smart PLC 之间通过以太网进行通信。GET/PUT 向导操作步骤如下。

首先在菜单栏中选择工具选项卡，单击 GET/PUT 按钮，也可以在边栏中的项目→向导中选择 GET/PUT，来打开向导，如图 8-3 所示。

图 8-3　打开 GET/PUT 向导

在操作项目树下单击添加按钮，添加两个网络操作。为每一个要使用的操作设置名称并添加注释，图中分别添加了名称为"GET"和"PUT"两个操作，并添加注释为"数据读取"和"数据写入"，如图 8-4 所示。

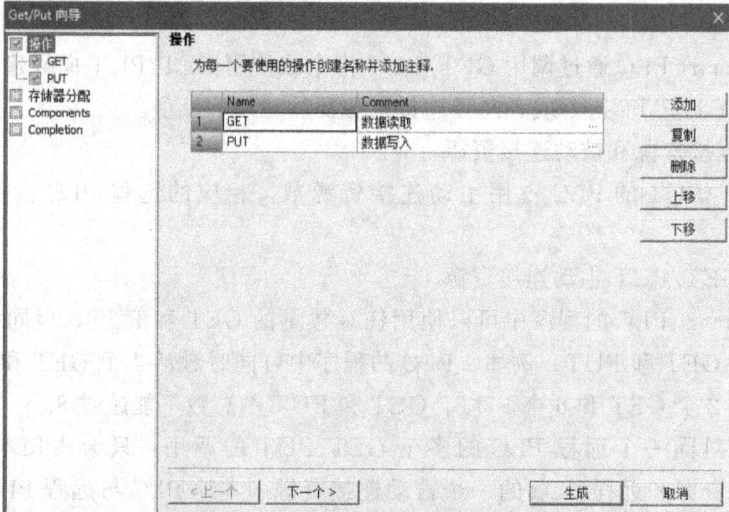

图 8-4　添加网络操作

单击 GET 项目树，将远程 PLC 数据读取到本地 PLC 中。如图 8-5 所示，将 IP 地址为 192.168.2.2 的远程 PLC 中地址 VW12 的数据读取到本地 PLC 的地址 VW2 中。

操作类型可选 GET 或者 PUT，示例中所选为 GET 类型。传送大小为将远程 PLC 数据读取到本地 PLC 中所读取的字节数，示例中读取字节为 2。本地地址为本地 PLC 数据存放的起始地址，示例中本地 PLC 地址为 VB2。远程地址为远程 PLC 数据读取的起始地址，示例中远程 PLC 地址为 VB12。远程 IP 地址为远程 PLC 所设置的 IP 地址，示例中远程 PLC 的 IP 地址为 192.168.2.2。

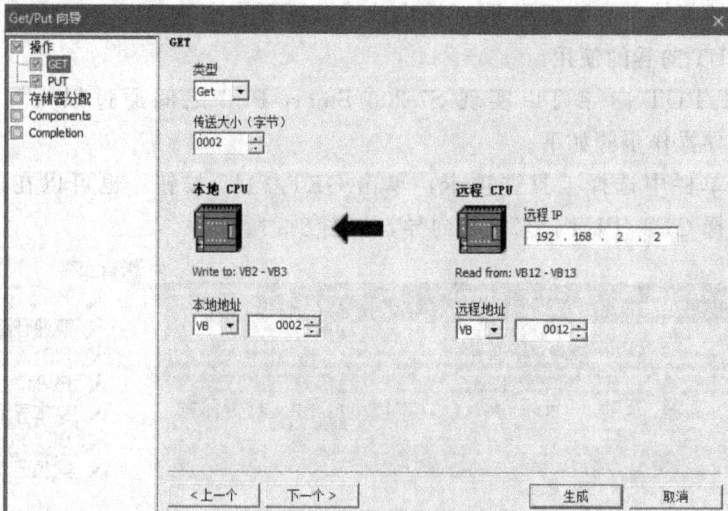

图 8-5　组态 GET 操作

　　单击 PUT 项目树，将本地 PLC 数据写入到远程 PLC 中。如图 8-6 所示，将本地 PLC 的地址 VW2 中的数据写入到 IP 地址为 192.168.2.2 的远程 PLC 中地址 VW12。

　　类型为所设定操作类型，可选 GET 或者 PUT，示例中所选为 PUT 类型。传送大小为将本地 PLC 中数据写入到远程 PLC 所写入的字节数，示例中写入字节为 2 个。本地地址为本地 PLC 数据读取的起始地址，示例中本地 PLC 的起始地址为 VB2。远程地址为远程 PLC 数据存放的起始地址，示例中远程 PLC 的起始地址为 VB12。远程 IP 地址为远程 PLC 所设置的 IP 地址，示例中远程 PLC 的 IP 地址为 192.168.2.2。

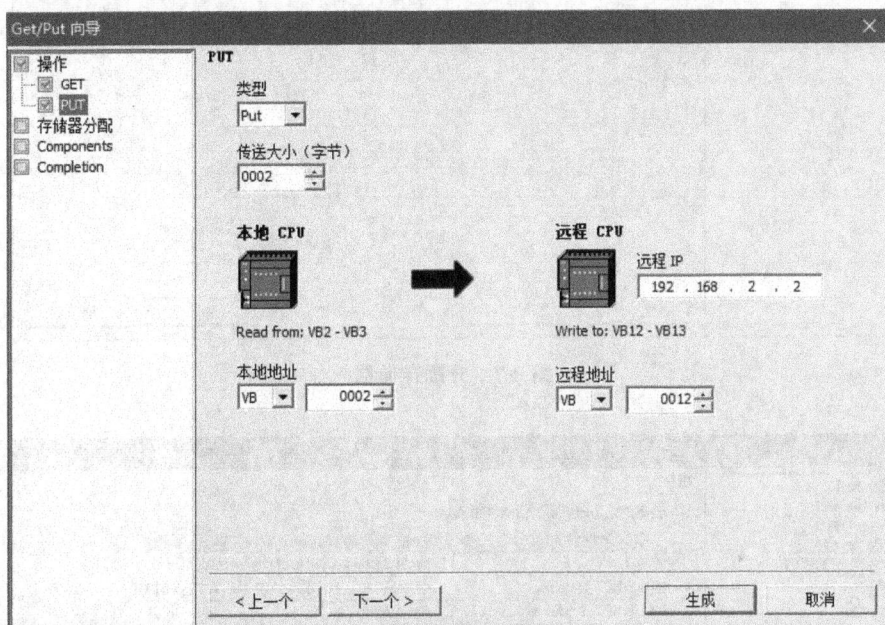

图 8-6　组态 PUT 操作

　　单击存储器分配，指定 GET/PUT 向导将在数据块中放置组态的起始地址，需要注意存储器地址不能重复使用。

　　向导提供建议可以自动分配存储器未使用的单元，如图 8-7 所示，单击"建议"按钮后，系统分配组态数据交换占用存储器的 70 个字节单元（VB70～VB139）。

　　单击 Components 项目树，可以列出 GET/PUT 向导生成的项目组件，如图 8-8 所示，包括一个控制网络操作的子程序，一个用于数据交换的数据块和一个符号表。

　　在 Completion 项目树中单击"生成"按钮，GET/PUT 向导将为所选组态生成项目组件，并使该代码可供程序使用，如图 8-9 所示。

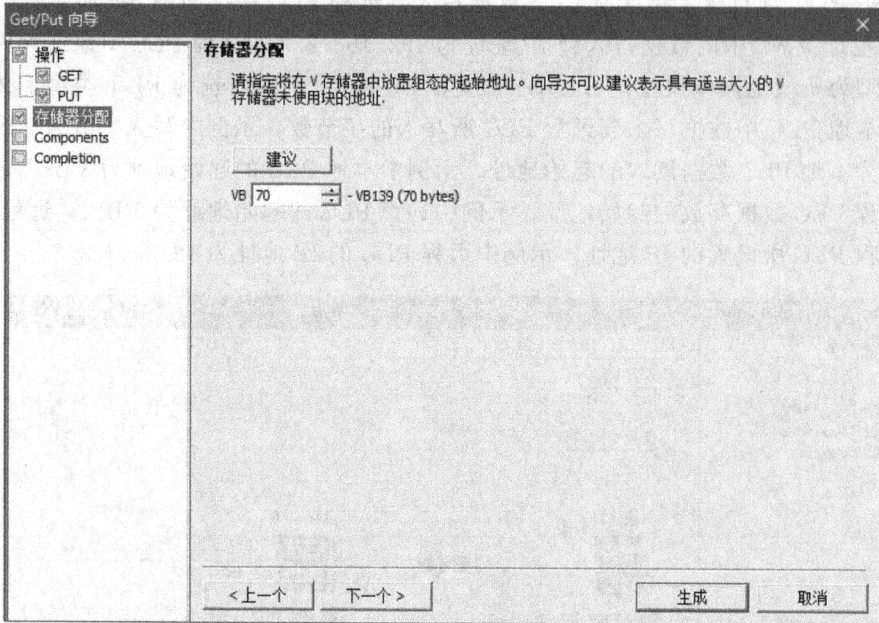

图 8-7　分配存储器

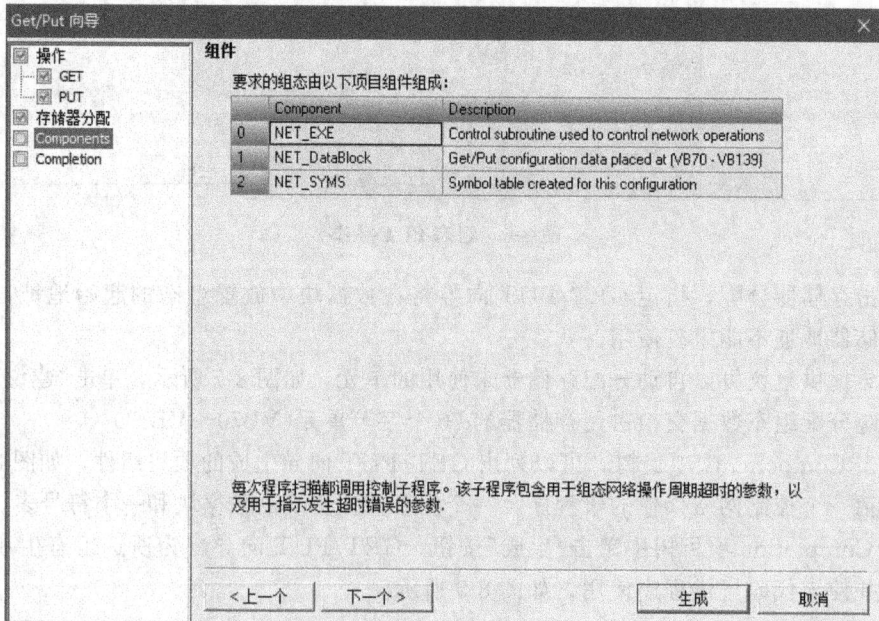

图 8-8　组件预览

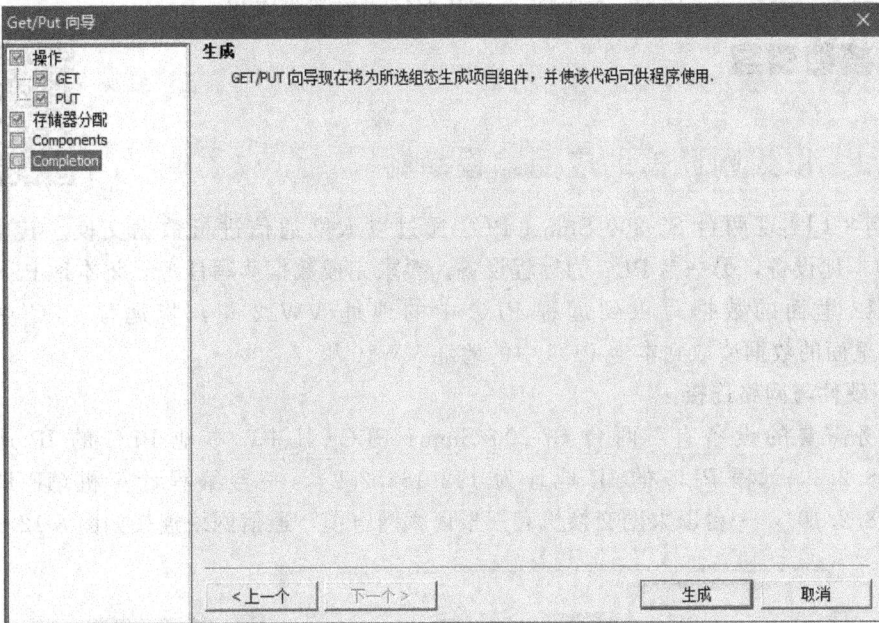

图 8-9　生成组件

执行完上述步骤，在程序块下的向导可以查看刚刚生成的执行子程序 NET_EXE(SBR1)[图 8-10(a)]和符号表 NET_SYMS[图 8-10(b)]。

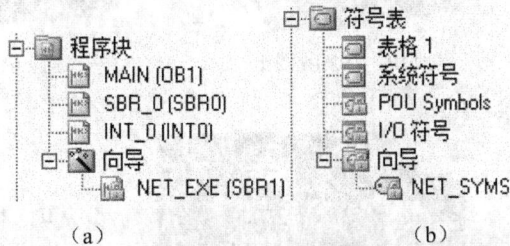

（a）　　　　　　　　　　　　　　　（b）

图 8-10　子程序和符号表

在边栏指令项目树下的调用子例程中，可以查看刚刚生成的执行子程序（图 8-11），子程序可以直接拖曳到主程序中使用。

图 8-11　子程序

子程序要保证每个扫描周期都使用，所以必须采用 SM0.0 来调用，超时参数表示通信超时时间，以秒为单元，周期和错误是两个位类型的输出参数，周期状态会在每

次操作完成后进行一次切换，错误状态会在通信出错后被置位。

技能引导

▶ 8.2 以太网通信的应用编程举例

[例 8-1]实现两台 S7-200 Smart PLC 通过以太网通信进行数据交换。其中一台 PLC 为本地设备，另一台 PLC 为远程设备。要求完成数据读写任务，将本地 PLC 中地址 VW12 里面的数据写入到远程 PLC 中的地址 VW22 里，将远程 PLC 中地址 VW20 里面的数据读取到本地 PLC 中的地址 VW10 里。

1. 硬件与网络连接

任务需要的设备有：两台 S7-200 Smart PLC（其中，本地 PLC 的 IP 地址为 192.168.2.1，远程 PLC 的 IP 地址为 192.168.2.2），一台编程计算机（IP 地址为 192.168.2.10），一台以太网交换机和三根以太网电缆，通信网络连接如图 8-12 所示。

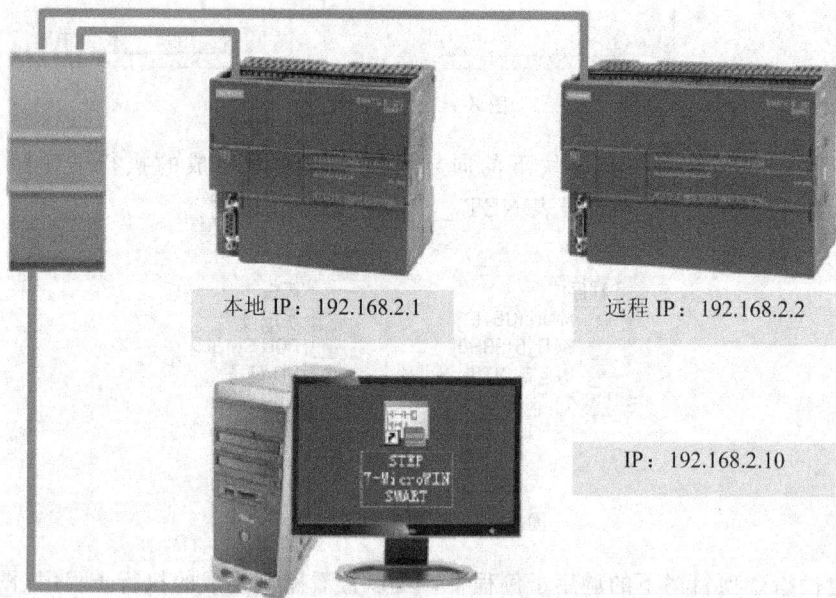

本地 IP：192.168.2.1   远程 IP：192.168.2.2

IP：192.168.2.10

图 8-12 两台 PLC 通过以太网通信交换数据

2. 组态 GET/PUT 向导

完成通信网络连接后，打开 STEP 7-MicroWIN SMART 软件新建工程项目，保存项目名称为"本地 PLC"，按照以下步骤组态 GET/PUT 向导。

(1)在项目树中展开向导文件夹，双击 GET/PUT，打开 GET/PUT 向导。

(2)在 GET/PUT 向导对话框的左侧竖式图中，单击操作项目树开始添加网络操作。两次单击添加按钮，创建两项操作，并修改名称为"GET"和"PUT"，组态 GET/PUT 向导如图 8-13 所示。

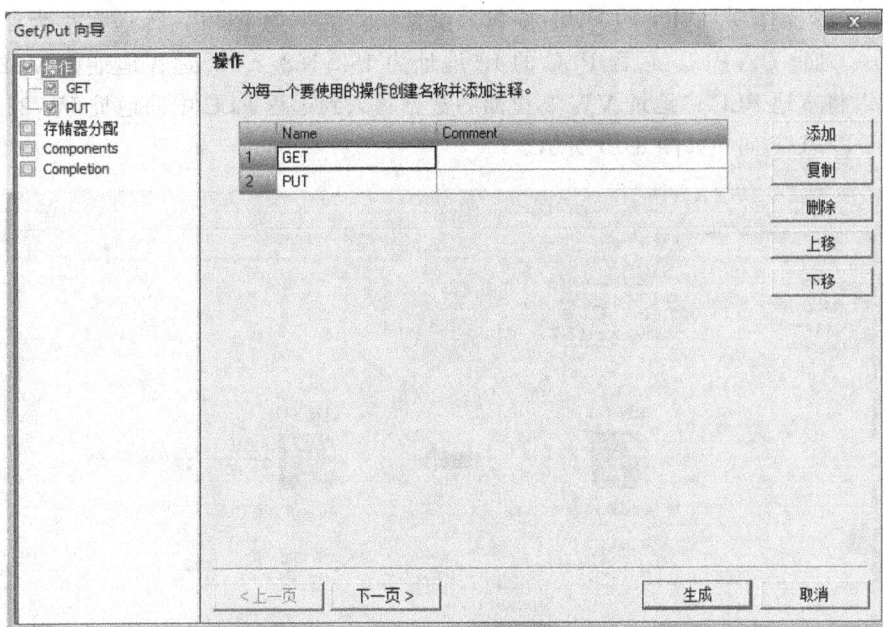

图 8-13　创建"GET"和"PUT"操作

（3）单击操作项目树下的 GET 按钮，设置操作类型为 GET，传送大小为 2 字节，本地 PLC 地址为 VB10，远程 PLC 的 IP 地址为 192.168.2.2，远程地址为 VB20，这样就可以将远程 PLC 中地址 VW20 里面的数据读取到本地 PLC 中的地址 VW10 里面，组态 GET/PUT 向导如图 8-14 所示。

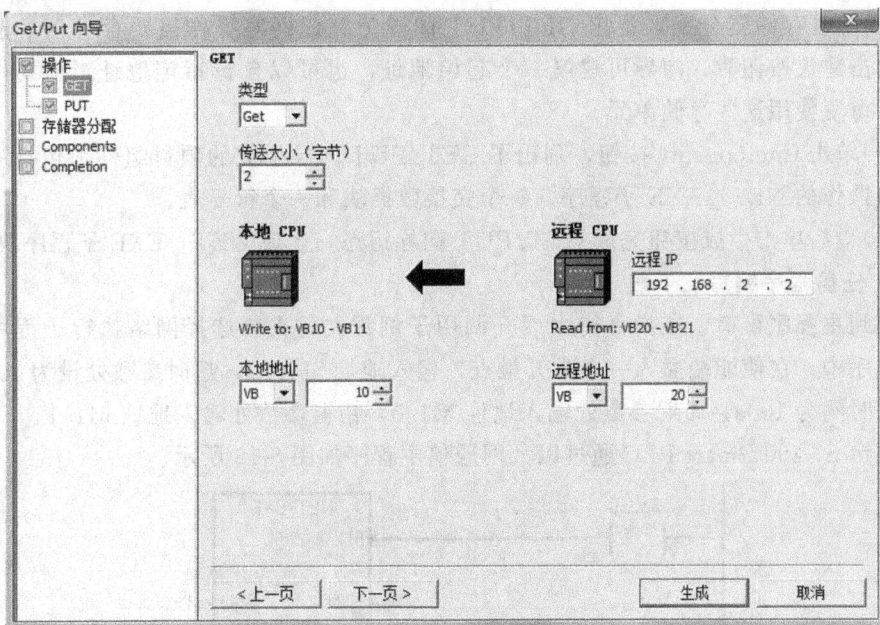

图 8-14　操作"GET"的组态

(4)单击操作项目树下的 PUT 按钮，设置操作类型为 PUT，传送大小为 2 字节，本地 PLC 地址为 VB12，远程 PLC 的 IP 地址为 192.168.2.2，远程地址为 VB22，这样就可以将本地 PLC 中地址 VW12 里面的数据写入到远程 PLC 中的地址 VW22 里面，组态 GET/PUT 向导如图 8-15 所示。

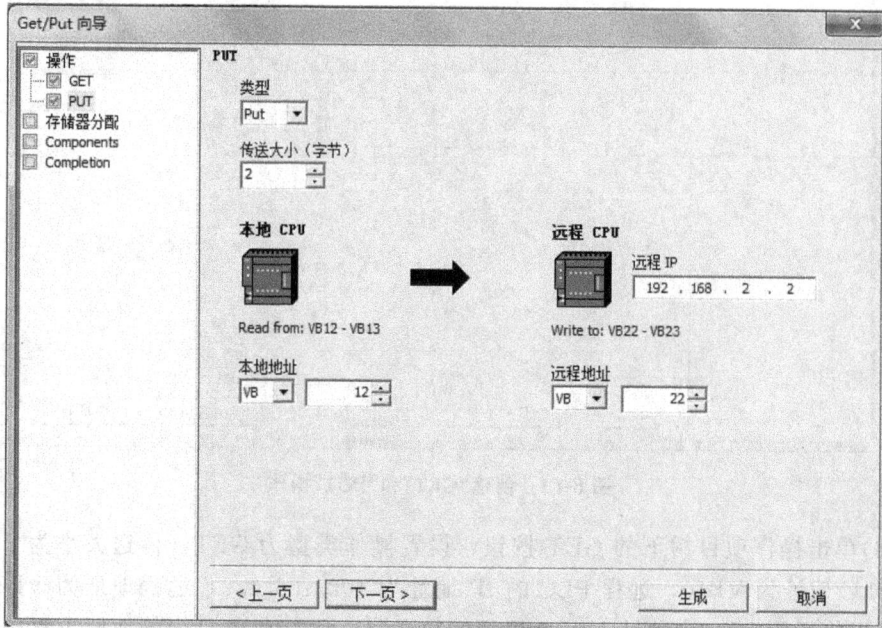

图 8-15　操作"PUT"的组态

(5)单击存储器分配，指定 GET/PUT 向导为完成网络操作需要存储器的起始地址。单击建议按钮时，向导可建议一个起始地址，也可以自行指定地址，但要保证程序中未重复使用这些存储单元。

(6)单击 Components 按钮，列出了 GET/PUT 向导生成的项目组件，包括一个控制网络操作的 NET_EXE 子程序，一个交换数据块和一个符号表。

(7)最后单击生成按钮完成 GET/PUT 向导组态，生成 NET_EXE 子程序块。

3. 任务程序编写及下载

回到主程序窗口，在指令树中展开调用子例程文件夹，选择网络执行子程序拖放到主程序中。在使能端插入一个常开触点，输入地址 SM0.0，超时参数处设为 100，表示超时时间为 100s，周期参数处输入地址 M1.0，错误参数处输入地址 M1.1。

两台 S7-200 Smart PLC 通过以太网通信主程序如图 8-16 所示。

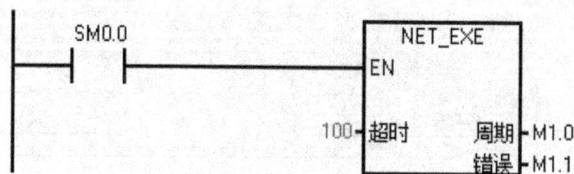

图 8-16　主程序

将项目编译并保存到本地 PLC 项目中。在通信对话框中找到本地 PLC 的 IP 地址将程序下载。

重新打开 STEP 7-MicroWIN SMART 软件，进行硬件设置，不需要做任何的编程，保存项目名称为"远程 PLC"，将其编译并下载到远程 PLC 项目中。在通信对话框中找到远程 PLC 的 IP 地址将程序下载。

4. 任务运行测试

打开"本地 PLC"项目，将本地 PLC 设置为运行模式，在状态图表中输入地址 VW10 和 VW12。

打开"远程 PLC"项目，将远程 PLC 设置为运行模式，在状态图表中输入地址 VW20 和 VW22。

修改"本地 PLC"项目中地址 VW12 的数据，可以观察到"远程 PLC"项目中地址 VW22 的数据随之变化。同样，修改"远程 PLC"项目中地址 VW20 的数据，也可以观察到"本地 PLC"项目中地址 VW10 的数据随之变化，这样就实现了两台 PLC 之间进行数据交换。

技能训练

▶ 8.3　以太网通信的应用编程实训

1. 实训目的

(1)掌握 GET/PUT 向导的应用。

(2)掌握 PLC 和外部输入输出设备的接口电路连接。

(3)掌握利用编程软件进行程序编写、下载运行和监控调试。

2. 任务要求

用 GET/PUT 指令或向导实现两台 S7-200 Smart PLC 之间的以太网通信及数据交换。PLC1 为本地主动端，其 IP 地址为 192.168.2.100；PLC2 为远程被动端，其 IP 地址为 192.168.2.101，编程用计算机 IP 地址为 192.168.2.99。

任务要求：每一秒读取一次实时时钟，将读取到的 PLC1 实时时钟，存储到 VB100~VB107；将读取到的 PLC2 实时时钟，存储到 VB200~VB207。将 PLC1 的实时时钟信息写入 PLC2 中，将 PLC2 中的实时时钟信息读写到 PLC1 中。

注：READ＿RTC 指令用于读取 PLC 实时时钟指令，并将其存储到从字节地址 T 开始的 8 字节时间缓冲区中，数据格式为 BCD 码。

3. 任务实施

(1)新建工程，进行硬件组态，编译保存。

(2)将程序逐条输入，检查无误后，保存程序。

(3)将工程下载到 PLC。

(4)将 PLC 设为运行状态，根据控制要求观察程序输出状态是否正确。

第 9 单元　PWM 脉冲输出的编程及应用

脉宽调制(PWM)是利用微处理器的数字输出来对模拟电路进行控制的一种非常有效的技术,广泛应用在从测量、通信到功率控制与变换的许多领域中。本单元将学习基于西门子 S7-200 Smart 系列 PLC 的 PWM 脉冲输出编程及应用,包括脉宽调制向导的使用、PWM 脉冲的应用编程举例、PWM 脉冲的应用编程实训等内容。

学习导航

学习 目标	知识目标	掌握脉宽调制向导的使用; 掌握 PWM 脉冲的应用编程技能
	技能目标	培养 PLC PWM 脉冲输出的编程及应用能力
	素养目标	培养爱岗敬业和吃苦耐劳精神,及求真务实的工作态度。
	思政目标	弘扬劳模精神、劳动精神、工匠精神。
教学 引导	知识引导	脉宽调制向导的使用
	技能引导	PWM 脉冲的应用编程举例
	重点把握	PWM 脉冲的应用编程实训
	建议学时	4 学时

知识引导

▶ 9.1　脉宽调制向导的使用

S7-200 Smart PLC 提供三条通道(Q0.0、Q0.1、Q0.3)输出 PWM 脉冲,这些通道允许占空比可变的 PWM 脉冲输出。PWM 脉冲输出编程时,一般使用 PWM(脉宽调制)向导生成一个 PWM 子程序(PWMx_RUN),PWMx_RUN 子程序可以通过改变脉冲宽度(从 0 到周期时间的脉冲宽度)来控制输出占空比,PWMx_RUN 子程序也可以设置周期时间。

1. PWM 向导的使用

(1)打开 PWM 向导

如图 9-1 所示,左键单击工具栏中"PWM"工具可打开 PWM 向导,也可在左边项目导航树的"向导"中左双单击"PWM"打开 PWM 向导。

(2)PWM 向导中参数设置

打开 PWM 向导,选择 PWM 脉冲输出通道,如图 9-2 所示。

单击下一页，设置 PWM 脉冲名称，如图 9-3 所示。

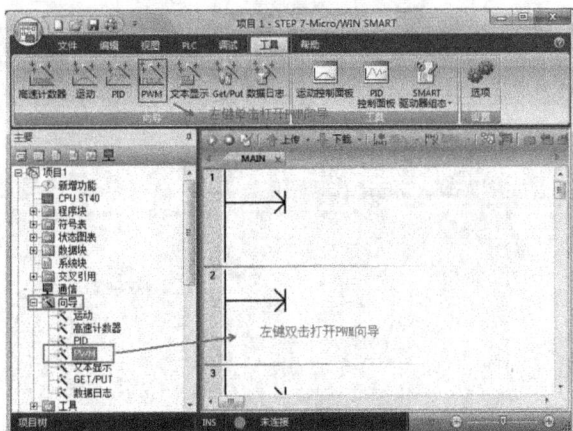

图 9-1　打开 PWM 向导

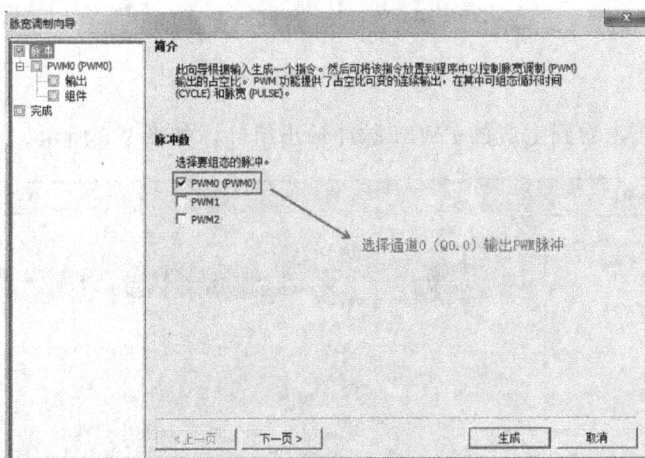

图 9-2　PWM 向导界面首页

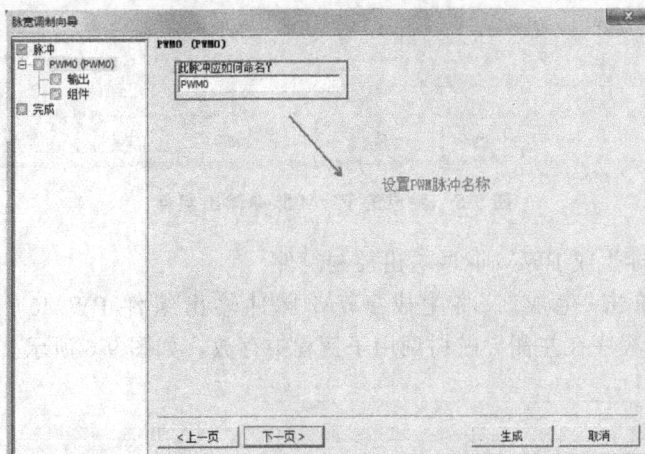

图 9-3　设置 PWM 脉冲名称

单击"下一页",设置 PWM 脉冲时基(参数的时间单位),如图 9-4 所示。

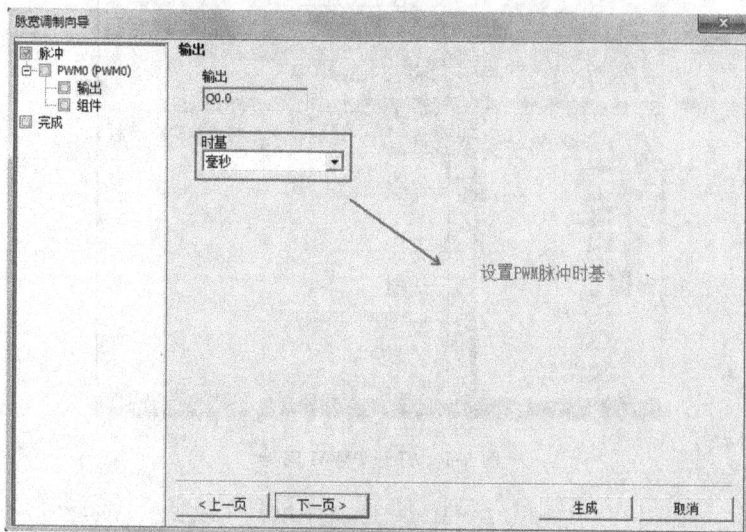

图 9-4　设置 PWM 脉冲时基

单击"下一页",看到生成的 PWM 脉冲输出组件,如图 9-5 所示。

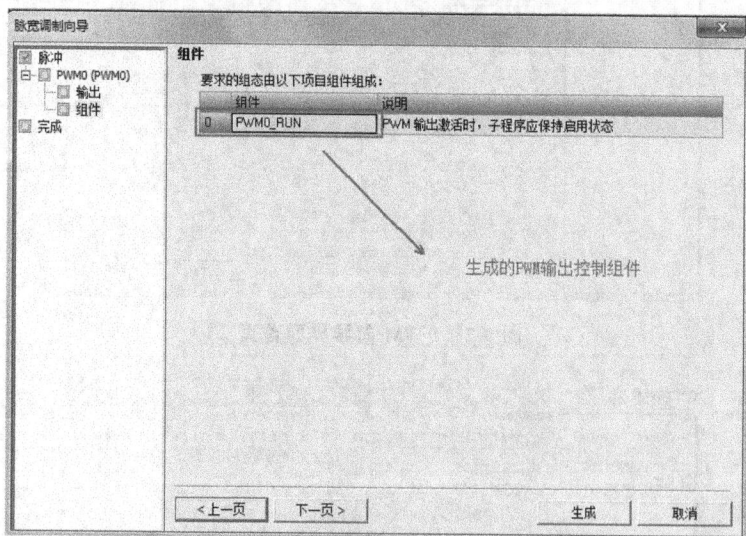

图 9-5　生成的 PWM 脉冲输出组件

(3)PWM 向导生成 PWM 脉冲输出控制组件

在图 9-5 中单击"生成",将生成 PWM 脉冲输出组件 PWM0 _ RUN 子程序,PWM0 _ RUN 子程序在左侧导航树调用子例程中存放,如图 9-6 所示。

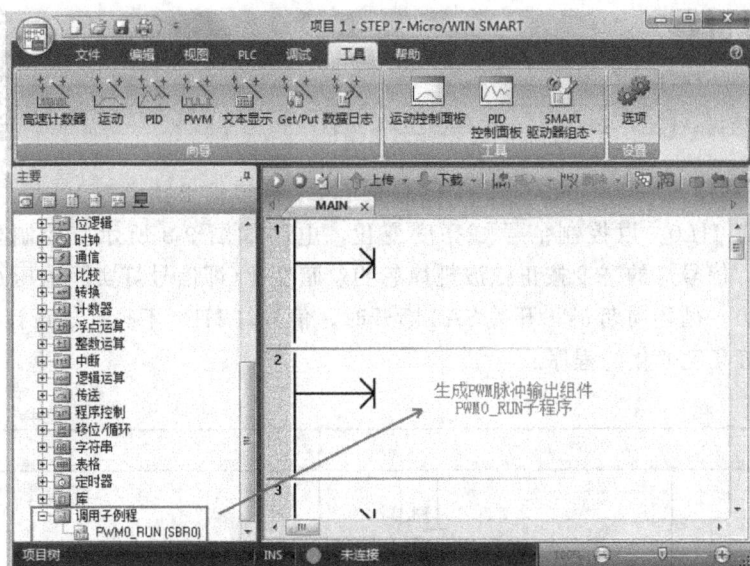

图 9-6　向导生成的 PWM0 _ RUN 子程序

2. 向导生成 PWMx _ RUN 子程序的使用

向导生成的 PWM0 _ RUN 子程序，可通过参数控制脉冲的输出、脉冲的周期、脉冲的占空比，可以很容易灵活实现各种 PWM 脉冲的应用编程。

PWM0 _ RUN 子程序的使用示例如图 9-7 所示。

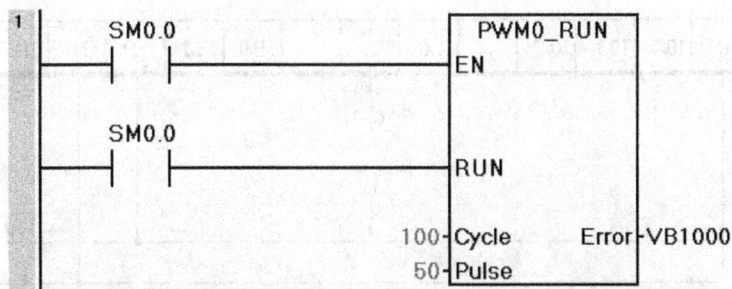

图 9-7　PWM0 _ RUN 子程序的使用示例

若按上述 PWM 向导设置参数并生成 PWM0 _ RUN 子程序，则 PWM0 _ RUN 子程序的使用示例运行结果将在 Q0.0 持续输出频率为 10 Hz、占空比为 50% 的脉冲。如果 Pulse 参数用变量 VW100，则在程序中通过改变 VW100 的值（0～100）来调整 Q0.0 持续输出脉冲的占空比。

▶9.2 PWM 脉冲的应用编程举例

[例 9-1]利用 S7-200 Smart ST30 PLC 的 Q0.3 通道输出频率为 100Hz 的 PWM 脉冲驱动信号灯 HL0，以控制信号灯亮度变化，电路如图 9-8 所示。控制要求：开关 SA0 接通时，信号灯的亮度按正弦波规律忽明忽暗变化（即信号灯实际电压 0V—24V—0V 周期变化），循环周期 5s；开关 SA0 断开时，信号灯 HL0 不亮。试设计此 PWM 脉冲控制信号灯亮度变化的程序。

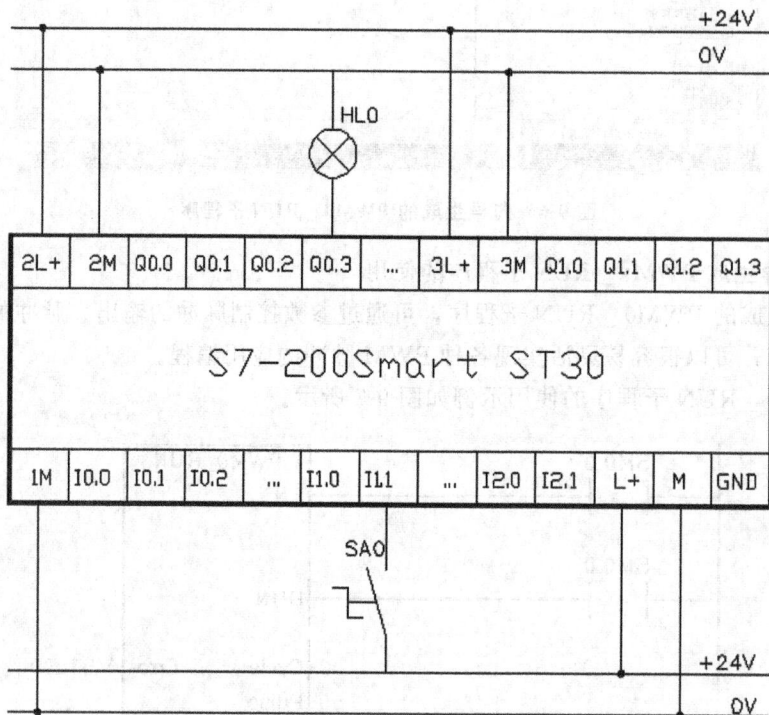

图 9-8 PWM 脉冲控制信号灯亮度变化电路

PWM 调节信号灯亮度的原理：使用 24V 信号灯，PWM 脉冲占空比 0% 时信号灯实际电压 0V，PWM 脉冲占空比 50% 时信号灯实际电压 12V，PWM 脉冲占空比 100% 时信号灯实际电压 24V，所以可调 PWM 占空比 0~100% 来调节信号灯的实际电压 0~24V，进而达到调节信号灯的亮度。

PWM 脉冲控制信号灯亮度变化编程，包括主程序设计、PWM 向导生成 PWM2_RUN 子程序、正弦规律占空比参数 Pulse 值计算子程序设计等内容，具体编程设计如下。

1. 主程序设计

图 9-9 主程序中，第 1 段是初始化状态变量 S10.0 为 1，使 Pulse 值子程序中的步进程序第一个步(S10.0)激活；第 2 段调用 Pulse 值子程序，并产生一个按照正弦波规律变化的占空比参数 Pulse 的值 VW100；第 3 段调用 PWM 向导生成的 PWM2_RUN 子程序，在 Q0.3 输出周期 Cycle＝10000μs(即频率 100Hz)的 PWM 脉冲，且 PWM 脉冲的占空比按 Pulse 参数值 VW100 变化(正弦波规律变化)。

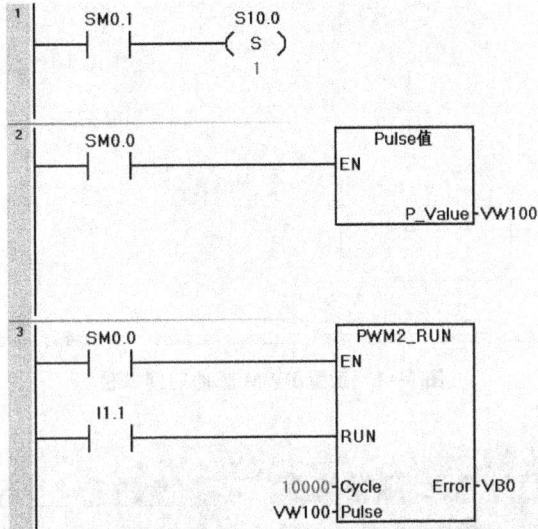

图 9-9　主程序

2. PWM 向导生成 PWM2_RUN 子程序

打开 PWM 向，完成 2 项参数设置，选择 PWM 脉冲 Q0.3 输出的参数设置如图 9-10 所示，选择时间单位为微秒的参数设置如图 9-11 所示，其他参数可保持默认，参数设置正确后单击"生成"按钮生成"PWM2_RUN"子程序如图 9-12 所示。

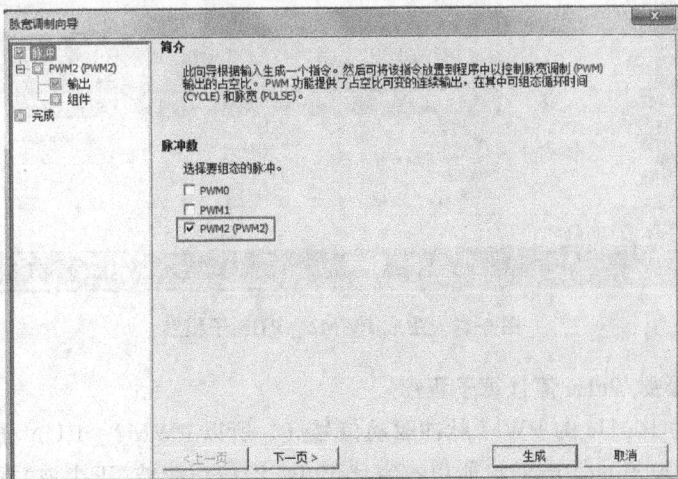

图 9-10　选择 PWM 脉冲输出通道

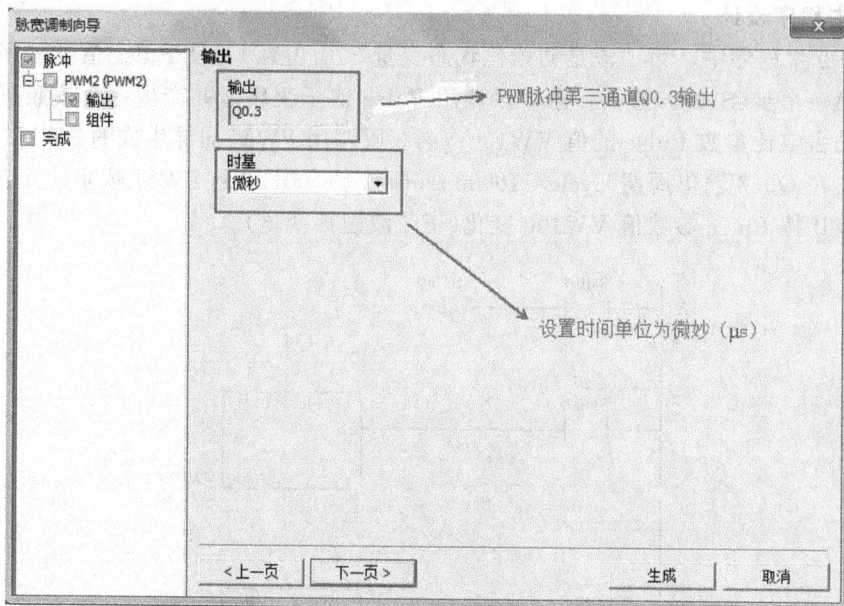

图 9-11　设置 PWM 脉冲时间单位

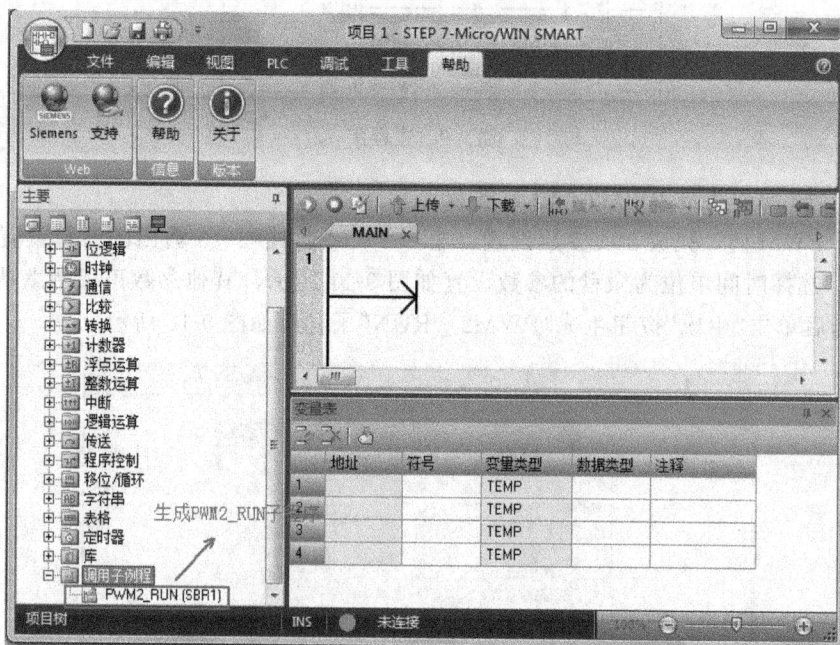

图 9-12　生成 PWM2 _ RUN 子程序

3. 占空比参数 Pulse 值计算子程序

要求频率为 100Hz 的 PWM 脉冲驱动信号灯，所以 PWM2 _ RUN 子程序的周期参数 Cycle 值为 10000μs(10ms)，所以占空比 Pulse 值按正弦波(正半波)规律变化的幅值为 10000。要求占空比 Pulse 值的变化周期为 5s，即占空比 Pulse 值对应的正弦波函数为 $10000\sin0.2\pi t$（正半波）。

占空比参数 Pulse 计算处理 Pulse 值子程序变量表，如图 9-13 所示。

	地址	符号	变量类型	数据类型	注释
1		EN	IN	BOOL	
2			IN		
3			IN_OUT		
4	LW0	P_Value	OUT	INT	
5			OUT		
6			TEMP		

定义子程序输出参数P_Value，正玄波规律变化的占空比值

图 9-13　Pulse 值子程序变量表

占空比参数 Pulse 计算处理 Pulse 值子程序编程设计如图 9-14 所示。

Pulse 值子程序只有两个状态（S10.0～S10.1）循环。S10.0 状态：按照正弦波函数 $10000\sin0.2\pi t$（正半波）计算占空比参数 Pulse 的值，并转换成 INT 类型整数存放在输出参数 LW0 中传递给变量 VW100。S10.1 状态：按 100ms(0.1 秒)计时，至让时间变量 LD14 的计时值增加 0.1s。另外，因为按 $10000\sin0.2\pi t$ 的正半波变化，故时间变量 t（对应变量 LD14）的值不能大于正弦波的半周期 5s，这些由第 2 段程序编程实现。

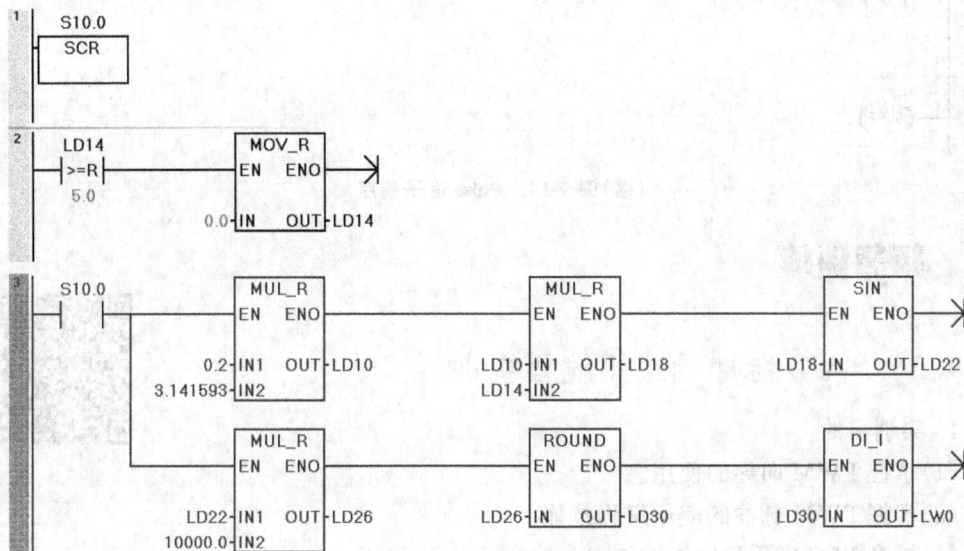

图 9-14　Pulse 值子程序

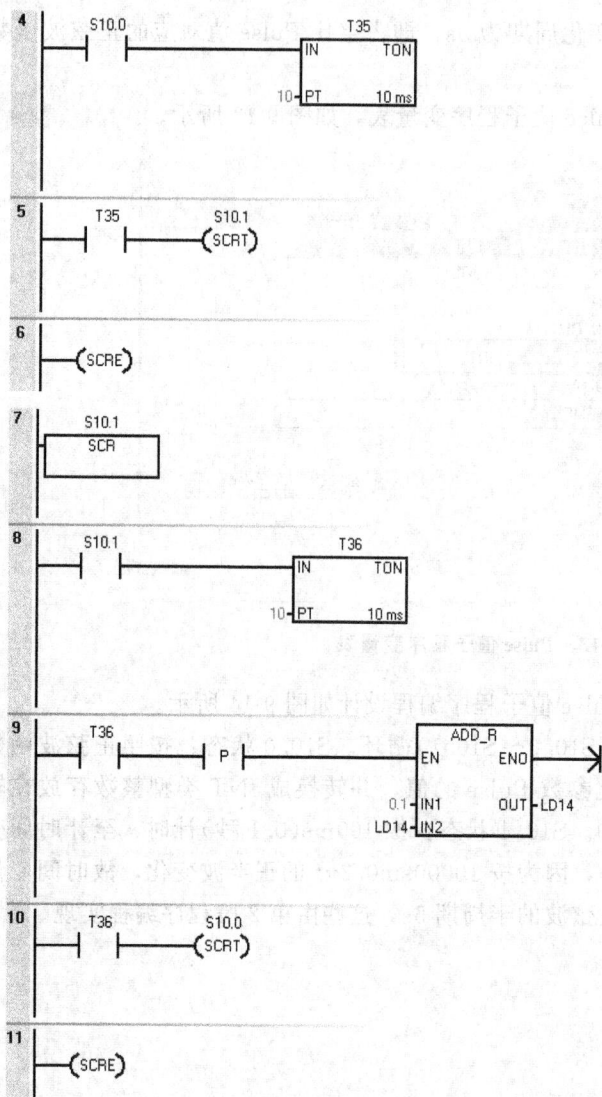

(续)图 9-14　Pulse 值子程序

技能训练

▶ 9.3　PWM 脉冲的应用编程实训

1. 实训目的

(1)掌握 PWM 向导的使用。

(2)掌握 PWM 脉冲的应用编程技能。

(3)提高 PLC 应用程序调试能力。

2. 任务要求

PWM 调光电路，如图 9-15 所示。控制要求：由 PLC 的 Q0.3 端口输出 PWM 脉冲，控制灯 HL0 的实际电压，具体实现按下 SB0 按钮使灯 HL0 的实际电压在 0V—12V—19.2V—24V—19.2V—12V—0V 循环切换，即达到 PWM 调光目的。试按上述要求完成 PWM 脉冲的应用编程和调试。

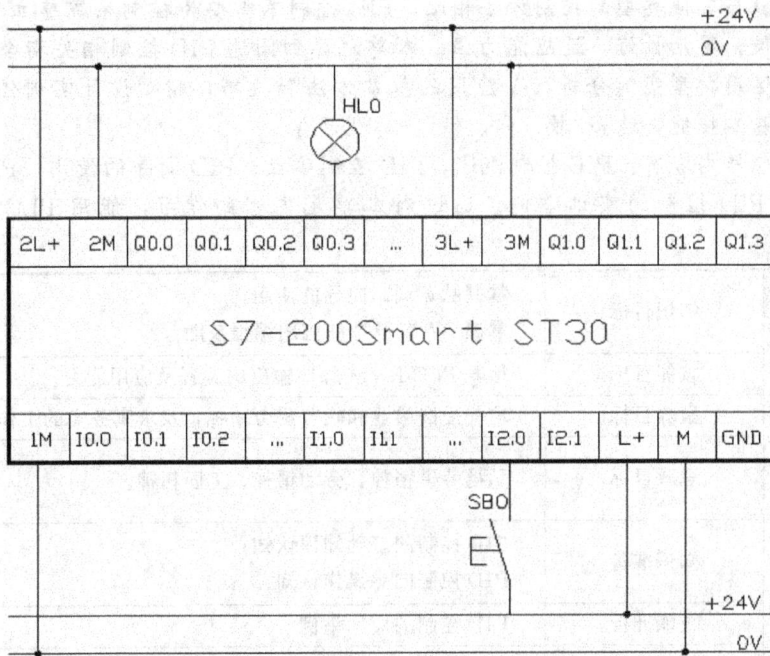

图 9-15　PWM 调光电路

3. 任务实施

(1)按照 PWM 调光电路图完成电气接线。

(2)按照任务要求使用 PWM 向导生成 PWM 脉冲控制"PWM2_RUN"子程序。

(3)按照任务及要求，利用"PWM2_RUN"子程序完成 PWM 调光程序设计。

(4)将 PWM 调光程序下载到 PLC，并采用监控模式调试程序，直至完全符合控制要求。

第 10 单元　PID 控制的应用编程

　　PID 控制是工业上最为常用的控制方法，广泛地用于流量、压力、液位、温度、成分的控制。与其他类型的控制方法相比，PID 控制不需要为控制系统建立数学模型，参数调整方便，灵活性好，适应能力强。本单元详细阐述 PID 控制相关指令和向导的基本知识，运用典型案例分析指令应用的基本方法和技巧，精心设计实训任务，训练指令应用的基本技能，适合"教、学、做"一体化教学。

　　本单元包括内容有：PID 控制概述，PID 控制参数、PID 向导的使用、PID 控制的应用举例和 PID 控制的实训举例。通过对本单元内容的学习，能用 PLC 实现 PID 控制。

学习目标	知识目标	掌握脉宽调制向导的使用； 掌握 PWM 脉冲的应用编程技能
	技能目标	培养 PLC PWM 脉冲输出的编程及应用能力
	素养目标	培养爱岗敬业和吃苦耐劳精神，及求真务实的工作态度。
	思政目标	弘扬劳模精神、劳动精神、工匠精神。
教学引导	知识准备	P1D 控制的基础知识认知； P1D 控制向导操作认知
	技能准备	P1D 控制的应用举例
	技能训练	P1D 控制的应用实训
	建议学时	6 学时

知识引导

10.1　PID 控制概述

1. PID 控制概述

PID 控制是一种模拟系统的闭环控制方法，典型的模拟 PID 控制系统结构如图 10-1 所示。

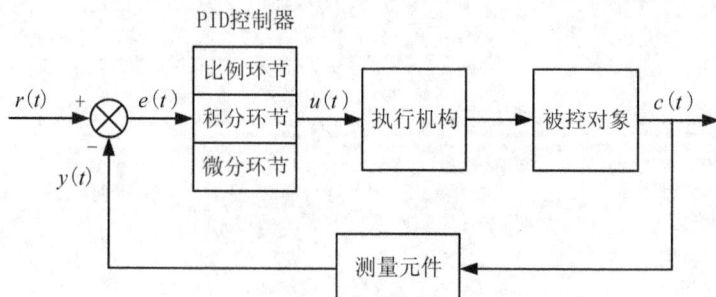

图 10-1　模拟 PID 控制系统结构

模拟 PID 控制是通过测量元件对被控制对象的当前值进行采集，得到的反馈值与被控对象的给定值相减来计算偏差，然后将偏差送给 PID 控制器按照以下规律产生控制量，用于驱动执行机构，产生控制动作。

$$u(t) = K_p \cdot \left\{ e(t) + \frac{1}{T_i}\int e(t)\mathrm{d}t + T_d \frac{\mathrm{d}e(t)}{\mathrm{d}t} \right\} \tag{10-1}$$

式中 $u(t)$—控制量；

       $e(t)$—偏差；

       K_p—比例增益，表示比例作用的强度；

       T_i—积分时间，表示积分作用的强度；

       T_d—微分时间，表示微分作用的强度。

模拟 PID 控制规律由三种基本作用构成，分别是：

(1)比例作用：比例作用的输出和偏差大小成比例关系，偏差越大比例环节输出越大。

(2)积分作用：积分作用的输出和偏差的累计成正比例，只要偏差不为零，积分作用的输出就会不断调整直至偏差被完全消除。

(3)微分作用：微分作用能够反应输入信号的变化趋势，让系统更加稳定，但微分作用太强会让系统对干扰过于敏感。

以上为模拟 PID 控制系统的工作原理，PLC 属于数字控制器，在 PLC 中 PID 控制功能是采用数字 PID 控制算法实现的。数字 PID 控制算法是通过对模拟 PID 控制规律进行离散化得到的，以下是表示数字 PID 控制算法的差分方程。

$$u(k) = K_p \cdot \left\{ e(k) + \frac{T}{T_i}\sum_{j=0}^{k} e(j) + \frac{T_d}{T}[e(k) - e(k-1)] \right\} \tag{10-2}$$

式中，K_p、T_i、T_d 的含义与式(10-1)相同，T 为采样周期表示数字 PID 控制算法循环执行的时间间隔，采样周期越短，数字 PID 的控制效果越接近模拟 PID，但采样周期太小会加重 PLC 的负担。

2. PID 控制参数

PID 控制的效果主要由控制参数决定，数字 PID 的控制参数包括采样周期 T、比例系数 K_p、积分时间 T_i 和微分时间 T_d。其中采样周期 T 一般根据控制对象按照经验取适合值即可，常见控制对象的适合采样周期如表 10-1 所示。

表 10-1   常见控制对象采样周期

控制对象	采样周期/s
流量	1～5
压力	3～10
液位	6～8
温度	15～20(或取系统滞后时间)
成分	15～20

确定 PID 控制的其他参数可以采用试凑法。试凑法是通过试运行来观察系统的控制效果,然后根据各个控制参数对系统的影响,不断调节参数,观察系统响应,直至控制效果满意为止,以此来确定 PID 控制参数。这种方法不需要为控制对象建立数学模型,在实际中被广泛使用,具体过程如下:

(1)首先投入比例作用,确定比例系数

先将积分时间 T_i 设置为无穷大,微分时间 T_d 设置为 0,此时控制器为纯比例控制。将比例系数 K_p 由小到大逐渐增大,观察系统响应,使系统过渡过程满足要求以及具有较小的稳态误差。如果此时系统的稳态误差已经满足要求,那么只需要比例控制即可,参数确定完毕。

(2)加入积分作用,确定积分时间

如果只采用纯比例控制,系统的稳态误差不能满足要求,则需要加入积分环节。首先将比例系数 K_p 减小 $10\% \sim 20\%$,以补偿积分加入所带来的影响,然后将积分时间 T_i 由大到小逐渐减小,观察系统响应,让系统过渡过程满足要求的情况下,使稳态误差被消除,参数确定完毕。

(3)加入微分作用,确定微分时间

如果以上两步调整无法让系统控制效果满足要求,可以加入微分环节。将微分时间 T_d 由 0 开始逐渐增大,同时根据系统响应,反复调节比例系数 K_p 和微分时间 T_i,直至控制效果满足要求为止。

▶ 10.2 PID 向导的使用

S7-200 Smart PLC 提供有可以用来进行 PID 控制的 PID 指令,但直接使用 PID 指令需要编写输入输出量的标度变换程序,比较麻烦。通常采用编程软件提供的向导功能生成 PID 子程序来进行控制。以下介绍 PID 向导的使用方法。

(1)在菜单栏中选择工具选项卡,单击 PID 按钮,也可以在边栏中的项目→向导中选择 PID,来打开 PID 向导,如图 10-2 所示。

图 10-2 打开 PID 向导

(2)在弹出的向导窗口中,选择要使用的 PID 回路,然后单击下一个,如图 10-3 所示。

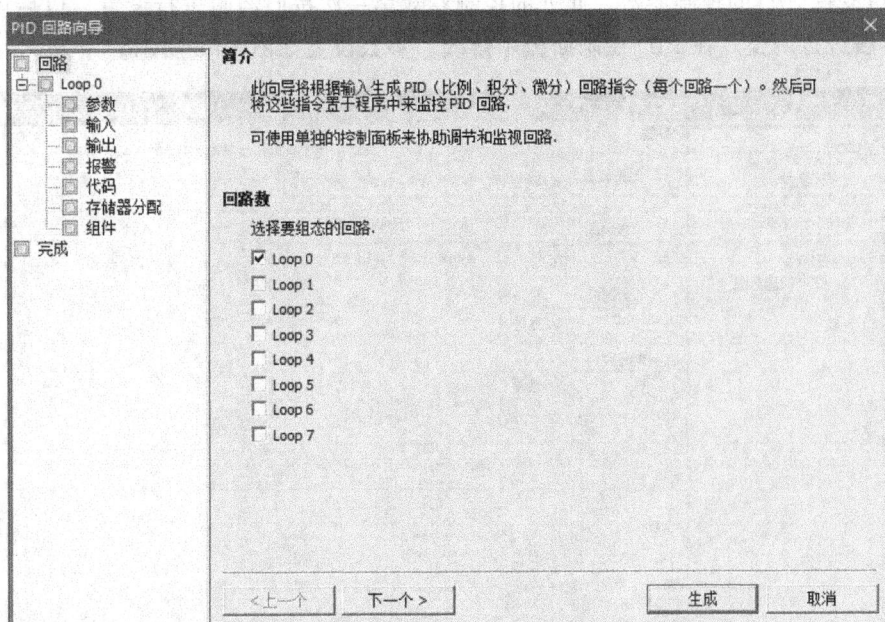

图 10-3　选择 PID 回路

(3) 为要使用的 PID 回路命名，这个名字将会作为向导生成的 PID 控制子程序名的前缀。如图 10-4 所示对回路进行命名。

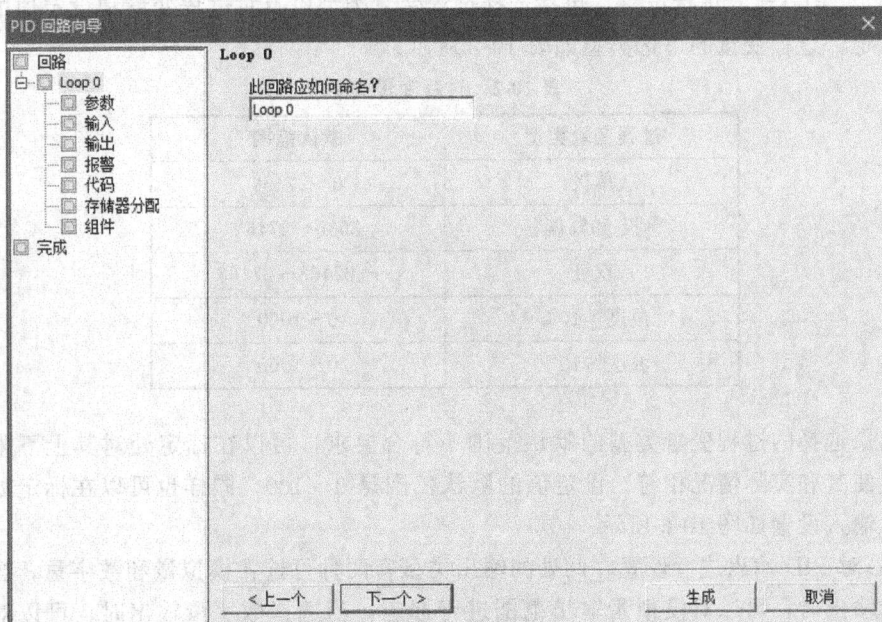

图 10-4　命名 PID 回路

(4)设置 PID 的控制参数，此处的控制参数第一次按照经验进行设置，以后可以通过试凑法进行调整，在 PID 控制面板中修改。参数设置如图 10-5 所示。

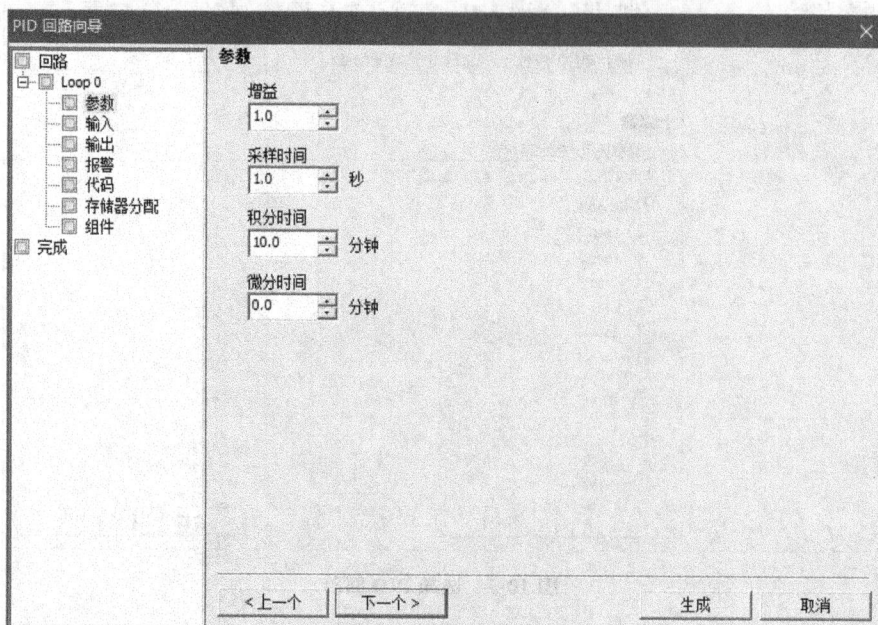

图 10-5　PID 控制参数设置

(5)对 PID 输入进行设置，包括选择过程变量类型以及对过程变量和设定值的范围进行标定，过程变量的可选类型如表 10-2 所示。

表 10-2　过程变量类型

过程变量类型	默认范围
单极	0～27468
单极 20%偏移	5530～27468
双极	-27468～27468
温度×10℃	0～1000
温度×10℉	0～1000

如果选择的过程变量类型的默认范围不符合要求，可以在标定处对其上下限进行修改，使其和实际情况相符。设定值的默认范围是 0～100，同样也可以在标定处进行修改。输入设置如图 10-6 所示。

(6)对 PID 输出进行设置，此处的输出类型有两种可选：模拟量和数字量，当选择模拟量输出时，可以对模拟量输出范围进行标定，当选择数字量输出时，可以对输出脉宽信号的周期进行设定。输出设置如图 10-7、图 10-8 所示。

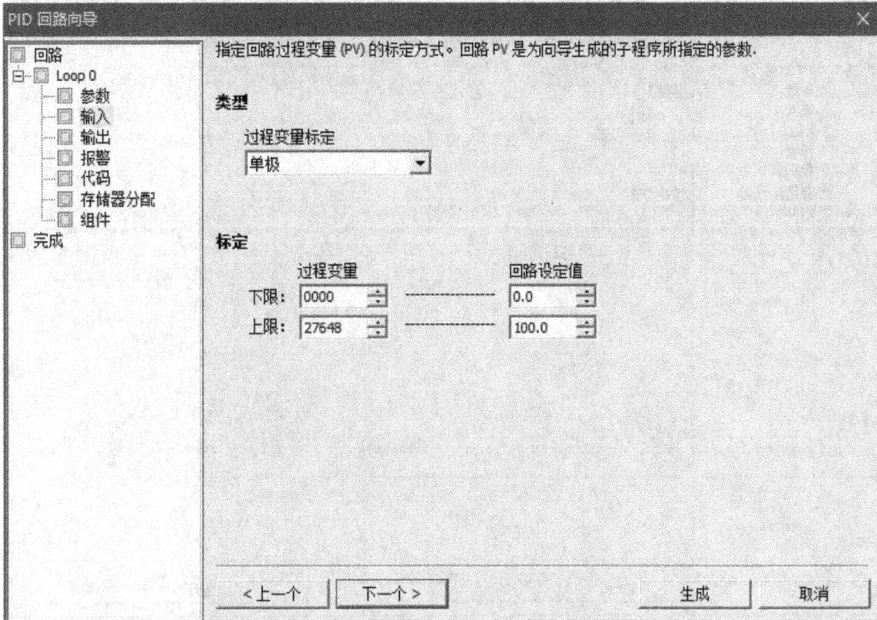

图 10-6　输入设置

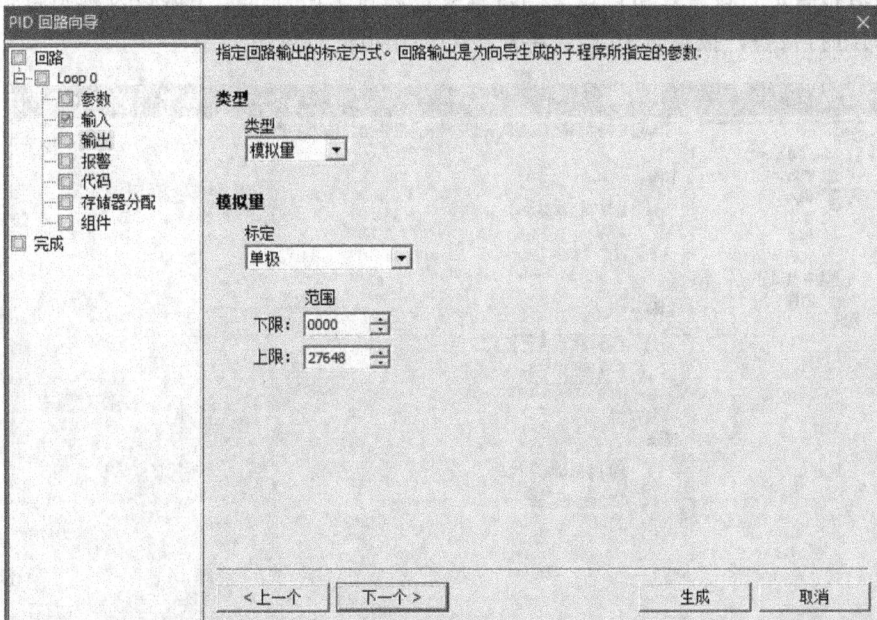

图 10-7　模拟量输出设置

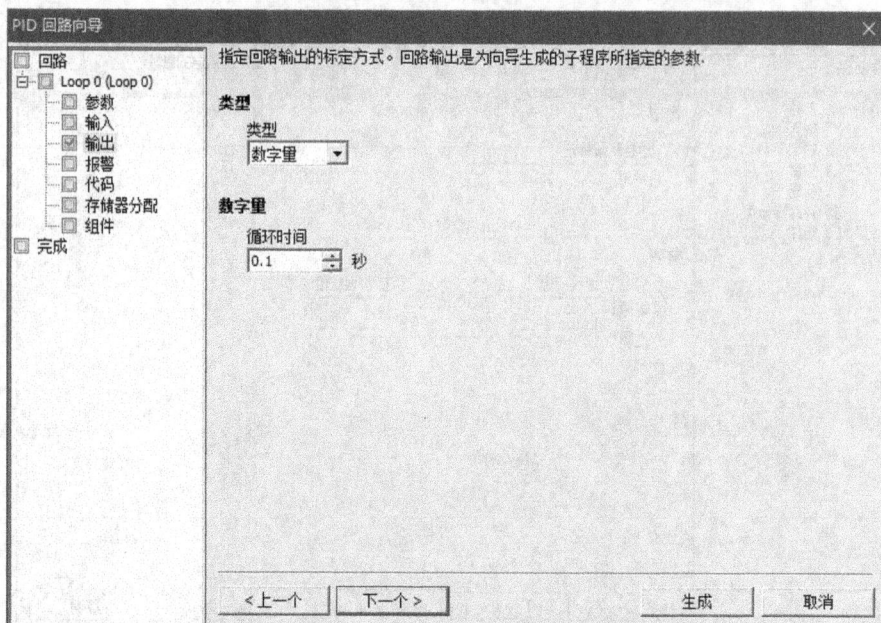

图 10-8　数字量输出设置

(7)对报警进行设置，可以设置当过程变量超过上限、低于下限以及模拟量输入模块出错时进行报警，报警时 PLC 会将对应外部输出进行置位。

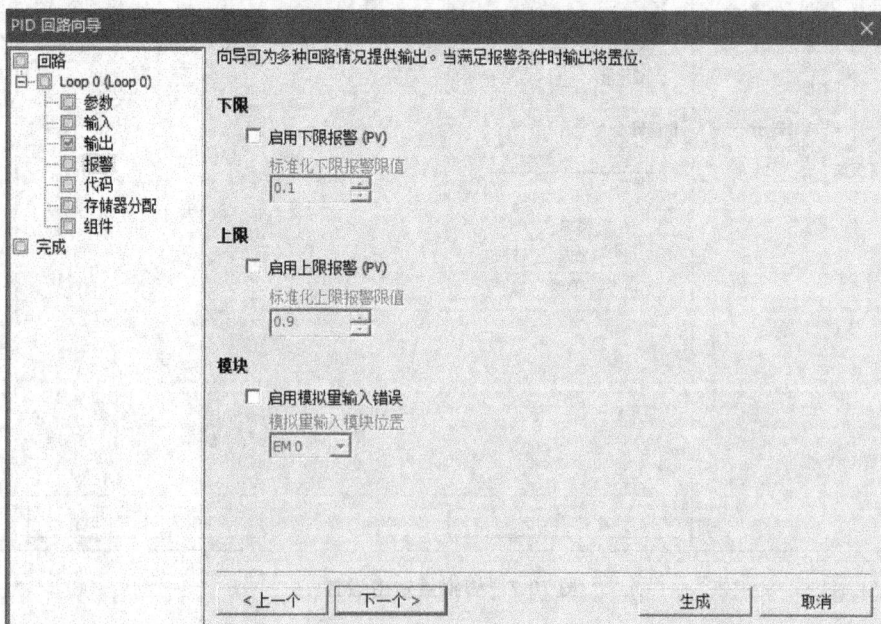

图 10-9　报警设置

(8)对向导生成的 PID 控制子程序和中断程序进行预览，还可以选择是否启用手动控制功能，由于 PID 控制子程序内部对 PID 指令进行了封装，所以在主程序中就不能再调用 PID 指令了，否则会产生冲突。

当需要实现手动控制时，可以启用手动控制功能，这样生成的 PID 控制子程序会带有一个手动控制的开关输入，该开关输入断开时，PID 控制处于自动运行状态，这个开关输入接通时，PID 控制功能将被停用，控制对象将在手动输入控制量（范围 0～1.0)的控制下运行。具体设置如图 10-10 所示。

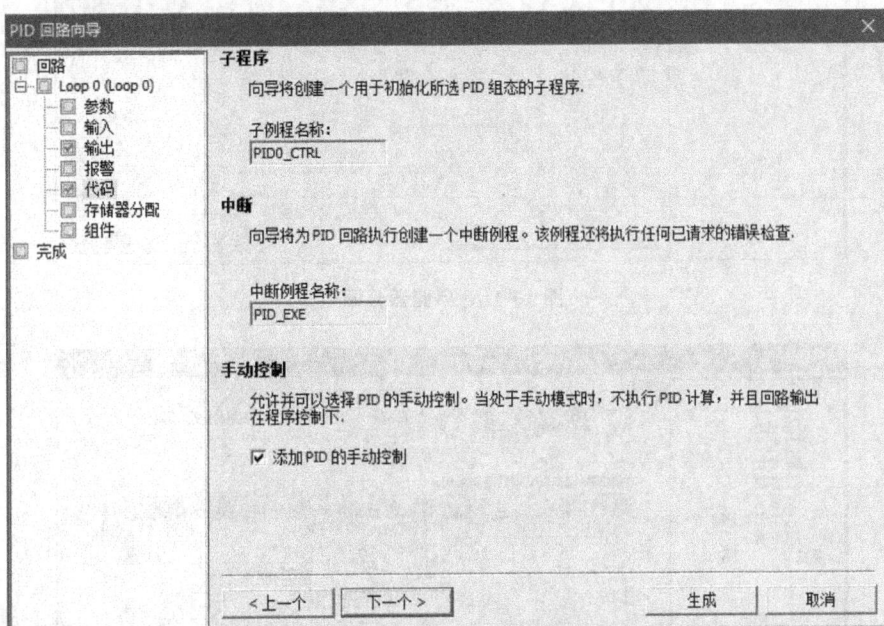

图 10-10　代码设置

(9)设置 PID 控制变量存储区位置，PID 控制功能运行用到的各种参数都被存储在变量存储区中，需要选择没有使用的单元来容纳变量存储区，如果不清楚哪些单元是未被使用的，可以单击建议按钮，由编程软件自动分配单元。存储器分配如图 10-11 所示。

(10)对 PID 向导设置的最终结果进行预览，如图 10-12 所示，确定没有问题后，单击生成按钮即可。

向导生成的 PID 子程序和中断程序放在边栏中的项目→程序块→向导中，这两个程序都被锁定了，用户只需要按要求调用其中的 PID 子程序(图 10-13)即可实现控制功能。PID 子程序的参数如下所示。

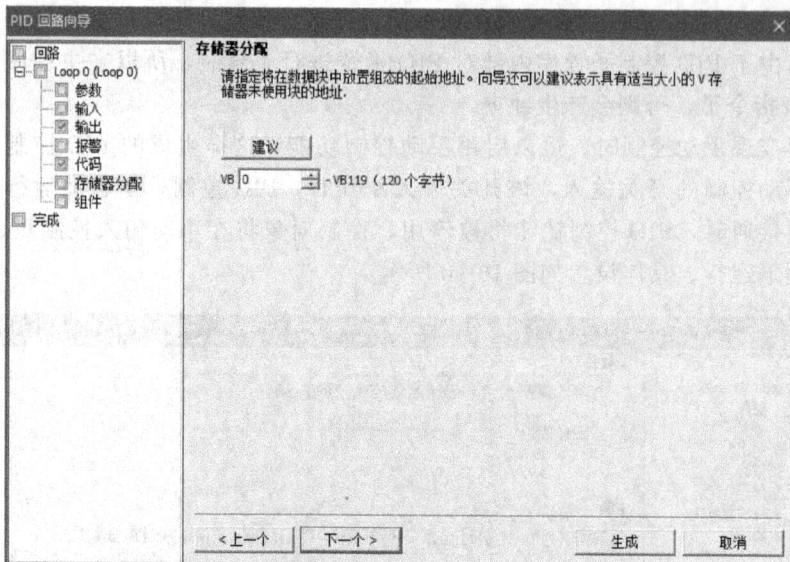

图 10-11　存储器分配

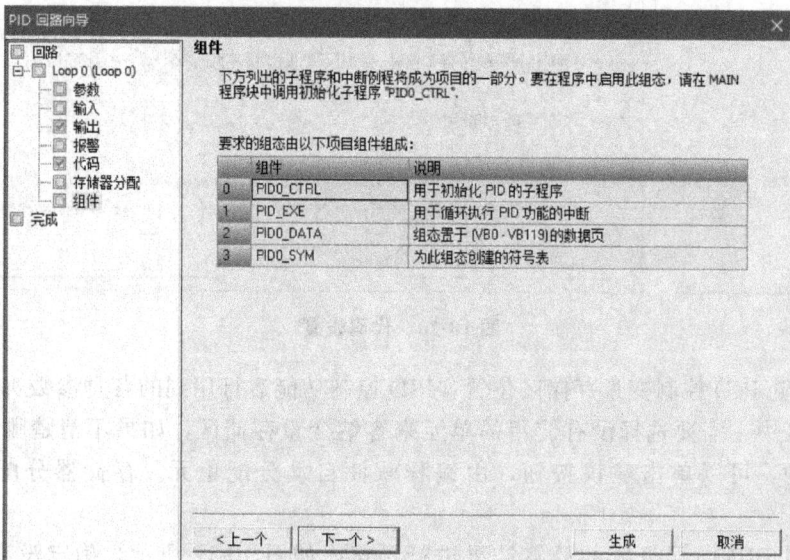

图 10-12　组件预览

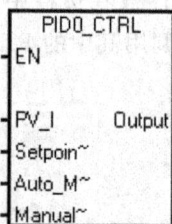

图 10-13　PID 子程序

EN：使能信号，必须采用 SM0.0；

PV _ I：过程变量，代表控制对象的当前状态；

Setpoint _ R：设定值，代表希望控制对象达到的状态；

Auto _ Manual：自动或手动模式(0＝手动模式，1＝自动模式)；

ManualOutput：手动模式下，控制器需要的输出。在手动模式下，PID 控制功能将被暂停，此时控制器的输出为手动设置的值，变量的范围是 0～1.0；

Output：控制器的输出。

技能引导

▶ 10.3　PID 控制应用编程举例

[例 10-1]采用 PID 向导来生成 PID 控制子程序对某装置进行控制，该装置的过程变量范围 0～360，设定值范围为 0～90.0，输出量为数字量类型，周期为 0.1s，不需要手动控制。

首先需要采用 PID 向导来生成需要的 PID 子程序，过程如下。

(1)打开 PID 向导，选择回路 Loop0，单击"下一个"；

(2)保持默认的回路名 Loop0，单击"下一个"；

(3)在参数设置页面，设置增益为 1.5，采样时间为 0.01s，积分时间为 0.008min，微分时间为 0，单击"下一个"；

(5)选择过程变量类型为单极，设置过程变量下限为 0，上限为 360，回路设定值下限为 0，上限为 90，单击"下一个"；

(6)选择输出类型为数字量，设置循环时间为 0.1s，单击"下一个"；

(7)不勾选报警选项，单击"下一个"；

(8)不勾选手动控选项，单击"下一个"；

(9)单击"建议"按钮，让编程软件自动分配用来存储控制变量的单元，单击"下一个"；

(10)确认信息设置无误后，单击"生成"按钮来生成 PID 子程序。

PID 子程序生成完毕后，需要在主程序中调用，图 10-14 为主程序。

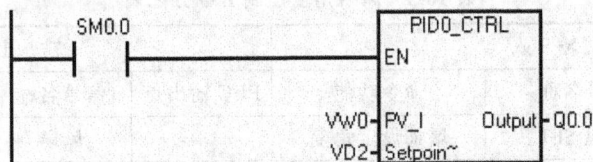

图 10-14　主程序

程序中 VW0 用来保存过程变量，类型为整数，VD2 用来保存设定值，类型为浮点数。

![技能训练]

10.4 PID 控制应用编程实训

1. 实训目的

(1)掌握 PID 控制的应用。

(2)掌握 PLC 和外部输入输出设备的接口电路连接。

(3)掌握利用编程软件进行程序编写、下载运行和监控调试。

2. 任务要求

采用 S7-200 Smart PLC 实现风帆角度控制，控制对象包含 24V 直流风扇和带有旋转编码器的风帆旋转支架，控制系统结构如图 10-15 所示。

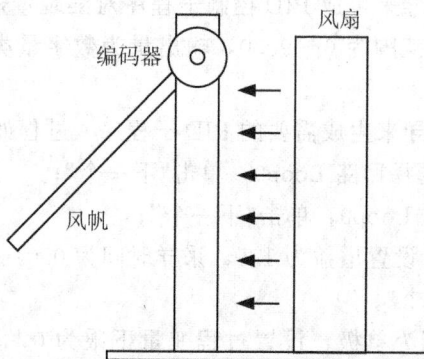

图 10-15 风帆角度控制系统

控制要求：程序运行时，风扇为停止状态，风帆为自然下垂状态，转动角度为 0°，按下角度增大按钮后，风扇开始转动吹动风帆旋转到设定角度，按下角度减小按钮，风扇转速会下降让风帆旋转角度跟随设定角度变化，每次按下角度增大或者减小按钮，设定角度按照增大 1°或减小 1°，在 0°～45°范围内变化。

3. 任务实施

(1)分析任务要求，规划程序输入输出分配，填写表 10-3 I/O 分配表。

表 10-3 风帆角度控制 I/O 分配表

输　入			输　出		
PLC 输入点	信号名称	命令功能	PLC 输出点	信号名称	控制功能
	按钮 SB1	增加设定角度		风扇	DC24V 直流风扇
	按钮 SB2	增加设定角度			
	旋转编码器 A 相	检测风帆转动角度			
	旋转编码器 B 相	检测风帆转动角度			

（2）按照输入输出分配设计控制电路，将 PLC 与外围设备相连。

（3）使用编程软件编写控制程序，将程序下载到 PLC 中运行，观察控制功能运行情况。

（4）如果控制功能运行不正常，采用编程软件的监测功能对程序进行调试，找出错误原因，修正后再次运行，直至控制功能运行正常。